A Nova Improbidade Administrativa

Grupo
Editorial
Nacional

O GEN | Grupo Editorial Nacional – maior plataforma editorial brasileira no segmento científico, técnico e profissional – publica conteúdos nas áreas de concursos, ciências jurídicas, humanas, exatas, da saúde e sociais aplicadas, além de prover serviços direcionados à educação continuada.

As editoras que integram o GEN, das mais respeitadas no mercado editorial, construíram catálogos inigualáveis, com obras decisivas para a formação acadêmica e o aperfeiçoamento de várias gerações de profissionais e estudantes, tendo se tornado sinônimo de qualidade e seriedade.

A missão do GEN e dos núcleos de conteúdo que o compõem é prover a melhor informação científica e distribuí-la de maneira flexível e conveniente, a preços justos, gerando benefícios e servindo a autores, docentes, livreiros, funcionários, colaboradores e acionistas.

Nosso comportamento ético incondicional e nossa responsabilidade social e ambiental são reforçados pela natureza educacional de nossa atividade e dão sustentabilidade ao crescimento contínuo e à rentabilidade do grupo.

Bernardo Strobel Guimarães
Caio Augusto Nazario de Souza
Jordão Violin
Luis Henrique Madalena

A NOVA IMPROBIDADE ADMINISTRATIVA

Prefácio
Ministro **Gilmar Mendes**

gen | Editora FORENSE

- Fechamento desta edição: *26.05.2023*

- Os Autores e a editora se empenharam para citar adequadamente e dar o devido crédito a todos os detentores de direitos autorais de qualquer material utilizado neste livro, dispondo-se a possíveis acertos posteriores caso, inadvertida e involuntariamente, a identificação de algum deles tenha sido omitida.

- **Atendimento ao cliente: (11) 5080-0751 | faleconosco@grupogen.com.br**

- Direitos exclusivos para a língua portuguesa
Copyright © 2023 by
Editora Forense Ltda.
Uma editora integrante do GEN | Grupo Editorial Nacional
Travessa do Ouvidor, 11 – Térreo e 6º andar
Rio de Janeiro – RJ – 20040-040
www.grupogen.com.br

- Capa: Daniel Kanai

- **CIP – BRASIL. CATALOGAÇÃO NA FONTE.**
SINDICATO NACIONAL DOS EDITORES DE LIVROS, RJ.

N811

A nova improbidade administrativa / Bernardo Strobel Guimarães ... [et al.]. – 1. ed. – Rio de Janeiro: Forense, 2023.

Inclui bibliografia
ISBN 978-65-5964-842-9

1. Direito administrativo – Brasil. 2. Corrupção administrativa – Brasil. 3. Crime contra a administração pública – Brasil. I. Guimarães, Bernardo Strobel.

23-83830   CDU: 342.98(81)

Meri Gleice Rodrigues de Souza – Bibliotecária – CRB-7/6439

Respeite o direito autoral

AGRADECIMENTOS

Muitos foram aqueles que contribuíram de alguma forma para a finalização da presente obra, de modo que nomear um a um não seria apenas injusto, pois correríamos o risco de esquecer algum, como também um esforço hercúleo de memória, motivo pelo qual um agradecimento geral se mostra mais adequado.

Ainda assim, dois brilhantes pesquisadores foram fundamentais na pesquisa e na revisão do texto, por isso merecem um agradecimento especial por todo o esforço: Lucas Sipioni Furtado de Medeiros e Thales do Valle Braz.

Enfim, a todos que impactaram de modo positivo a finalização deste livro, seja de modo direto ou indireto, o nosso mais que sincero muito obrigado!

APRESENTAÇÃO

A diretriz constitucional quanto à conformidade dos atos praticados pelos agentes estatais exige a criação de mecanismos de controle preventivo e reparatório, associados às noções de *accountability* (prestação de contas) e de *compliance* no espaço público-privado.[1] A partir da Constituição da República de 1988 e a adoção dos Princípios da Administração Pública (Legalidade, Impessoalidade, Moralidade, Publicidade e Eficiência), os instrumentos e mecanismos de controle estatal interno operam de modo independente às iniciativas de controle jurisdicional por meio de ações direcionadas à responsabilização. Em consequência, o Direito Administrativo Sancionador passou a ocupar lugar de destaque no contexto público, especialmente por força da promulgação da Lei 8.429/1992 e da atribuição de legitimidade ao Ministério Público para o exercício da ação de improbidade administrativa.

Entretanto, desde a edição da Lei de Improbidade Administrativa, as discussões sobre os pressupostos de existência, os requisitos de validade e as condições de eficácia dos atos genericamente classificados como de improbidade são controversos, muitas vezes incoerentes e inconsistentes. Por um lado, o sentido atribuído aos dispositivos legais demanda o prévio ajuste quanto ao suporte teórico fundamentador do lugar e da função do controle judicial do ato de improbidade e, por outro, a criação de tipicidade administrativa difusa, genérica, descrita abstratamente pela violação genérica dos princípios da Administração abre espaço para comportamentos oportunistas, dentre eles a prática de perseguições ou de *Lawfare* Administrativo. As especificações inerentes ao domínio do Direito Administrativo são mescladas, sobrepostas e instrumentalizadas para obtenção de responsabilização administrativa, impondo-se interpretações quanto ao significado de "moralidade" descolados dos pressupostos do positivismo jurídico (cisão, direito e moral), isto é, com suporte em preferências morais flutuantes, inverificáveis e subjetivas

---

[1]   ROBL FILHO, Ilton Norberto. **Conselho Nacional de Justiça**. Estado Democrático de Direito e *accountability*. São Paulo: Saraiva, 2013.

dos agentes públicos julgadores de ocasião. A tarefa defensiva, por sua vez, além de se tornar dificultosa, muitas vezes mostra-se impossível, diante da ausência de critérios mínimos de legalidade objetiva, previsibilidade, confiança e estabilidade.

Em consequência, recentemente, o Poder Legislativo, no espaço que lhe é atribuído, procurou realinhar as disposições legais, com a inserção de alterações significativas quanto aos requisitos e condições da responsabilidade administrativa, nem sempre a partir de critérios republicanos ou coerentes com o ordenamento jurídico. Em face das alterações, rivalizam posições ideológicas quanto à função de controle, principalmente a partir da lógica enviesada de punir o oponente ou do supostamente corrupto, de modo implacável, desprovido de garantias e, muitas vezes, julgado a partir de critérios subjetivos e inverificáveis. O estatuto do valor de verdade do ato ímprobo, então, corre o risco de deslizar no imaginário da responsabilidade objetiva, aproximando-se do Direito Administrativo do Inimigo, a partir da clássica distinção entre amigo/inimigo de Carl Schmitt.

O problema subsequente é o de que as vítimas de imputações e/ou de condenações orientadas pela lógica do amigo-inimigo não se dão conta de que o poder, como tal, não existe, motivo pelo qual é exercido no contexto espaço-tempo. A alteração dos agentes no exercício do poder abre espaço para atribuições de responsabilidade administrativa de modo inválido e espúrio. Talvez a ânsia de punir, de se livrar do oponente ou do supostamente inimigo, desconsidera a evidência de que amanhã a vítima poderá ser o poderoso de hoje. Corre-se o risco de se instaurar um círculo não virtuoso, mas viciado.

Por isso, a construção de balizas normativas minimamente sólidas, construídas a partir de tipicidade administrativa verificável, com observância do Devido Processo Legal, longe de ser privilégio ou favor aos imputados, configura atributo inerente do Estado Democrático de Direito. Os arroubos punitivistas, dissociados de conformidade procedimental, autorizam a incidência de práticas de *Lawfare* administrativo, justamente o oposto do que o livro a seguir apresenta. A obra dialoga com os fundamentos históricos, as novidades legislativas, a doutrina e a jurisprudência atualizada com o fim de conduzir o leitor nas curvas tortuosas da improbidade administrativa.

É nesse contexto difuso, controverso e perigoso que o livro organizado pelos Professores Bernardo Strobel Guimarães, Caio Augusto Nazario de Souza, Jordão Violin e Luis Henrique Madalena discute de modo robusto os impactos das inovações legislativas no domínio do Direito Administrativo Sancionador, com o escopo de reestabelecer as matrizes democráticas que deveriam orientar a interpretação e a aplicação do Direito no ambiente democrático.

Admiro os autores pela disposição quanto aos temas de alta importância democrática, especialmente porque a dinâmica jurisdicional é difusa, com "entendimentos", "compreensões" e "decisões" desprovidas de integridade e coerência. A luta pela superação da interpretação e aplicação do direito de modo "paroquial" é constante na doutrina de orientação democrática, como o livro a seguir demonstrará. No entanto, atualmente, cada "paróquia judicial" acaba professando sua própria "doutrina" de modo autônomo, não necessariamente coerente, nem consistente com as premissas do Estado Democrático do Direito.

Obrigado ao amigo e parceiro Luis Henrique Madalena pela eterna luta por melhorar o País para os que virão depois de nós.

Desejo boa leitura.

Alexandre Morais da Rosa
Juiz de Direito (TJSC), atualmente convocado como Juiz Instrutor no STF (Min. Gilmar Mendes), professor do Programa de Mestrado e Doutorado da UNIVALI. Doutor em Direito.

PREFÁCIO

A Lei de Improbidade Administrativa criou um importante mecanismo de proteção da moralidade pública, conferindo ao Estado a possibilidade de – para além do Direito Penal – punir atos de notável reprovabilidade. A improbidade é um ilícito caracterizado por sua gravidade e pela repulsa social causada, a merecer uma punição devida, mesmo que não se trate de uma efetiva violação à lei penal.

Muito embora situações dessa espécie não resultem na imposição de pena privativa de liberdade, é imperiosa a cautela tanto do autor da ação – normalmente o Ministério Público – como do julgador. É sabida a gravidade das sanções aplicáveis a agentes condenados por atos de improbidade administrativa, como a perda da função pública e a suspensão dos direitos políticos. Além disso, a mera abertura do processo muitas vezes já gera grande prejuízo aos réus diante não apenas da severidade das possíveis punições, mas também do forte caráter simbólico negativo que envolve os atos de improbidade, os quais não se cingem ao mero ilícito, mas, na realidade, representam uma ação de notável gravidade.

Nessa perspectiva, o balanço dos 30 anos da Lei de Ação de Improbidade merece uma avaliação crítica do instituto, à luz da evolução jurisprudencial e das inovações decorrentes da reforma implementada pela Lei 14.230, de 25 de outubro de 2021.

Com efeito, a discussão acerca da submissão de determinados agentes públicos ao duplo regime sancionatório – relativos aos dispositivos e normas dos atos de improbidade administrativa (Lei 8.429/1992) e dos crimes de responsabilidade (Lei 1.079/1950) –, bem como sobre a existência de prerrogativa de foro para o julgamento de tais ações, embora sedimentada na Corte, evidencia os contornos graves da sistemática da improbidade, que foram reconhecidos na reforma da referida lei.

Algumas questões, que já eram por si relevantes, parecem acertadamente ter merecido especial atenção do legislador no processo legislativo que culminou na edição da Lei 14.230/2021. No entanto, torna-se imperioso o debate acerca dos desequilíbrios ainda presentes no sistema, que muitas vezes comporta abusos e enquadramentos aleatórios.

A *accountability* dos gestores é fundamental, mas deve ser sensível às dificuldades tipicamente enfrentadas pelos funcionários públicos e às limitações conjunturais em decisões sensíveis, em que nem sempre se tem clareza quanto às consequências concretas de um ato ou até mesmo das restrições legais aplicáveis. Essa questão é especialmente relevante nos casos de agentes políticos em razão do possível comprometimento de sua necessária independência, que pode ser afetada pelo constante risco de questionamentos infundados.

É necessária a responsabilização pelo mau uso da ação, porque é razoável que a própria lei contenha elementos para coibir os abusos, que infelizmente são sistêmicos. A Lei de Abuso de Autoridade, aprovada em 2019, pode ser um relevante passo nesse sentido, se efetiva e corretamente aplicada.

Dessa forma, urge discutir essas questões, que permeiam todo o sistema de Justiça, ainda carente de ferramentas efetivas de responsabilização dos agentes políticos a quem cabe a persecução em defesa da probidade administrativa. Sintomas desse diagnóstico são as propostas de emenda à Constituição que buscam aprimorar a composição do Conselho Nacional do Ministério Público e do Conselho Nacional de Justiça.

A conformação sistêmica da Lei de Improbidade, após décadas de aplicação do diploma e sucessivas reformas, parece descortinar que o Estado brasileiro está no limiar de modificações significativas no arcabouço da *accountability* dos agentes públicos responsáveis pela persecução e tutela da probidade. O fortalecimento da democracia brasileira e da própria legitimidade da ação estatal pressupõe a construção de um sistema que efetivamente imponha contrapesos a tais mecanismos.

A questão exigirá de todos compromisso democrático e criatividade institucional na busca por soluções que assegurem a independência do Poder Judiciário e do Ministério Público, mas que também demandem de seus membros a estrita observância das garantias e postulados constitucionais na exata medida dos extensos poderes que lhes foram conferidos para o cumprimento de suas missões institucionais.

Nesse sentido, esta obra surge como uma valorosa contribuição para o estudo desse importante novo diploma legal, que enseja um diálogo aprofundado entre doutrina, jurisprudência e administração pública. Por certo, os trabalhos aqui apresentados enriquecerão esse debate.

Desejo a todos uma excelente leitura!

Gilmar Ferreira Mendes
Ministro do Supremo Tribunal Federal. Doutor em Direito pela
Universidade de Münster, Alemanha. Professor de Direito Constitucional
nos cursos de graduação e pós-graduação do Instituto Brasileiro de Ensino,
Desenvolvimento e Pesquisa (IDP).

SUMÁRIO

LEI N. 8.429, DE 2 DE JUNHO DE 1992

Comentários por Bernardo Strobel Guimarães

Artigo 1º

Artigo 2°

Artigo 3°

Artigos 4° a 6°

Artigo 7°

Artigo 8°

Artigo 8°-A

Comentários por Luis Henrique Braga Madalena

Seção I
Dos Atos de Improbidade Administrativa que Importam Enriquecimento Ilícito
Artigo 9º

Seção II
Dos Atos de Improbidade Administrativa que Causam Prejuízo ao Erário
Artigo 10

Seção II-A
Dos Atos de Improbidade Administrativa Decorrentes de Concessão ou Aplicação Indevida de Benefício Financeiro ou Tributário

Artigo 10-A

Seção III
Dos Atos de Improbidade Administrativa que Atentam Contra os Princípios da Administração Pública

Artigo 11

Comentários por Jordão Violin

CAPÍTULO V – DO PROCEDIMENTO ADMINISTRATIVO E DO PROCESSO JUDICIAL

Comentários por Jordão Violin

Artigo 14

Artigo 15

Artigo 16

Artigo 17

Artigo 17-A

Artigo 18

Artigo 18-A

CAPÍTULO VI – DAS DISPOSIÇÕES PENAIS

Comentários por Caio Augusto Nazario de Souza

Artigo 19

Artigo 20

Artigo 21

Artigo 22

CAPÍTULO VII – DA PRESCRIÇÃO

Comentários por Caio Augusto Nazario de Souza

Comentários por Caio Augusto Nazario de Souza

Artigos 24 e 25

Comentários por Caio Augusto Nazario de Souza

INTRODUÇÃO

A presente obra é fruto de uma inquietude quanto ao que se tem feito no Brasil em nome do famigerado "combate à corrupção e à improbidade". Reprimir juridicamente atos de improbidade administrativa, embora seja tarefa essencial do Estado, não é algo que se faz impondo sacrifícios aos direitos fundamentais dos acusados. Essa simples – mas não simplista – advertência, muitas vezes deixada de lado pelos órgãos acusadores e julgadores, teve sua importância reforçada pela Lei n. 14.230/2021, que provocou profundas e necessárias alterações na Lei n. 8.429/1992, a Lei de Improbidade Administrativa.

Em linhas gerais, *a alteração legislativa representa uma tentativa de barrar o uso arbitrário da ação de improbidade*. Sob a vigência da lei anterior, que conferia amplo grau de discricionariedade aos órgãos julgadores e acusadores, não eram raros casos de *(i)* interferências indevidas no âmbito de atuação do Poder Executivo, especialmente em Municípios pequenos e/ou do interior; *(ii)* legitimação de vários arroubos autoritários com fundamento na vaga ideia de "combate à improbidade e à corrupção"; *(iii)* vulgarização do conceito de ilegalidade e improbidade, entre outros. Tudo isso cometido por via da ação de improbidade.

Nesse contexto, uma reforma legislativa era algo esperado pela comunidade jurídica, sobretudo por aqueles que viam no modo de operacionalização da Lei de Improbidade violações injustificáveis aos direitos fundamentais dos acusados. Ansiava-se, nesse sentido, por uma reforma ampla, apta a *(i)* conferir ao sistema de combate à improbidade maior *racionalidade* e *previsibilidade* e a *(ii)* criar um ambiente seguro para o exercício das funções públicas. Editou-se, assim, a Lei n. 14.230/2021, que, a nosso ver, é positiva. Vários dos novos dispositivos vieram exatamente para estender ao processo de improbidade as garantias fundamentais mais básicas dos indivíduos e atribuir, ao acusador e ao julgador, ônus argumentativo elevado para a condenação por ato de improbidade.

Destacamos, nesse sentido, as regras processuais impondo ao acusador um *standard* probatório mínimo a ser superado para o ajuizamento da demanda, sob pena de rejeição, assim como o dever de o juiz proferir decisão indicando com precisão a tipificação do ato de improbidade administrativa imputado ao réu (§§ 6º, 6º-B e 10-C do art. 17). Merece menção também a exigência de dolo para a configuração de qualquer dos atos de improbidade (§§ 1º e 2º do art. 11). Enfim, há avanços a serem aplaudidos.

A eficácia da nova lei, contudo, não é automática, muito menos está garantida. Cabe aos atores responsáveis por operá-la, notadamente os membros do Ministério Público e do Poder Judiciário, serem deferentes ao seu espírito. Isso leva à necessidade, por exemplo, de revogação de uma série de entendimentos jurisprudenciais já firmados que contrariam as novas regras processuais, muitos deles sob a sistemática dos recursos repetitivos. À doutrina, por sua vez, entendemos que cabe o difícil papel de constranger as autoridades públicas, buscando impedir que o novo seja interpretado e aplicado com olhos do passado.

É exatamente esse o desafio que nos propusemos a enfrentar. A partir de um olhar garantista e, por que não, textualista, que confere relevância à letra da lei, sobretudo no que toca às normas de caráter sancionatório, buscamos apresentar ao leitor uma interpretação sistemática e completa da Lei de Improbidade Administrativa, situando-a enquanto um desdobramento *sui generis* de um ramo mais amplo do Direito brasileiro: o Direito Administrativo Sancionador. A ótica de que partimos é aquela encampada pela própria Lei em seu art. 1º, § 4º: a sujeição do sistema de combate à improbidade aos princípios constitucionais do direito administrativo sancionador.

No decorrer da obra, analisamos ponto a ponto os dispositivos da Lei, trazendo considerações originais a partir de diálogos com a doutrina e jurisprudência pátrias, neste último caso, especialmente dos Tribunais Superiores, e sempre a partir de um viés que privilegia os direitos e garantias processuais dos acusados. Isso porque entendemos que não é o combate à corrupção, à improbidade, à imoralidade, o que quer que seja, título que habilita o Estado a atuar sem respeito às exigências impostas ao exercício do poder de sancionar em um Estado Democrático de Direito.

Enfim, esperamos que a obra seja de valia àqueles que buscam estudar e compreender o novo sistema brasileiro de combate à improbidade. E, ao dizermos novo, não ignoramos que a Lei n. 14.230/2021 somente reformou a Lei n. 8.429/1992, que segue em vigor. Ocorre que as modificações implementadas foram tão significativas que não se trata de nenhum exagero afirmar que temos em vigor uma Nova Lei de Improbidade Administrativa. Estamos diante de um espírito novo num corpo velho.

Seja como for, como já exposto, nada está garantido. No país das leis que "pegam" e das leis que "não pegam", somente podemos esperar para ver como as novas disposições serão recebidas pelos juízes e tribunais, afinal, a letra da lei é vivificada nos foros e processos. Ao fim e ao cabo, a lei, por si só, não passa de um amontoado de palavras em um pedaço de papel (melhor dizendo, numa tela qualquer), e sua efetivação depende principalmente da atuação daqueles responsáveis por concretizá-la.

Que as linhas subsequentes possam servir de auxílio para a operacionalização da Lei de Improbidade. É só o que podemos desejar; e já é muito.

1. A FALTA DE TÉCNICA LEGISLATIVA NA LEI DE IMPROBIDADE ADMINISTRATIVA

Em poucas palavras, podemos dizer que a técnica legislativa consiste na arte de redigir leis.[1] *Boa* técnica legislativa, nesse sentido, diz respeito à edição de boas leis, não em termos de conteúdo, mas em termos de precisão, coesão, clareza e concisão; diz respeito à edição de leis sem incoerências formais que prejudiquem a sua compreensão pelo intérprete. Sobre essa questão, vale resgatar a antiga lição de Georges Ripert no sentido de que o mau emprego das palavras, o desleixo, a confusão, a construção de frases excessivamente indeterminadas e imprecisas, os excessos, as lacunas, entre outros erros frequentemente cometidos na redação das leis, geram embaraços e dificuldades para a sua aplicação.[2]

As leis devem ser apresentadas aos seus destinatários e aplicadores de forma clara e precisa, a fim de que seja possível a compreensão do ordenamento. Leis bem redigidas tornam o Direito mais acessível, mais fácil de ser compreendido e, consequentemente, aumentam as chances de sua concretização pelos oficiais do sistema. Afinal, um Direito despropositadamente exagerado e complexo tende a ficar escanteado, inobservado. Enfim, não sendo aqui o espaço oportuno para aprofundamentos sobre técnica legislativa, o ponto a ser destacado é que uma lei formalmente problemática milita contra seus objetivos.

Essa introdução ao tema da técnica legislativa é importante, pois o que motivou a inserção da presente subseção foi a assustadora quantidade de

---

[1]   FERREIRA, Pinto. Técnica legislativa como a arte de redigir leis. **Revista de Informação Legislativa**, v. 23, n. 89, p. 169-198, jan./mar. 1986. Disponível em: https://www2.senado.leg.br/bdsf/item/id/181674. Acesso em: 24 jan. 2023.

[2]   RIPERT, Georges. **Les forces creatrices du droit**. Paris: LGDJ, 1955. p. 346.

impropriedades técnicas que identificamos, durante a escrita da obra, na Lei n. 8.429/1992, especialmente a partir da reforma realizada pela Lei n. 14.230/2021. São muitos os problemas de coerência que decorrem, sobretudo, da falta de boa técnica legislativa.

Nesse contexto, se é natural que após uma reforma legislativa os intérpretes tropecem no início para atingir consensos quanto à definição das novas disposições, essa situação se agrava ainda mais quando é necessário não só compreender materialmente as novas regras, como também eliminar, via interpretação sistêmica, graves erros formais que passaram desapercebidos pelo Legislativo. Com isso em mente, segue abaixo um rol não exaustivo dessas incoerências. Algumas sem grandes consequências práticas; outras relevantes do ponto de vista material e processual. Quando menos, todas elas denotam complicações e problemas que o desprezo à técnica legislativa pode acarretar.

A primeira impropriedade (e talvez a mais prejudicial delas) está no art. 3º da Lei, que define terceiro como aquele que induz ou concorre dolosamente para a prática do ato de improbidade. A Lei n. 14.230/2021, nesse sentido, excluiu do conceito de terceiro aquele que se beneficia do ato, que era abarcado pela redação da norma anterior. Veja-se:

> **Redação Original:** As disposições desta lei são aplicáveis, no que couber, àquele que, mesmo não sendo agente público, induza ou concorra para a prática do ato de improbidade **ou dele se beneficie sob qualquer forma direta ou indireta**. (g.f.)
>
> **Redação Atual:** As disposições desta Lei são aplicáveis, no que couber, àquele que, mesmo não sendo agente público, induza ou concorra dolosamente para a prática do ato de improbidade.

Essa exclusão, a princípio, leva qualquer um a concluir que, por decisão expressa do legislador, o terceiro beneficiário não mais está sujeito à Lei de Improbidade. Contudo, em outros dispositivos a Lei segue fazendo menção a ele. Do inciso VI do art. 17-C, por exemplo, que trata das balizas a serem observadas pelo juiz para a condenação de terceiros, consta expressamente que não se admite o sancionamento de terceiro por ações ou omissões para as quais não tiver concorrido ou **das quais não tiver obtido vantagens patrimoniais indevidas**.

Ora, se aquele que se beneficia do ato não é considerado terceiro, qual o sentido de não se autorizar a condenação de terceiro que não obteve vantagem indevida? São disposições completamente conflitantes entre si e que colocam em dúvida o significado da exclusão da expressão "ou dele se beneficie sob qualquer forma direta ou indireta", que constava na redação original do art. 3º.

Ainda quanto a esse problema da definição de terceiro, o art. 19 da Lei estabelece ser crime "[...] a representação por ato de improbidade contra agente público ou terceiro beneficiário, quando o autor da denúncia o sabe inocente". Novamente há menção ao terceiro beneficiário. Aqui, inclusive, nem sequer houve menção ao terceiro colaborador (que induz ou concorre para a prática do ato), que embora seja o único previsto no art. 3º, não pode ser sujeito passivo do crime de representação caluniosa. Ou seja, o terceiro beneficiário, excluído do âmbito de incidência da improbidade pela Lei n. 14.230/2021 (art. 3º), pode ser vítima de representação caluniosa, mas os terceiros que induzem ou concorrem para o ato, não. Isso tudo coloca em dúvida a possibilidade de responsabilização por ato de improbidade dos terceiros que se beneficiam do ato, mas não induzem ou concorrem para a sua prática.

Uma segunda impropriedade pode ser encontrada no § 1º do art. 10, segundo o qual sempre que a inobservância de formalidades legais ou regulamentares não implicar perda patrimonial efetiva, não pode ser imposta ao agente a sanção de ressarcimento, sob pena de enriquecimento sem causa das entidades tuteladas pela Lei.

Ocorre que a inexistência de lesão patrimonial ao erário implica a própria ausência de tipicidade da conduta do agente. Como será visto em mais detalhes no momento oportuno, a existência de lesão patrimonial é elemento indispensável para a configuração dos atos de improbidade administrativa que causam lesão ao erário (art. 10). Ou seja, quando ausente dano patrimonial, nenhuma das sanções previstas na Lei de Improbidade pode ser aplicada, pois inexistente qualquer ato de improbidade.

Nas hipóteses infracionais do art. 10 da Lei, a ausência de lesão conduz não só à impossibilidade de aplicação da pena de ressarcimento do dano, mas à própria impossibilidade de responsabilização do agente pela prática de ato de improbidade. Embora se trate de uma impropriedade sem grandes consequências práticas, ilustra bem a falta de técnica legislativa na edição da Lei, pois mistura-se causa e consequência.

A terceira impropriedade que chama a atenção advém de uma conjugação do inciso III com o § 5º, ambos do art. 12 da Lei. O primeiro, ao tratar da aplicação de pena de multa em razão de violação aos princípios da Administração Pública, estabelece que ela deve ser aplicada no valor de até 24 vezes a remuneração percebida pelo agente. Já aí encontramos um problema, pois a redação legal nos leva a concluir que aqueles que laboram gratuitamente não podem ser multados, afinal, não recebem remuneração – e 24 multiplicado por zero, é zero.

Mas a situação se torna ainda mais curiosa quando conjugamos esse inciso com o disposto no § 5º, segundo o qual os atos de improbidade de menor potencial ofensivo estão sujeitos exclusivamente à aplicação de multa – e ao ressarcimento do dano, caso existente. Como fica o caso do agente que trabalha gratuitamente? Se ele não pode ser multado, como vimos acima, o que acontece quando ele pratica ato de menor potencial ofensivo? Com a devida vênia aos entendimentos em contrário, somente podemos concluir que ele não pode ser sancionado pela prática do ato, ao menos não nos termos da Lei de Improbidade. O ônus da clareza é do legislador.

Portanto, da confusão redacional podemos inferir que, no caso do agente que labora a título gratuito: a) há uma espécie de carta branca para a prática de atos de improbidade de menor potencial ofensivo, que somente estão sujeitos a uma sanção que não pode ser a ele aplicada; b) não há o que se falar em aplicação de pena de multa como sancionamento pela prática de ato que viola os princípios da Administração Pública, na medida em que a base de cálculo prevista pelo legislador é a remuneração do agente – remuneração essa que, no caso, simplesmente não existe.

Em quarto lugar, e embora não se trate necessariamente de uma impropriedade, merece menção o inciso XII do art. 10, que tipifica como ato de improbidade conceder, aplicar ou manter benefício financeiro ou tributário contrário ao que dispõem o *caput* e o § 1º do art. 8º-A da Lei Complementar n. 116/2003. A Lei em questão trata do ISS, e os dispositivos em específico regulam a concessão de isenções, incentivos ou benefícios tributários ou financeiros. Em termos simples, configura ato de improbidade a concessão de isenções, incentivos ou benefícios tributários ou financeiros de ISS fora das hipóteses expressamente contempladas na Lei Complementar n. 116/2003.

O que causa espanto, aqui, é a criação de hipótese infracional tão específica, que diz respeito somente à conduta irregular na tributação de ISS e aplica-se, portanto, somente aos agentes públicos vinculados aos Municípios e aos Distritos Federais, que são os entes competentes para a instituição do imposto. Em verdade, a adequada aplicação de normas tributárias é dever de todos os Entes da Federação e diz respeito a todas as taxas e impostos, não somente ao ISS. Seja como for, essa foi a opção levada a efeito pelo legislador, não sendo papel do Judiciário alargar o tipo para além daquilo que ele comporta.

A quinta impropriedade técnica, também sem impactos práticos relevantes, está no inciso III do § 1º do art. 17-B, que condiciona a celebração do acordo de não persecução cível à prévia homologação judicial. Acontece que somente se homologa acordo já celebrado, de modo que a prévia homologação judicial em hipótese alguma é requisito para a celebração do acordo. Com efeito, a homologação judicial é condição de eficácia do acordo, e não requisito para sua celebração.

A sexta impropriedade é a redação do art. 16, § 8º, que padece de relevante omissão. Diz o dispositivo que se aplica à indisponibilidade de bens o regime da "tutela provisória de urgência" do Código de Processo Civil. A redação, demasiadamente ampla, não especifica se à indisponibilidade de bens se aplicam as regras do CPC referentes à tutela de urgência antecipada ou cautelar. E essa omissão é relevante porque, nos casos em que a tutela provisória de urgência antecipada é requerida em caráter antecedente – como pode ser feito com a indisponibilidade de bens –, a decisão judicial que a concede, se não recorrida, está sujeita à estabilização. Isso não ocorre com a tutela de urgência cautelar requerida em caráter antecedente.

Sem dúvidas, a indisponibilidade de bens, como se verá adiante em capítulo específico, classifica-se como tutela de urgência cautelar, de forma que, mesmo quando requerida em caráter antecedente, a decisão judicial que a conceder não estará sujeita à estabilização. Contudo, o legislador poderia ter prezado pela precisão e especificado essa questão na redação do dispositivo legal.

A sétima impropriedade que será aqui analisada pode ser encontrada nos arts. 23-A, 23-B e 23-C que, embora dispostos no Capítulo VII da Lei, responsável por regular a prescrição, nada tem a ver com o instituto. O primeiro diz respeito ao dever de capacitação dos agentes que atuam com a prevenção e repressão dos atos de improbidade. O segundo diz respeito a custas e emolumentos na ação de improbidade. O terceiro estabelece a não aplicação da Lei de Improbidade aos atos que, embora virtualmente enquadrados nos arts. 9º, 10 e 11, foram praticados na gestão de recursos de partidos políticos.

Muitas outras impropriedades poderiam ser mencionadas, mas optamos por destacar aquelas que julgamos mais relevantes e/ou que revelam de forma inequívoca a falta de atenção do legislador na edição da Lei n. 14.230/2021. Alguns deles implicam problemas interpretativos graves e jogam contra a própria efetividade do sistema de combate à improbidade, como a indeterminação quanto à sujeição do terceiro que apenas se beneficia do ato à Lei; outros são erros meramente formais que, embora não gerem dificuldades práticas, denotam a falta que uma boa técnica legislativa faz.

Em suma, o que vale pontuar é que o ônus de criar regras claras é do Estado, e eventual imprecisão legislativa não pode ser utilizada contra os indivíduos.

2. A LEI DE IMPROBIDADE ADMINISTRATIVA SOB JULGAMENTO

2.1 As ações diretas de inconstitucionalidade

A Lei n. 14.230/2021, que alterou a Lei n. 8.429/1992, é relativamente nova e ainda está "sob julgamento", sobretudo no Supremo Tribunal Federal.

Há, hoje, cinco ações diretas de inconstitucionalidade em trâmite que atacam dispositivos da Reforma da Lei de Improbidade: as ADIns n. 7.042, 7.043, 7.156, 7.236 e 7.237. Na ADI n. 7.156, especificamente, ainda não houve o proferimento de qualquer decisão.

As ADIs n. 7.236 e 7.237 foram reunidas para julgamento conjunto. Em 27.12.2022 foi proferida decisão monocrática pelo Min. Relator Alexandre de Moraes deferindo parcialmente a medida cautelar requerida, *ad referendum* do plenário do STF, para *(i)* suspender a eficácia dos arts. 1º, § 8º; 12, § 1º; 12, § 10; 17-B, § 3º; 21, § 4º, todos da Lei n. 8.429/1992; e *(ii)* conferir interpretação conforme à Constituição ao art. 23-C da Lei n. 8.429/1992, a fim de que os atos que ensejem enriquecimento ilícito, perda patrimonial, apropriação, malbaratamento ou dilapidação de recursos públicos, ou de suas fundações, possam ser responsabilizados também nos termos da Lei n. 9.096/1995.

As ADIs n. 7.042 e 7.043, por sua vez, também reunidas para julgamento conjunto, já foram julgadas pelo plenário do STF. O acórdão, proferido em 31.08.2022 e publicado em 28.02.2023, julgou parcialmente procedentes os pedidos formulados nas ADIs, por maioria de votos, a fim de: *(i)* declarar a inconstitucionalidade parcial, sem redução de texto, do art. 17, *caput* e §§ 6º-A e 10-C, e do art. 17-B, ambos da Lei n. 8.429/1992; *(ii)* declarar a inconstitucionalidade parcial, com redução de texto, do art. 17, § 20, da Lei n. 8.429/1992; e *(iii)* declarar a inconstitucionalidade do art. 3º da Lei n. 14.230/2021.

Em suma, os atuais impactos das ações diretas de inconstitucionalidade na reforma da Lei de Improbidade podem ser assim consolidados:

DISPOSITIVO	ADIs N.	DECISÃO	PRONUNCIAMENTO JUDICIAL
Art. 1º, § 8º	7.236 e 7.237	Eficácia Suspensa	Medida Cautelar
Art. 12, §§ 1º e 10	7.236 e 7.237	Eficácia Suspensa	Medida Cautelar
Art. 17-B, § 3º	7.236 e 7.237	Eficácia Suspensa	Medida Cautelar
Art. 21, § 4º	7.236 e 7.237	Eficácia Suspensa	Medida Cautelar
Artigo 23-C	7.236 e 7.237	Interpretação conforme à Constituição	Medida Cautelar
Art. 17, *caput* e §§ 6º-A-10-C	7.042 e 7.043	Inconstitucionalidade Parcial, sem redução de texto	Acórdão, publicado em 28.02.2023 e não transitado em julgado

DISPOSITIVO	ADIs N.	DECISÃO	PRONUNCIAMENTO JUDICIAL
Art. 17-B	7.042 e 7.043	Inconstitucionalidade Parcial, sem redução de texto	Acórdão, publicado em 28.02.2023 e não transitado em julgado
Art. 17, § 20	7.042 e 7.043	Inconstitucionalidade Parcial, com redução de texto	Acórdão, publicado em 28.02.2023 e não transitado em julgado
Art. 3º da Lei nº 14.230/2021	7.042 e 7.043	Inconstitucionalidade	Acórdão, publicado em 28.02.2023 e não transitado em julgado

Por sua vez, as declarações de inconstitucionalidade nas ADIns n. 7.042 e 7.043 têm importantes consequências práticas. A principal delas é o restabelecimento da legitimidade concorrente e disjuntiva entre o Ministério Público e a pessoa jurídica interessada para a propositura da ação por improbidade administrativa e do acordo de não persecução civil. Legitimidade concorrente significa que tanto o Ministério Público quanto a pessoa jurídica interessada podem ajuizar a demanda e propor o acordo. E o caráter disjuntivo significa que podem fazê-lo individualmente ou em litisconsórcio ativo facultativo.

Ver-se-á, porém, em diversas passagens deste livro, que tal decisão guarda íntima relação com diversos outros dispositivos da Lei de Improbidade, cuja redação pressupunha a legitimidade exclusiva do Ministério Público. São dispositivos que não foram considerados pelo STF em sua decisão e que, para terem sua razão de existir restabelecida, devem ser reinterpretados à luz do novo entendimento. Um exemplo é o art. 17-B, § 1º, I, que condiciona a celebração do acordo de não persecução civil à oitiva do ente federativo lesado. Ora, a norma só faz sentido se o único legitimado para propor o acordo for o Ministério Público. Afinal, se proposto pela própria pessoa jurídica lesada, não há que se falar na sua "oitiva".

Superado este ponto, é importante ressaltar que discordamos de que a legitimidade exclusiva do Ministério Público seja inconstitucional, sobretudo porque não há dispositivo constitucional que assegure à pessoa jurídica interessada a legitimidade ativa para a propositura da ação por improbidade administrativa. Essa espécie de ação, inclusive, nem sequer se enquadra no escopo do art. 129 da Constituição, segundo o qual existe competência concorrente entre o Ministério Público e os terceiros interessados para ajuizamento das ações civis coletivas destinadas à proteção dos direitos difusos e coletivos. Isso porque, conforme será detalhado em momento oportuno, a Lei de Improbidade, em seu art. 17-D, expressamente extirpou a natureza civil da ação por improbidade, que passou a ter caráter exclusivamente sancionatório.

A legitimidade exclusiva é coerente, portanto, como já defendemos noutra oportunidade,[3] com a função institucional do Ministério Público prevista no art. 127 da Constituição. Aliás, sempre nos pareceu que o *parquet* deveria ser o único legitimado para o ajuizamento da ação de improbidade, haja vista as garantias das quais seus integrantes são dotados.

É necessário reconhecer, ademais, que a alteração legislativa não impede que a pessoa jurídica interessada participe de forma ativa do combate à corrupção. Ainda poderá fazê-lo por meio de representação ao Ministério Público e ajuizamento de ações civis reparatórias, como a ação civil pública. O que se excluiu foi a possibilidade de a pessoa jurídica interessada ajuizar ação visando o sancionamento do agente ou terceiro, e não a possibilidade de ela ajuizar ações de reparação com vista à recomposição do erário. Não procede, portanto, o argumento de que a legitimidade exclusiva do Ministério Público restringirá ou dificultará o combate à corrupção.

Finalmente, uma consequência interessante das ADIs n. 7042 e 7043 decorre do caráter dúplice ou ambivalente da ação direta de inconstitucionalidade, previsto no art. 24 da Lei n. 9.868/1999. Sobre o tema, lecionam Gilmar Mendes e Paulo Gonet Branco:[4]

> O art. 24 acentua o caráter "dúplice" ou "ambivalente" da ação direta de inconstitucionalidade ou da ação declaratória de constitucionalidade, estabelecendo que, proclamada a constitucionalidade, julgar-se-á improcedente a ação direta ou procedente eventual ação declaratória; e, proclamada a inconstitucionalidade, julgar-se-á procedente a ação direta ou improcedente eventual ação declaratória.

Ou seja, a improcedência da ação direta de inconstitucionalidade leva à declaração da constitucionalidade dos dispositivos nela questionados, da mesma forma que a improcedência da ação declaratória de constitucionalidade leva à declaração da inconstitucionalidade dos dispositivos nela questionados.

---

3   Já expusemos nosso posicionamento acerca da questão, juntamente com Lucas Sipioni Furtado de Medeiros, em MADALENA, Luis Henrique Braga; SOUZA, Caio Augusto Nazario de; MEDEIROS, Lucas Sipioni Furtado de. Sentença judicial e a natureza jurídica da ação de improbidade administrativa: comentários gerais aos artigos 17-C, 17-D, 18 e 18-A. In: MARINHO, Daniel Octávio Silva; PEIXOTO, Marco Aurélio Ventura. **Improbidade administrativa**: aspectos materiais e processuais da Lei n. 14.230, de 25 de outubro de 2021. Londrina: Thoth, 2023. p. 400-401.

4   MENDES, Gilmar Ferreira; BRANCO, Paulo Gustavo Gonet. **Curso de direito constitucional**. 15. ed. São Paulo: Saraiva, 2020. p. 1365.

É o que ocorreu no presente caso. Pediu-se nas ADIs n. 7042 e 7043 a declaração de inconstitucionalidade do art. 4º, X, da Lei n. 14.230/2021, e do art. 17, § 14, da Lei n. 8.429/1992. Em relação a tais dispositivos, porém, as ações diretas foram julgadas improcedentes. Consequentemente, eles foram declarados constitucionais.

2.2 O Recurso Extraordinário com Agravo n. 843.949/PR (Tema n. 1.199 de repercussão geral)

Além das ações diretas de inconstitucionalidade, vale menção específica o Recurso Extraordinário n. 843.949/PR,[5] representativo do Tema n. 1.199 da Repercussão Geral, transitado em julgado em 16.02. 2023. O recurso tratou da aplicação das novas disposições da Lei de Improbidade no tempo; mais especificamente sobre a retroatividade das novas disposições mais benéficas aos acusados.

Decidiu-se que: *(i)* quanto à exigência de dolo para a configuração do ato de improbidade, a Lei é irretroativa, mas se aplica aos processos em curso sem condenação transitada em julgado; *(ii)* em relação à prescrição, a Lei é, também, irretroativa, mas os novos marcos temporais aplicam-se a partir da sua publicação.

Isso quer dizer que, se há ação por improbidade administrativa em curso, na qual se apura ato de improbidade culposo praticado antes da vigência da nova lei, eventual condenação exigirá a comprovação de dolo. Caso contrário, o agente deverá ser considerado inocente, ainda que, na data do cometimento do ato, este fosse considerado ato de improbidade mesmo se cometido mediante culpa. Mas a pessoa já condenada (com trânsito em julgado) pela prática de ato de improbidade na modalidade culposa, ou cujo processo está na fase de execução da sanção, não é beneficiada pelas novas disposições, porque a nova lei não afeta a coisa julgada.

A aplicabilidade imediata dos novos marcos temporais, por sua vez, significa que as ações de improbidade administrativa propostas na vigência da lei anterior devem, sim, observar o prazo de prescrição intercorrente previsto nos §§ 4º e 5º do art. 23 da Lei n. 8.429/1992. Todavia, esse prazo tem como termo inicial a publicação da Lei n. 14.230/2021. Isto é, os 4 (quatro) anos começaram a contar somente a partir de 25.10.2021 (data de publicação da lei).

---

[5] Para mais detalhes quanto a essa decisão, remetemos o leitor à seção específica do livro em que ela foi analisada.

Nesse sentido, embora o Supremo Tribunal Federal tenha classificado a Lei n. 14.230/2021 como irretroativa, temos que reconhecer que há, sim, certo grau de retroatividade. A propósito, há três possíveis graus de retroatividade: *(i)* máxima, quando a nova lei atinge o direito adquirido, o ato jurídico perfeito ou a coisa julgada; *(ii)* média, quando atinge efeitos pendentes de atos pretéritos; *(iii)* mínima, temperada ou mitigada, quando atinge efeitos futuros de atos pretéritos.

No caso da revogação da modalidade culposa, a retroatividade da Lei, pela tese fixada pelo Supremo Tribunal Federal, deve ser classificada como média. Afinal, ela atinge o efeito pendente de ato pretérito ao impossibilitar a condenação do agente por ato de improbidade praticado culposamente durante a vigência da Lei anterior. Ou, mais especificamente, ela extirpa a tipicidade de ato praticado antes da sua vigência. Mas somente para os processos em curso, não atingindo a coisa julgada.

Ter-se-ia a retroatividade máxima se, por exemplo, com base na nova lei, fosse possível anular uma condenação já transitada em julgado pela prática de ato de improbidade culposo. Nessa hipótese, a nova lei atingiria a coisa julgada.

Se, por outro lado, fosse irretroativa a Lei (como consta da decisão do STF), seria plenamente possível a condenação do agente, na vigência da nova lei, pela prática de ato de improbidade culposamente praticado antes de 25.10.2021. Por isso entendemos que a tese fixada no tema repercussão geral n. 1.199 é, na realidade, de retroatividade média da Lei n. 14.230/2021 quanto à revogação da modalidade culposa do ato de improbidade. A essência se superpõe ao *nomen juris*.

Já no caso da prescrição, a retroatividade é mínima, o que explicamos por meio de situações hipotéticas, haja vista a complexidade da questão. Por exemplo, Fulano praticou um ato de improbidade no ano de 2017. A ação por improbidade administrativa foi ajuizada em 2019 e, até este ano de 2023, aguarda a prolação de sentença. O processo, conforme a decisão do STF, sujeita-se à prescrição intercorrente de 4 (quatro) anos entre o ajuizamento da ação e a publicação da sentença condenatória. Todavia, seu termo inicial será a data de publicação da Lei n. 14.230/2021, qual seja 25.10.2021. Veja-se a seguinte linha do tempo:

Termo Inicial da Prescrição Intercorrente   Termo Final da Prescrição Intercorrente

Haverá prescrição intercorrente, então, se até o dia 24.10.2025 não for publicada a sentença, mesmo que a ação por improbidade tenha sido ajuizada na vigência da lei anterior. Como se vê, a nova lei atinge ato iniciado antes da sua vigência, ou, mais precisamente, relação jurídica constituída – mas não extinta – antes da sua vigência.

Se a retroatividade fosse média, tomando-se por base o mesmo exemplo, o termo inicial da prescrição intercorrente seria o ajuizamento da ação por improbidade. A linha do tempo, então, seria a seguinte:

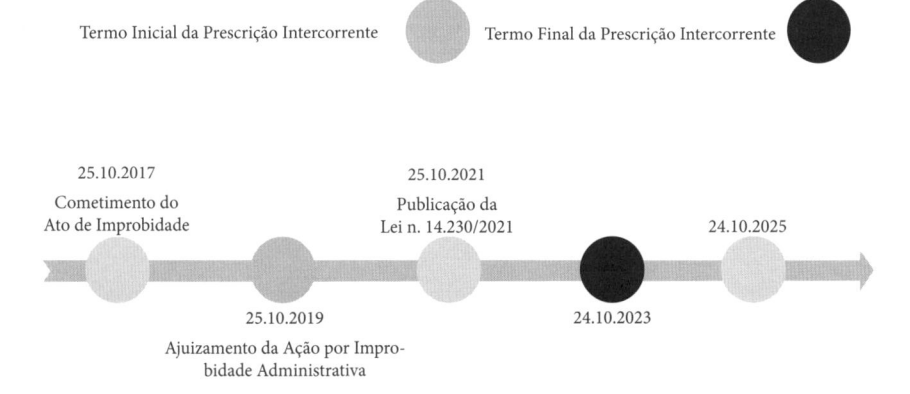

Como se vê, a prescrição, que se daria em 25.10.2025 pela retroatividade mínima, passa a ter como termo final 24.10.2023, exatamente quatro anos após o ajuizamento da ação por improbidade administrativa.

Se, por sua vez, fosse máxima a retroatividade, poder-se-ia anular condenação transitada em julgado mesmo antes da publicação da Lei n. 14.230/2021, caso entre o ajuizamento da ação por improbidade e a publicação da sentença tenham decorrido mais de quatro anos, o que não é possível caso a retroatividade seja média ou mínima. A seguir, a linha do tempo exemplificativa da retroatividade máxima:

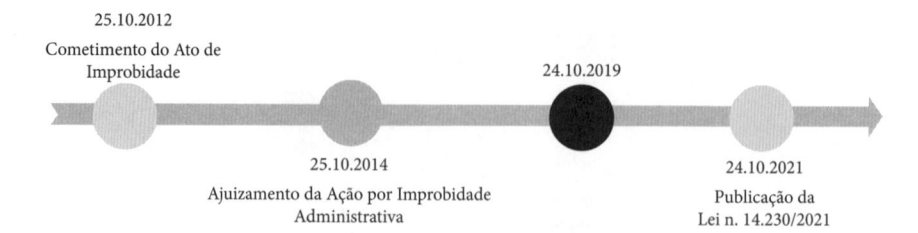

Se, por fim, fosse irretroativa a Lei, somente estaria sujeita à prescrição intercorrente a ação por improbidade administrativa ajuizada posteriormente à publicação da Lei n. 14.230/2021.

Em suma, segundo decidiu o STF, os prazos de prescrição previstos têm como *dies a quo* a publicação da lei.

LEI N. 8.429, DE 2 DE JUNHO DE 1992

Dispõe sobre as sanções aplicáveis em virtude da prática de atos de improbidade administrativa, de que trata o § 4º do art. 37 da Constituição Federal; e dá outras providências. (Redação dada pela Lei n. 14.230, de 2021)

O PRESIDENTE DA REPÚBLICA,

Faço saber que o Congresso Nacional decreta e eu sanciono a seguinte lei:

Capítulo I
DAS DISPOSIÇÕES GERAIS

por Bernardo Strobel Guimarães

Art. 1º O sistema de responsabilização por atos de improbidade administrativa tutelará a probidade na organização do Estado e no exercício de suas funções, como forma de assegurar a integridade do patrimônio público e social, nos termos desta Lei.

§ 1º Consideram-se atos de improbidade administrativa as condutas dolosas tipificadas nos arts. 9º, 10 e 11 desta Lei, ressalvados tipos previstos em leis especiais.

§ 2º Considera-se dolo a vontade livre e consciente de alcançar o resultado ilícito tipificado nos arts. 9º, 10 e 11 desta Lei, não bastando a voluntariedade do agente.

§ 3º O mero exercício da função ou desempenho de competências públicas, sem comprovação de ato doloso com fim ilícito, afasta a responsabilidade por ato de improbidade administrativa.

§ 4º Aplicam-se ao sistema da improbidade disciplinado nesta Lei os princípios constitucionais do direito administrativo sancionador.

§ 5º Os atos de improbidade violam a probidade na organização do Estado e no exercício de suas funções e a integridade do patrimônio público e social dos Poderes Executivo, Legislativo e Judiciário, bem como da administração direta e indireta, no âmbito da União, dos Estados, dos Municípios e do Distrito Federal.

§ 6º Estão sujeitos às sanções desta Lei os atos de improbidade praticados contra o patrimônio de entidade privada que receba subvenção, benefício ou incentivo, fiscal ou creditício, de entes públicos ou governamentais, previstos no § 5º deste artigo.

§ 7º Independentemente de integrar a administração indireta, estão sujeitos às sanções desta Lei os atos de improbidade praticados contra o patrimônio de entidade privada para cuja criação ou custeio o erário haja concorrido ou concorra no seu patrimônio ou receita atual,

> limitado o ressarcimento de prejuízos, nesse caso, à repercussão do ilícito sobre a contribuição dos cofres públicos.
>
> § 8° Não configura improbidade a ação ou omissão decorrente de divergência interpretativa da lei, baseada em jurisprudência, ainda que não pacificada, mesmo que não venha a ser posteriormente prevalecente nas decisões dos órgãos de controle ou dos tribunais do Poder Judiciário.

 COMENTÁRIOS

1. ALGUMAS OBSERVAÇÕES PRELIMINARES

1.1 A tutela da probidade e suas dificuldades

Antes de analisar as disposições da Lei de Improbidade Administrativa, importante explorar o tema a partir de uma ótica mais ampla, na medida em que qualquer proposta de interpretação dos dispositivos legais depende de uma adequada compreensão da Constituição. Isto é especialmente necessário considerando as peculiaridades que envolvem a improbidade, que se constitui em uma espécie *sui generis* de responsabilização dos agentes públicos.

A Constituição se compromete com o *combate à corrupção*. Diversas das suas normas convergem para este objetivo. Isto reflete a tentativa de dar resposta ao fato de que, historicamente, as relações público-privadas no Brasil são marcadas pela apropriação privada de interesses públicos. Poder econômico e poder político não raro se articulam para conferir vantagens indevidas a particulares às custas do interesse público.

A *cordialidade* é a marca da nossa atuação no espaço público.[1] A falta da distinção público/privado fez com que o Estado perdesse seu essencial caráter burocrático e ganhasse um viés patrimonial, em que a gestão da coisa pública se mostra como assunto de interesse particular.[2] Nesse sentido, as palavras de Sérgio Buarque de Holanda persistem atuais:

---

[1] O *cordialismo*, ao contrário do que uma leitura rasa do significado da palavra possa indicar, não é utilizado por Buarque de Holanda como se fosse sinônimo de boas maneiras ou agradabilidade, mas para representar a tendência histórica do indivíduo brasileiro de afastar a impessoalidade e o formalismo em suas relações públicas. Ver HOLANDA, Sérgio Buarque de. **Raízes do Brasil**. 26. ed. São Paulo: Companhia das Letras, 1995. p. 146.

[2] HOLANDA, Sérgio Buarque de. **Raízes do Brasil**. 26. ed. São Paulo: Companhia das Letras, 1995. p. 141.

No Brasil, pode dizer-se que só excepcionalmente tivemos um sistema administrativo e um corpo de funcionários puramente dedicados a interesses objetivos e fundados nesses interesses. Ao contrário, é possível acompanhar, ao longo de nossa história, o predomínio constante das vontades particulares que encontram seu ambiente próprio em círculos fechados e pouco acessíveis a uma ordenação impessoal.[3]

Com efeito, o peculiar processo de formação do Estado brasileiro permitiu uma verdadeira tomada do poder "por dentro" do Estado através da união dos estamentos sociais com os interesses econômicos dominantes, originalmente apartados e muitas vezes conflitantes,[4] mas que, diante da possibilidade de benefício mútuo no caso de atividade conjugada, acabaram por se unificar.[5] E, como não poderia deixar de ser, essa confusão entre o público e o privado persiste ainda hoje. Os noticiários registram com alarmante frequência uma série de escândalos, em todos os níveis da Federação. Isto estimula que se criem normas com vistas a combater a corrupção.

Vivemos num ambiente em que há uma profusão de normas e de entes públicos com atribuições relativas à tutela da integridade no trato com a coisa pública. Podemos falar, nesse sentido, de um verdadeiro microssistema[6] de combate à corrupção, integrado por normas de natureza penal, civil e administrativa. Código Penal, leis penais especiais, Lei Anticorrupção, Lei de Improbidade Administrativa, Estatutos dos Servidores Públicos etc., todas elas se entrelaçam, constituindo um sistema sancionatório múltiplo que visa a coibir e reprimir condutas que ofendam a integridade das relações público-privadas.

Contudo, e embora essa pluralidade de normas, o mal persiste, o que nos leva a indagar sobre a efetividade de se privilegiar o enfoque pela via da repressão legal. *Por vezes, a edição de normas, embora reação intuitiva, é ineficiente para a tutela de bens jurídicos.* O aumento da complexidade torna o sistema incerto, dificultando que condutas graves sejam, de fato, reprimidas. Isso contribui para o senso generalizado de ausência de efetividade das normas, em particular, e do Direito, em geral, o que leva, por sua vez, a

---

[3] HOLANDA, Sérgio Buarque de. **Raízes do Brasil**. 26. ed. São Paulo: Companhia das Letras, 1995. p. 146.

[4] FAORO, Raymundo. **Os donos do poder**. 3. ed. São Paulo: Globo, 2001. p. 60-67.

[5] MADALENA, Luis Henrique Braga. **Uma teoria da discricionariedade administrativa**. 2. ed. Salvador: JusPodivm, 2020. p. 42.

[6] Por microssistema, fazemos referência ao fato de que a probidade administrativa no Brasil é objeto de proteção por várias leis, e não somente pela Lei de Improbidade. Essas diversas leis formam um microssistema jurídico voltada ao combate à improbidade.

criação de novas normas. Cria-se um moto perpétuo: muitas normas, pouca efetividade, mais normas, ainda menor efetividade.

Normas claras, aplicadas de modo efetivo, são essenciais para rechaçar condutas ilegais, de modo que um sistema que não é claro depõe contra os seus próprios objetivos. Todo aquele que pretenda trabalhar a sério com esses temas deve saber que *entre a previsão normativa e a aplicação da consequência da norma há dificuldades e obstáculos*. Se preocupar apenas em criar normas novas, sem levar em consideração a sua efetividade e a sua relação com as demais normas já positivadas no sistema, é investir em legitimação legal meramente simbólica.

Há custos (tempo e recursos) para mobilizar a máquina pública com vistas a sancionar agentes públicos e privados, e eles devem ser alocados com inteligência. Há a necessidade, sobretudo, de assegurar o devido processo legal aos acusados. O processo justo e adequado conforme os pressupostos do um Estado Democrático de Direito[7] não é o processo instantâneo, como muitas vezes se espera. Enfim, o sistema deve ser pensado com inteligência. A criação descomedida de normas draconianas como modo de alterar a realidade não passa de *wishful thinking*. Isso é ótimo para injustiças pontuais, mas é péssimo do ponto de vista sistêmico.

A corrupção é um fenômeno complexo e que não pode ser solucionado apenas pela via da repressão legal. Enquanto não construirmos instituições democráticas fortes e bem capacitadas, capazes de exigir e impor o respeito aos pressupostos elementares da República (notadamente aqueles previstos nos arts. 1º e 3º da Constituição), tendemos a girar no mesmo eixo: muitas normas repressivas, mas baixa eficácia do sistema de combate à corrupção e à improbidade. Tudo isso nos permite concluir que uma abordagem que privilegia a criação de normas de repressão e de aumento de penas não é capaz de resolver, por si só, o problema. Não há passe de mágica aqui.

Seja como for, discutir a efetividade do sistema não é trabalho para aqueles que buscam interpretar a Lei. Talvez os juristas tenham pouco a contribuir aqui. Seu papel é examinar o direito positivo, analisando as normas de modo

---

[7]   De acordo com Lenio Luiz Streck e José Luis Bolzan de Morais, o Estado Democrático de Direito surge na "[...] tentativa de conjugar o ideal democrático ao Estado de Direito, não como uma aposição de conceitos, mas sob um conteúdo próprio onde estão presentes as conquistas democráticas, as garantias jurídico-legais e a preocupação social. Tudo constituindo um novo conjunto onde a preocupação básica é a transformação do *status quo*". Em STRECK, Lenio Luiz; MORAIS, José Luis Bolzan. **Ciência política e teoria do estado**. 5. ed. rev. e atual. Porto Alegre: Livraria do Advogado, 2006. p. 97.

sistemático, buscando entender seus sentidos e alcances. Contudo, e isso não pode deixar de ser dito, *a existência de diversas normas a tutelar o mesmo bem jurídico é um problema central a ser enfrentado pelo intérprete da Lei.*

Dizendo de outro modo, a existência de normas diversas que se dirigem aos mesmos objetivos gera vários desafios ao intérprete, que deve partir dos postulados de coerência do ordenamento jurídico, rejeitando a existência de antinomias. Isto é especialmente grave quando um mesmo fato pode ser punido em múltiplas instâncias, o que coloca em xeque os pressupostos de garantia inerentes ao Estado Democrático de Direito.

1.2   O mandado constitucional de repressão à improbidade e seu conteúdo elementar

A tutela da probidade administrativa é tarefa do legislador imposta diretamente pela Constituição, que em seu art. 37, § 4°, estabelece que "Os atos de improbidade administrativa importarão a suspensão dos direitos políticos, a perda da função pública, a indisponibilidade dos bens e o ressarcimento ao erário, na forma e gradação previstas em lei, sem prejuízo da ação penal cabível".

A norma em questão exige que: *(i)* os atos de improbidade sejam sancionados; *(ii)* sendo as penalidades referentes à *(a)* suspensão de direitos políticos, *(b)* perda da função pública, *(c)* ressarcimento ao erário e *(d)* indisponibilidade de bens; *(iii)* a aplicação das penas seja realizada na forma e gradação prevista em Lei; *(iv)* as sanções de improbidade se somam às penais, quando for o caso.

Como se nota, a Constituição não define de modo direto o que vem a ser probidade ou improbidade. *Definir as condutas ímprobas, as penas e o modo de sua aplicação é tarefa que compete ao legislador* que, todavia, não está livre em sua tarefa de criar normas. Embora se reconheça a ele amplo grau de liberdade de conformação,[8] fato é que a Constituição prevê um gabarito mínimo que não pode ser desrespeitado.

---

8   Por liberdade de conformação, entenda-se o espaço à disposição do legislador no momento de edição das leis, notadamente aquelas que regulam/disciplinam disposições constitucionais. O legislador ordinário não é mero reprodutor/executor do que já previsto na Constituição, possuindo em sua tarefa legislar ampla liberdade na decisão das opções políticas que serão incorporadas ao ordenamento enquanto norma jurídica. Essa liberdade, contudo, não é absoluta. Aceita-se a existência de uma liberdade de conformação, mas mitigada, reconhecendo-se que a ele também se aplicam os limites previstos no texto constitucional. Como bem pontua Joaquim

De um ponto de vista amplo, improbidade seria uma *espécie qualificada de ofensa à moralidade*, que atenta contra os valores que derivam da ideia de República. *Qualificada* porque toda improbidade implica em ofensa à moralidade administrativa, mas nem toda imoralidade corresponde *à* prática de um ato de improbidade. Isto é, há muitas espécies de infrações administrativas que, embora violem o princípio constitucional da moralidade, não constituem atos de improbidade. Infrações de conteúdos, naturezas e dimensões diferentes não podem ser classificadas dentro de uma mesma categoria normativa.[9]

A improbidade administrativa, nesse sentido, é fonte normativa de um novo paradigma no que toca às relações tidas entre o agente público e o Estado, pois impõe exigências éticas e axiológicas mais intensas àqueles que exercem funções estatais e, com isso, reforça o ideal de legalidade que permeia toda a atividade administrativa. Dentro dessas (amplas) balizas semânticas, *o legislador tem liberdade para conformar o que vem a ser improbidade; para especificar quais espécies de condutas são ímprobas.* Isto é, o texto constitucional prevê um fim a ser atingido pelo legislador (tutela da probidade administrativa), estando ele autorizado a escolher as vias que julgar mais adequadas para o atingimento desse fim.

Além disso, a ideia de probidade na Constituição cumpre uma dupla função. Por um lado, ordena ao legislador que proteja o bem jurídico *probidade administrativa*, criando arcabouço legal idôneo para tanto. Por outro, constitui-se em limite para o Legislador, que não pode descrever qualquer infração administrativa como se improbidade fosse. Isso porque, como dito, as sanções acoimadas à improbidade demonstram que as condutas que ensejam sua aplicação não se constituem em meras ilegalidades administrativas. Daí que improbidade não é sinônimo de ilegalidade, exigindo-se um *plus* de gravidade que autoriza – além das consequências patrimoniais correlatas –

José Gomes Canotilho, "[...] a lei, no Estado de Direito Democrático-Constitucional, não é um ato livre dentro da constituição; é um acto, positiva e negativamente determinado pela lei fundamental" (**Constituição dirigente e vinculação do legislador.** Coimbra: Coimbra Editora, 1994. p. 244). Nesse sentido, a Constituição não estabelece apenas limites materiais, proibindo o legislador de editar atos que vão de encontro com as disposições constitucionais, como também prevê ordens, dirigindo a atividade legislativa ao atingimento de determinados fins.

[9] Para uma análise mais aprofundada sobre a diferença entre a improbidade e as demais espécies de infrações administrativas que importam em ofensa à moralidade, ver OSÓRIO, Fábio Medina. **Teoria da improbidade administrativa**: má gestão pública, corrupção e ineficiência. 6. ed. rev., atual. e ampl. São Paulo: Thomson Reuters Brasil, 2022. p. 43-64.

que se afastem os responsáveis da vida pública. Note-se que a improbidade é uma espécie de banimento da vida pública.

Com efeito, em regra, caberá tratar da improbidade a partir daquilo que o legislador contemplou em lei específica (no caso, na Lei de Improbidade Administrativa), sendo inadequado partir diretamente da Constituição para arbitrar situações concretas. A tentativa de ignorar a Lei, buscando uma espécie de ligação direta com a Constituição, é questionável do ponto de vista da interpretação do direito sancionatório, em que a legalidade é um princípio fundamental. A vontade legislativa é, por imposição constitucional, a mais autorizada fonte de legitimação do poder punitivo estatal.

Embora a Constituição tenha uma constelação de valores e bens jurídicos dignos de proteção, fato é que a legalidade marca a atuação legítima dos sistemas estatais de repressão. O poder de punir deve ser mediado pelo legislador, pois assim se exige no Estado Democrático de Direito. Em matéria de direito sancionatório, cumpre lembrar a máxima da sabedoria popular brasileira que diz que de boas intenções o inferno está cheio.

A advertência é necessária porque desprezar o papel do legislador é pernicioso. *Em matéria de direito sancionatório, invocar diretamente valores abstratos para mediar situações concretas implica sacrificar a segurança que decorre da legalidade.* Um dos problemas centrais da intepretação da improbidade é, exatamente, partir diretamente da Constituição e não se atentar às exigências da Lei. Isso acaba levando a uma *tendência expansiva que não se ajusta às exigências de um sistema sancionatório* estruturado de acordo com os princípios constitucionais que regem toda atividade estatal.

No que se refere ao poder de punir o Estado, as garantias do cidadão são o ponto de partida para toda interpretação que se faça do tema. Do contrário, corre-se não só o risco de se abandonar a legalidade, mas também de passar a se punir com base não nos fatos, mas em juízos morais que se façam sobre eles. O juízo de reprovação exige análise dos fatos e das normas que os descrevem como ímprobos.

Julgar a partir de sentimentos morais (por mais nobres que eles sejam) é sempre um retrocesso. A conquista civilizatória assegurada pela doutrina de que se julgam os fatos a partir da lei, e não os agentes a partir de sentimentos morais, transcende as fronteiras do direito criminal e vale para todo sistema sancionatório operado pelo Estado, não sendo a improbidade uma exceção.

Apelar diretamente a conceitos constitucionais de moralidade, probidade, lhaneza, retidão etc., muitas vezes é a porta de entrada para arbitrariedades, para se ampliar a aplicação da Lei para além daquilo que ela contempla. Não cabe, em regra, falar em improbidade no atacado; mas sim em condutas ímprobas. Improbidade, em concreto, é a conduta que o legislador reprovou de maneira expressa.

Feita essa ressalva, talvez o melhor *insight* para desenhar o que seja improbidade na Constituição está nas penalidades associadas ao instituto. Na exata medida em que se contempla o afastamento da vida política e das funções públicas, tem-se que os atos de improbidade se dirigem a proteger o funcionamento do Estado de condutas reprováveis praticadas por seus agentes, em especial as que causam prejuízos patrimoniais ao erário e as que geram o enriquecimento ilícito do agente. O que se busca, acima de tudo, é assegurar o bom exercício da atividade administrativa e evitar que agentes públicos se utilizem de sua função para obter benefício próprio em sacrifício à satisfação do interesse público.

Na medida em que a Constituição prevê as consequências (sanções) e não as condutas, é de se fazer uma espécie de logística reversa interpretativa, de modo a definir qual o bem jurídico que ela buscou tutelar. A pergunta que se põe é: o que se pretende alcançar, de fato, quando se tem em mira as consequências que o texto constitucional associou à improbidade administrativa? A resposta é: *um sistema que afaste da vida pública os agentes responsáveis por atos de improbidade, que assegure a reparação dos danos causados e que tem por núcleo combater atos viabilizados pela atuação de agentes públicos que importem em enriquecimento ilícito pela obtenção de vantagem indevida e/ou causem prejuízo concreto ao erário.*

Como dito acima, o juízo de valor acerca do que é improbidade em concreto compete, *prima facie*, ao Legislativo. A Constituição dispõe que o legislador deverá regular o tema, definindo o que é improbidade, quais as penas aplicáveis a tais condutas[10] e os aspectos processuais a serem observados na sua aplicação. Em suma, a lei a ser produzida tendo como fundamento de validade o art. 37, § 4º, da Constituição, deve descrever materialmente as condutas ímprobas e regular os aspectos processuais pertinentes (caracterizando-se assim como lei especial em matéria processual). Já desde a Constituição se vê o caráter de *lex specialis* da lei.

O papel da Constituição é servir de baliza de controle judicial acerca da obra do legislador. A partir dela, pode-se controlar tanto a insuficiência no tratamento normativo da matéria quanto eventuais excessos. É olhando para o texto constitucional que se avalia se há proteção adequada ao bem jurídico,

---

[10] Neste ponto, contudo, entendemos que a Lei de Improbidade não poderia prever sanções que não aquelas contidas no § 4º do art. 37. Para mais detalhes sobre assunto, conferir os comentários feitos ao art. 12 da Lei.

buscando coibir exacerbamentos na criação de condutas ímprobas ou a previsão de penas excessivas, atingindo fatos irrelevantes para fins sancionatórios. Isto sempre tendo em mira, como já visto, que o legislador tem um espaço legítimo de conformação, pelo que não se deve hipertrofiar a Constituição em prejuízo da liberdade do Poder Legislativo.

Em suma, improbidade implica condutas que atentam contra o núcleo duro da atuação do Estado – tanto que os agentes devem ser afastados da vida pública. *Não pode o legislador descrever como improbidade o que não for capaz de ofender de modo grave*[11] *o funcionamento do Estado ou aquilo que não for capaz de causar dano ao erário/enriquecimento ilícito.* E se o legislador não pode tratar como improbidade o que não ofende tais valores, com maior razão não se pode chegar a tal resultado pela via da interpretação ampliativa do que está previsto na Lei. Respeitadas essas balizas, caberá ao Legislativo dar tratamento à improbidade, e caso sua atuação respeite os limites de competência que lhe foram outorgados pela Constituição, não cabe buscar fundamentos além da Lei para tratar da improbidade.

Como visto anteriormente, improbidade é o que a lei especificamente descreve como tal. Não existe para fins sancionatórios um conceito ideal de improbidade que possa ser sacado diretamente da Constituição. É importante perceber, nesse sentido, que a previsão específica acerca da legalidade contida no art. 37, § 4°, implica que *a improbidade é matéria reservada à lei formal.*[12] Cuida-se aqui do módulo mais intenso da legalidade, em que a *reserva de lei*[13] é elemento de proteção de direitos fundamentais. E isso é assim porque – antes de mais nada – o constituinte quis assim.

---

[11]   Sobre o assunto, conferir o item 3.3.1, quando tratamos da aplicação do princípio da insignificância ao sistema da improbidade.

[12]   Lei em sentido formal deve ser entendida como a norma produzida pelo órgão competente (Poder Legislativo) e com a observância dos aspectos processuais e procedimentais previstos na Constituição. Ver MENDES, Gilmar Ferreira; BRANCO, Paulo Gustavo Gonet. **Curso de direito constitucional**. 15. ed. rev. e atual. São Paulo: Saraiva Educação, 2020. p. 947.

[13]   Como anota Gilmar Mendes, a legalidade contempla tanto a ideia de supremacia da lei quanto a ideia de reserva legal. A primeira diz respeito "[...] à submissão geral aos parâmetros da ordem jurídico-constitucional, fixados por aquelas normas que, do ponto de vista material, podem criar, modificar ou extinguir direitos e obrigações, inovando na ordem jurídica. A *reserva legal*, por seu turno, constitui uma exigência de que algumas matérias devem ser necessariamente tratadas por meio de lei (reservadas à lei)" (MENDES, Gilmar Ferreira; BRANCO, Paulo Gustavo Gonet. **Curso de direito constitucional**. 15. ed. rev. e atual. São Paulo: Saraiva Educação, 2020. p. 952).

A legalidade de que se cogita em matéria de improbidade administrativa não é a ordinária. É a legalidade no seu aspecto substancial, *que serve de limite intransponível para fins sancionatórios.* Como pontua Gilmar Mendes, a própria noção de Estado de Direito está alicerçada nessa noção ampla de legalidade, que "[...] permanece insubstituível como garantia dos direitos e como fundamento e limite a todo funcionamento do Estado".[14]

Há, por certo, diferentes grados de legalidade. Isso se associa aos diversos modos de relacionamento entre o Legislativo e os demais agentes do Estado. A legalidade não é monolítica, não cabendo explicá-la de maneira simplória. Um de seus temas centrais é definir o espaço de complementação aquinhoado aos demais agentes públicos. Discricionariedade, competências normativas da Administração etc., são temas capitais do estudo da legalidade na Administração Pública.

Dentre as diversas acepções da "lei", merece registro a legalidade estrita, reservada pelo constituinte às situações em que é proscrita qualquer atuação integrativa para além do que foi definido pelo legislador. O tema, logo se vê, diz respeito à divisão de competências entre os Poderes da República (Legislativo, Executivo e Judiciário). Ao se falar em legalidade estrita, está se falando da centralidade da atuação do legislador, que interdita qualquer complementação ou ajuste feito a quem incumbe aplicar a norma. Mais do que condicionar a interpretação a ser feita nesses casos, a questão diz respeito à necessidade de se prestar deferência às decisões do Poder Legislativo. Daí se nota como são equivocados os entendimentos ampliativos feitos pelos Tribunais.

Ao exigir reserva de lei, o que se está fazendo é assegurar que o poder de sancionar só será exercido nas hipóteses em que houver decisão política positivada pelo legislador nesse sentido. E note-se que nem mesmo se quiser o legislador pode se demitir desse dever, pois ele lhe é posto pela Constituição. Não seria constitucional, por exemplo, lei em que se delegasse a quem quer que seja a definição do que é improbidade. Esse papel é do legislador e de mais ninguém.

No que se refere às sanções passíveis de serem aplicadas, notadamente aquelas que implicam severas restrições aos direitos individuais, como a suspensão dos direitos políticos, a perda da função pública, a legalidade não se coaduna com previsões abertas, cuja definição possa ficar a cargo do intérprete. Não se pode sacrificar a legalidade no altar dos bons propósitos

---

[14]   MENDES, Gilmar Ferreira; BRANCO, Paulo Gustavo Gonet. **Curso de direito constitucional.** 15. ed. rev. e atual. São Paulo: Saraiva Educação, 2020. p. 946.

e das conveniências de ocasião, e menos ainda pensar em sanções que se legitimam apelando diretamente a valores constitucionais.

Com isso não queremos dizer que está vedada a utilização de conceitos ou termos jurídicos indeterminados, cláusulas gerais ou elementos normativos vagos e/ou ambíguos na tipificação das condutas em sede de direito sancionatório, seja ele de natureza penal, civil ou administrativa. Esse uso não só é comum como inevitável, neste último caso em razão daquilo que se convencionou chamar na Teoria do Direito e na Filosofia do Direito de textura aberta da linguagem.[15] O que se exige é que as normas sancionadoras sejam redigidas com um mínimo de clareza e objetividade, possibilitando às autoridades do sistema e aos cidadãos em geral conhecer de forma mais ou menos precisa o seu conteúdo proibitivo.[16] Em suma, o ponto central é que o uso de cláusulas gerais para a definição de normas sancionatórias, embora possível, não pode refletir em arbítrio de quem quer que seja.

Concluindo: o fato de a Constituição não contemplar um conceito explícito de improbidade deve ser visto como elemento de reforço à segurança que deriva da legalidade, e não como uma via de ampliação do poder de punir. Nesse contexto é que a Lei de improbidade alude não apenas à legalidade, mas indicando expressamente que se cuida de *tipicidade* (art. 1º, § 1º).

1.3 Probidade como bem jurídico e subsidiariedade

Para enfrentar o tema, ponto central é compreender qual o bem jurídico tutelado quando se trata de improbidade administrativa. Esse esforço é fundamental para que se possa atingir o *suum cuique tribuere* entre o dever de reprimir as condutas ímprobas e a necessária contenção do poder de punir do Estado.

---

[15] Na clássica lição de H. L. A. Hart, "Seja qual for o processo escolhido, precedente ou legislação, para a comunicação de padrões de comportamento, estes, não obstante a facilidade com que actuam sobre a grande massa de casos correntes, revelar-se-ão como indeterminados em certo ponto em que a sua aplicação esteja em questão; possuirão aquilo que foi designado como textura aberta. [...] a incerteza na linha de fronteira é o preço que deve ser pago pelo uso de termos classificatórios gerais em qualquer forma de comunicação que respeite a questões de facto" (HART, H. L. A. **O conceito de direito**. 6. ed. Trad. A. Ribeiro Mendes e com um pós-escrito editado por Penelope A. Bulloch e Joseph Raz. Lisboa: Fundação Calouste Gulbenkian, 2011. p. 140-141).

[16] Nas palavras de Fábio Medina Osório, "[...] o alcance do tipo há de ser, efetivamente, suficiente para cobrir algum comportamento ilícito, dando aos administrados e jurisdicionados uma previsibilidade básica, que se repute razoável e adequada às circunstâncias e peculiaridades da relação punitiva" (**Direito administrativo sancionador**. 8. ed. rev. e atual. São Paulo: Thomson Reuters, 2022. p. 258).

A teoria do bem jurídico foi desenvolvida no âmbito do Direito Penal e tem como objetivo assegurar o caráter subsidiário da persecução criminal. Nessa linha, o direito penal se ocuparia de tutelar bens jurídicos para os quais não há proteção adequada a partir de outros sistemas de responsabilização, assegurando seu caráter de *ultima ratio*. Ou seja, de acordo com o princípio da subsidiariedade, só se deve recorrer ao Direito Penal para a repressão de determinada conduta quando os demais sistemas de responsabilização se mostrarem ineficientes ou insuficientes para a salvaguarda do bem jurídico.[17]

Esse diálogo tem por pressuposto a estrutura complexa das sociedades modernas, em que diversos bens jurídicos merecem ser tutelados (meio ambiente, concorrência, relações de consumo, relações de trabalho etc.) e daí se criam sistemas de responsabilização para cada uma dessas áreas, cuja atuação se dá mediante regras próprias e específicas. Isso leva à necessidade de reforçar os critérios de legitimação da atuação do aparato sancionatório penal, reafirmando seu caráter excepcional.

Isso se torna ainda mais relevante a partir da criação de novos bens jurídicos, especialmente de natureza coletiva, impondo assim desafios à dogmática do direito sancionatório. Em um cenário como esse, embora seja natural e até mesmo inevitável um certo alargamento do espaço de atuação da prossecução penal, o que gera a necessidade de revisitar a própria natureza da tipicidade, fato é que há um núcleo fundamental de proteção com o qual não se pode transigir. É inadmissível que a definição da (i)legalidade da conduta seja feita de maneira discricionária pela autoridade encarregada de aplicar a pena. O lastro da tipicidade é a segurança, e isso exige descrições suficientemente claras, capazes de orientar a atuação do agente, que deve ser capaz de apreender se sua conduta é, ou não, capaz de incidir na norma de reprovação. Daí que prescrições vaporosas e principiológicas não se prestam a tanto. Dizer que é irregular ofender, por exemplo, a moralidade administrativa, é dizer nada.

Nalguma medida, o que se enxerga é um certo deslocamento da tutela dos bens jurídicos para fora do direito penal clássico. Isso, contudo, não autoriza que se deixe de lado o conteúdo elementar das garantias associadas ao poder do Estado de punir condutas reputadas reprováveis. Embora a conceituação de bem jurídico tenha se dado a partir da dogmática do direito penal, fato é que ela apresenta importantes subsídios para o estudo do direito sancionador, em geral, e da tutela da probidade, em particular. Afinal, as medidas excepcionais previstas na Lei devem ser reservadas às situações em que – de fato – houver

---

[17]   AVELAR, Michael Procópio. **Manual de direito penal**: volume único. São Paulo: JusPodivm, 2022. p. 99.

lesão ao bem jurídico protegido pela Constituição, não podendo essa forma de repressão ser vulgarizada como uma das formas ordinárias de controle externo da Administração Pública.

Em outras palavras, a sanção por improbidade, assim como acontece com as normas de natureza penal, somente há de ser aplicada como *ultima ratio* quando os demais instrumentos de promoção à probidade e repressão à improbidade previstos no ordenamento (infrações disciplinares, por exemplo) se mostrarem ineficientes para a repressão da conduta. Isso se mostra fundamental pelas razões expostas no tópico 1.2 (O mandado constitucional de repressão à improbidade e seu conteúdo elementar), em que se chama a atenção para a necessidade de contenção do poder de punir. *A tutela da probidade demanda que a sua repressão se dê observando os cânones do Estado Democrático de Direito.* O combate à improbidade não pode servir como uma espécie de pé-de-cabra hermenêutico, capaz de justificar sacrifícios aos direitos dos indivíduos. Interpretações de caráter ampliativo, previsões abstratas, normas processuais que criam ônus desarrazoados aos réus; nada disso tem lugar aqui.

A probidade foi erigida pelo constituinte como bem jurídico merecedor de tutela diferenciada, exigindo-se a previsão de um sistema sancionatório específico que combata práticas dessa natureza. Note-se, contudo, *que as penas previstas pela Constituição – salvo a própria reparação do dano – configuram a supressão de atributos inerentes à cidadania.* Tornar-se inelegível ou perder cargo público não são meras restrições de direitos ordinários, mas a ruptura da possibilidade de o indivíduo participar da vida cívica, atingindo assim um dos corolários da democracia, pelo que devem ser reservadas às condutas que efetivamente lesam o bem jurídico protegido pela Constituição.

Note-se que há diversas formas de tutela da função administrativa. Elas envolvem normas de caráter criminal, normas de caráter administrativo e normas sancionatórias especiais (como as previstas na Lei Anticorrupção). A improbidade, embora não se confunda com nenhuma delas, pois dotada de especificidades que a tornam autônoma, compartilha com elas o peso de representar uma das facetas repressivas da atuação do Estado.

A consequência mais destacada dessa ideia é que a improbidade deve ser vista, ao lado da tutela penal (eis que a própria Constituição ressalva esse paralelismo), como excepcional. Dito de modo direto, *cabe aplicar a tutela da improbidade quando não houver a incidência de outras normas capazes de assegurar a proteção dos interesses administrativos.* De modo similar ao Direito Penal, a improbidade deve ser cogitada quando a tutela ordinária da Administração não for capaz de proteger os bens jurídicos tutelados. Ela atua em caráter residual. E essa nota se revela a partir da avaliação dos bens jurídicos tutelados. Improbidade é reservada para os casos extremos, quando a conduta lesa de modo grave a própria integridade da Administração, tendo o agente atuado conscientemente nesse sentido.

Nesse contexto, inclusive, é que desde logo a jurisprudência acerca da Lei de Improbidade ressalvou que ela não deveria ser utilizada para punir meras irregularidades administrativas. Improbidade seria algo que requer um *plus* que a distingue de outras irregularidades passivas de serem evidenciadas na atuação do Estado.[18]

Até por isso é preciso ter claro que *a improbidade deve ser interpretada de modo a assegurar a integridade dos direitos (materiais e processuais) dos indivíduos.* Ela deve estar sujeita ao mesmo nível de garantia que se encontram nos processos de natureza criminal. O jogo de palavras penal/civil[19] que tem sido utilizado para negar garantias aos cidadãos nos casos de improbidade não serve de justificativa para que se crie um sistema sancionatório que transija com os direitos fundamentais. A improbidade não é um campo livre para o exercício de punir, em que as garantias do indivíduo são sacrificadas no altar da tutela de interesses do Estado.

Não se pode, a título de combater a corrupção, tolerar condenações que suprimem direitos políticos sem assegurar a devida proteção a outros valores igualmente prestigiados pela Constituição. E isso não depende de a improbidade ter ou não natureza penal, mas sim do fato de se estar diante de um ambiente em que o Estado aplica graves sanções aos particulares.

A improbidade lida com direitos fundamentais que só podem ser limitados em casos excepcionais. Dizer que ela tem natureza civil (o que por si só não quer dizer nada) não tem o condão de afastar a ideia de que ela constitui medida de caráter excepcional. Inclusive, em todo o caso é a própria Lei de

---

[18]   Por todos, ver a decisão firmada nos autos do AgInt no REsp n. 1.409.556/SC, na qual o STJ reafirmou sua jurisprudência pacífica no sentido de que "[...] nem todo o ato irregular ou ilegal configura ato de improbidade, para os fins da Lei 8.429/1992. A ilicitude que expõe o agente às sanções ali previstas está subordinada ao princípio da tipicidade: é apenas aquela especialmente qualificada pelo legislador".

[19]   Podemos fazer menção, nesse sentido, à recente decisão proferida pelo STF nos autos do AREsp n. 843.989/PR, onde se firmou o entendimento de que as normas mais benéficas aos acusados previstas na Lei n. 14.230/2021 retroagem somente para os processos em curso, estando fora dessa retroação os novos marcos prescricionais. O fundamento utilizado pela maioria dos Ministros foi no sentido de que a ação de improbidade possui natureza civil e, portanto, a ela não se aplicam os princípios constitucionais penais. Essa decisão será objeto de análise em tópico específico, para o qual remetemos o leitor.

Improbidade que determina que a ela se aplicam os princípios constitucionais do Direito Administrativo Sancionador (§ 4º do art. 1º). Não podemos ignorar que a ação por improbidade atinge direitos fundamentais que vão muito além do aspecto patrimonial, e isso exige um *standard* de lesividade que não pode ser banalizado.

O ponto central é: não é o combate à corrupção, à improbidade, à imoralidade, o que quer que seja, título que habilita o Estado a atuar sem respeito às exigências impostas ao exercício do poder de sancionar em um Estado Democrático de Direito. O esteio dessa proteção é a legalidade estrita. E mais, legalidade compreendida de maneira substancial, traduzindo-se em verdadeira *tipicidade*. A legalidade que aqui se cuida, como ressalvado acima, não é a ampla, que traduz o limite da atuação possível do Estado ou define o espaço de autonomia do indivíduo. É legalidade na sua acepção mais forte, a que exige que o poder de punir se funde, exclusivamente, naquilo previamente definido pelo legislador.

1.4   Sistema normativo de tutela da moralidade administrativa

Do ponto de vista da Lei n. 8.429/1992, a tutela à moralidade administrativa é *multifacetada*, envolvendo medidas administrativas e judiciais. No plano judicial, a par das normas de natureza penal, há normas de natureza diversa (usualmente chamadas de civis). A ação de improbidade se insere nesse último campo: do *controle judicial de natureza extrapenal*. Cuida-se de um sistema próprio de responsabilização, orientado ao combate de atos descritos normativamente como ímprobos.

A cumulação de formas de tutelar o mesmo bem jurídico traz questionamentos relevantes quanto à superposição de sanções. Usualmente, *a mesma conduta pode ser submetida a mais de um sistema de responsabilização, podendo levar a resultados inadequados.* Por ora, basta ter claro que o estudo da improbidade exige visão holística, para que se ache a justa medida entre todos os sistemas repressivos havidos.

A ideia de que uma conduta possa ser sancionada diversas vezes deve ser interpretada em termos. Aqui, propõe-se atribuir sentido à norma constitucional que expressamente prevê que a improbidade e as sanções penais podem ser cumuladas. Ora, *se o constituinte ressalvou a possibilidade de cumulação de maneira expressa num caso, é porque, ordinariamente, não pode haver cumulação com outras sanções decorrentes da mesma conduta.*

Desde logo a premissa que se adota é que *a interpretação sistemática da Lei deve conduzir ao repúdio à multiplicação de normas sancionatórias aplicáveis ao mesmo fato.* Isso implica que ideias que buscam excluir esses resultados – tais como as desenvolvidas no âmbito do direito penal acerca do concurso de crimes – devem ser pensadas no que se refere à improbidade. Enfim, o fato de haver diversas normas a tratar da proteção da probidade não autoriza que haja um carrossel sancionatório. Cumulações de sanções são excepcionais, e é preciso ter isso em mente quando se cuida de improbidade. Em regra, a improbidade absorve as demais, salvo a penal.

Para finalizar, cumpre registrar alguns apontamentos quanto à aplicação da lógica do concurso de crimes ao sistema tutelada pela Lei de Improbidade Administrativa. Aqui, contudo, importa menos o concurso de ilícitos e mais o concurso de normas repressivas, afinal, o que está em jogo é a punição de uma mesma conduta via dois ou mais sistemas de responsabilização. A ideia é o estabelecimento de alguns critérios para a aplicação das normas de Direito Administrativo Sancionador, que como visto, abrange as esferas sancionatórias penal, civil e administrativa.

Um primeiro critério a ser considerado é o da especialidade, no sentido de que a lei especial prevalece sobre a lei geral. Dessa forma, no caso de uma mesma conduta representar tanto um ilícito penal quanto um ato de improbidade, prevalece este último em razão de sua especialidade. Nas palavras de Alejandro Nieto, de acordo com o princípio da especialidade, na hipótese de dois ou mais tipos parcialmente coincidentes, a aplicação de um deles impede a aplicação do outro por razões de segurança jurídica e racionalidade sistêmica do ordenamento.[20]

Outro princípio que merece destaque, que já foi aqui abordado, é o da subsidiariedade, no sentido de que a improbidade deve ser invocada somente quando normas de responsabilização mais brandas forem ineficientes ou insuficientes para a repressão adequada da conduta – quando a aplicação de infração administrativa se mostra suficiente, não há por que se valer da Lei de Improbidade. Correlato a esse, há o princípio da alternatividade, que só pode ser utilizado quando nenhum dos anteriores solucionarem o problema. Segundo ele, no caso de uma mesma conduta incidir em violação a duas ou mais normas jurídicas, aplica-se a mais grave, que absorve as demais.[21]

Por fim, há o princípio da consunção, segundo o qual, em simples termos, o fato menos grave é absorvido pelo fato mais grave. A consunção possui quatro espécies: a) crime progressivo, quando o agente, para atingir seu objetivo, necessita praticar previamente um crime menos grave; b) progressão

[20] NIETO, Alejandro. **Derecho administrativo sancionador**. 2. ed. Madrid: Tecnos, 1994. p. 442-443.

[21] OSÓRIO, Fábio Medina. **Direito administrativo sancionador**. 8. ed. rev. e atual. São Paulo: Thomson Reuters, 2022. p. 375.

criminosa em sentido estrito, quando o agente inicia o ato pretendendo praticar um crime, mas acaba praticando outro (planeja roubar mas resolve matar, por exemplo); c) fato anterior não punível, quando o agente, para atingir seu objetivo delituoso, comete crime menores, ainda que não necessariamente o delito principal, para se consumar, dependa do cometimento desses crimes menores; d) fato posterior não punível, quando o agente, após praticar o delito, pratica conduta delituosa posterior a ele relacionado.[22]

Veja-se, portanto, que não é privilégio exclusivo do Direito Penal valer-se de critérios específicos para lidar com os problemas derivados do conflito aparentes de leis sancionatórias. Trata-se de um problema, sobretudo, de Teoria Geral do Direito Administrativo Sancionador, no campo de uma necessária teoria geral da tipicidade. Nessa medida, concordamos com Fábio Medina Osório quando diz que o Direito Administrativo sancionador deve se socorrer do Direito Penal "[...] para solucionar alguns de seus principais problemas, algumas de suas lacunas, sem perder de vista, é certo, suas peculiaridades, seus traços específicos, sua natureza extrapenal".[23]

2. NOTAS GERAIS SOBRE A REFORMA DA LEI DE IMPROBIDADE

Em 25.10.2021 foi promulgada a Lei n. 14.230/2021, que trouxe profundas mudanças na Lei n. 8.429/1992, a Lei de Improbidade Administrativa. Embora, oficialmente, a nova lei tenha apenas reformado a antiga, que continua em vigor, as modificações foram tão significativas que não se trata de nenhum exagero afirmar que temos em vigor uma Nova Lei de Improbidade Administrativa. *Um espírito novo, num corpo antigo.*

Apenas a título de exemplo, vale citar que com a Lei n. 14.230/2021, entre outros: a) apenas condutas dolosas podem ser responsabilizadas; b) passou a se exigir dolo específico para a configuração de ato de improbidade; c) foi estabelecida a limitação do prazo de afastamento do agente público investigado; d) o Ministério Público foi reconhecido como o único competente para o ajuizamento da ação de improbidade;[24] e) o instituto da indisponibilidade de bens foi totalmente reformulado; f) os representantes das empresas apenas

---

[22] AVELAR, Michael Procópio. **Manual de direito penal**: volume único. São Paulo: JusPodivm, 2022. p. 180-182.

[23] OSÓRIO, Fábio Medina. **Direito administrativo sancionador**. 8. ed. rev. e atual. São Paulo: Thomson Reuters, 2022, p. 378.

[24] O STF já reconheceu a legitimidade ativa também da pessoa jurídica interessada para o ajuizamento da ação. Essa decisão será objeto de comentários quando da análise do art. 17 da Lei. Desde logo, adiantamos que somos contrários à possibilidade de os lesados

podem ser responsabilizados se comprovada sua participação e benefícios diretos; g) ocorreram mudanças no trato da prescrição e das sanções cabíveis; h) foram incluídas disposições inéditas em matéria processual. Com efeito, grande parte da base fundante da Lei n. 8.429/1992 não mais se encontra em vigor, de modo que estamos diante de uma nova normatização.

O objetivo aqui, contudo, não é analisar todas essas modificações, que serão objetos de comentários específicos no decorrer da obra, mas realizar um balanço geral sobre a Lei de Reforma. Em linhas gerais, *a alteração legislativa constitui uma tentativa de barrar o uso inadequado da ação de improbidade.* Sob a vigência da lei anterior, não eram raros casos de *(i)* interferências indevidas nas administrações municipais, especialmente em Municípios pequenos e/ou do interior, *(ii)* violação à independência do Poder Executivo, *(iii)* legitimação de vários arroubos autoritários com fundamento na vaga ideia de "combate à improbidade e à corrupção", *(iv)* vulgarização do conceito de ilegalidade e improbidade, entre outros. Tudo isso sendo cometido por via da ação de improbidade.

A Lei n. 8.429/1992, na redação originária, conferia amplo grau de discricionariedade aos legitimados (Ministério Público e pessoas jurídicas lesadas), apostando de forma ingênua que as caraterísticas e prerrogativas institucionais seriam suficientes para garantir a consistência e a legitimidade do processo sancionatório. O resultado, é claro, não foi o esperado. Como dito, combate a corrupção não se faz à revelia do devido processo legal. O devido processo é um pilar civilizatório, tanto mais sólido quanto mais grave for a atuação do Estado. O Estado sancionador não pode transigir com o devido processo, numa lógica utilitarista de permitir abusos desde que se combata a corrupção.

Antes da Lei de Reforma, as facilidades da lei – que pouco dispunha sobre a propositura e o julgamento das ações de improbidade, quase não prevendo regras referentes aos deveres dos julgadores e acusadores e aos direitos processuais garantidos aos acusados – abriram caminho para o ajuizamento de ações/a imposição de sanções fundadas em idealizações, intuições, desconfianças contra a gestão administrativa, razões midiáticas, personalismo etc. Os resultados desses desvios são evidentes: o desvirtuamento da ação de improbidade e a perda de foco e do limite da ação punitiva estatal. Ministério Público e Judiciário passaram a se empenhar no aumento do número de ações e de condenações judiciais, sem muito aprofundamento

---

pretenderem aplicar as penas de improbidade, pois eles não gozam da independência necessária para tanto. Uma coisa é a tutela do patrimônio; outra, a aplicação de penas.

quanto aos casos concretos e sem medir o efeito real de todo esse esforço sobre o ambiente público brasileiro, naquela velha linha de que Judiciário bom é aquele que condena mais.

A utilização da via da improbidade se vulgarizou de tal forma que, conforme estudo empírico realizado por Carlos Ari Sundfeld e Ricardo Alberto Kanayama, a Lei de Improbidade se tornou a principal ferramenta de controle e sancionamento das atividades dos gestores públicos, superando até mesmo ações penais voltadas para a punição de crimes contra a Administração Pública.[25] E isso se explica, dentre outras questões, *pela falta de exigência de rigor técnico no ajuizamento da ação e na estruturação das decisões condenatórias.* Se comparada ao processo penal, a ação de improbidade era extremamente deficitária em termos de direitos e garantias processuais dos acusados, o que levou a uma predileção do ajuizamento dessa espécie de ação em detrimento de outras espécies de ações dotadas de maior rigor processual. E eis a raiz do problema: um processo de sanções graves, sem regras de controle claras.

Diante de todo esse cenário, a reforma legislativa era necessária para fins de conferir ao sistema de combate à improbidade maior *racionalidade* e *previsibilidade*, permitindo assim a criação de um ambiente seguro para o exercício das funções públicas. Editou-se, assim, a Lei n. 14.230/2021 que, a nosso ver, é positiva. Vários dos novos dispositivos vieram exatamente para estender ao processo de improbidade as garantias fundamentais mais básicas dos indivíduos e atribuir, ao acusador e ao julgador, ônus argumentativo elevado para a condenação do agente ou terceiro.

Na Lei Nova podemos verificar a busca pela garantia de segurança jurídica na aplicação das sanções. Destacamos, nesse sentido, as regras processuais impondo ao acusador um *standard* probatório mínimo a ser superado para o ajuizamento da demanda, sob pena de rejeição, assim como o dever de o juiz proferir decisão indicando com precisão a tipificação do ato de improbidade administrativa imputado ao réu (§ 6º, 6º-B e 10-C do art. 17). Merece menção também a exigência de dolo para a configuração de qualquer dos atos de improbidade (§§ 1º e 2º do art. 11). Enfim, há avanços a serem aplaudidos. Inclusive, muitas das novas disposições vieram exatamente para pôr fim a uma série de entendimentos equivocados firmados à luz da legislação anterior que tornavam as ações de improbidade um instrumento de ofensa de direitos.

---

[25] SUNDFELD, Carlos Ari. KANAYAMA, Ricardo Alberto. A promessa que a lei de improbidade não foi capaz de cumprir. **Publicações da Escola da AGU**, v. 12, n. 02, 10 nov. 2020. Disponível em: https://seer.agu.gov.br/index.php/EAGU/article/view/2789. Acesso em: 15 jan. 2023.

A eficácia da nova lei, contudo, não é automática, muito menos está garantida. Cabe aos atores responsáveis por operá-la, notadamente os membros Ministério Público e do Poder Judiciário, serem deferentes ao seu espírito. Isso leva à necessidade, por exemplo, de revogação de uma série de entendimentos jurisprudenciais já firmados que contrariam as novas regras processuais, muitos deles sob a sistemática dos recursos repetitivos. Em todo e qualquer caso, somente resta aguardar como as modificações serão recebidas na prática. Afinal, a letra da lei é vivificada nos foros e processos. Ao fim e ao cabo, a lei, por si só, não passa de um amontoado de palavras em um pedaço de papel (melhor dizendo, numa tela qualquer), e sua efetivação depende principalmente da atuação daqueles responsáveis por concretizá-la. E, para utilizar uma máxima já consagrada, espera-se que o novo não seja interpretado aos olhos do velho.

3. COMENTÁRIOS AO ART. 1° DA LEI DE IMPROBIDADE

3.1 Tipicidade na improbidade (§ 1°)

O § 1° do art. 1° indica que improbidade envolve condutas dolosas expressamente descritas nos artigos da Lei que definem as condutas ímprobas (arts. 9°, 10 e 11). Sobre o dolo, há disposição específica que o define, de modo que aqui cumpre investigar os efeitos da ideia de que a improbidade exige condutas tipificadas. A disposição contém muito mais do que se revela à primeira vista. Ela não se limita a indicar onde estão as condutas a serem sancionadas (o que, aliás, seria destituído de qualquer utilidade normativa). O ponto importante é perceber que *ao tratar de improbidade estamos falando de tipos*. E isso reforça o que foi dito acima, de que a improbidade depende de o legislador ter qualificado determinados fatos como reprováveis, associando a ele a pena correlata.

A melhor concepção no que se refere ao papel da legalidade na improbidade é vê-la como *tipicidade*. Tipicidade é mais do que legalidade. Não basta que a conduta esteja descrita em lei, essa lei deve ser *stricta* e *certa*, como diriam os penalistas.[26]

Em outras palavras: a tipicidade exige mais do que a positivação de condutas. A descrição normativa deve ser precisa e conter todos os elementos necessários à sua individualização, não cabendo ampliações interpretativas e outras técnicas de expansão à margem da expressa e certa manifestação do

---

[26] CALLEGARI, André Luís. **Teoria geral do delito e da imputação objetiva**. 3. ed. São Paulo: Atlas, 2014. p. 1-3.

legislador. É dizer, a lei deve conter todos os elementos necessários para que se possa qualificar determinada ação como sendo improbidade.[27]

Isso implica que a descrição das condutas reprováveis deve ser clara, permitindo que a sanção recaia exclusivamente sobre aquelas ações ou omissões que tenham sido, de fato, objeto de reprovação pelo legislador. Apenas a Lei pode criar essas condutas, exigindo-se das normas que as descrevem atributos que revelem de modo unívoco a intenção de punir. O caráter de tipicidade, previsto pela Lei, deve ser refletido na interpretação feita dos artigos que definem em concreto as condutas ímprobas. Desde logo, portanto, é de se recusar a possibilidade de ampliação das condutas descritas pelo legislador, invocando que a tessitura dos artigos é aberta. A interpretação aqui se faz de modo restritivo. É isto que decorre de a improbidade ser descrita a partir de um *tipo legal*.

A par de isso não se coadunar com o que se exige de um tipo sancionatório, tal maneira de ver a questão ofende *postulados de segurança* que derivam da própria Constituição. Como se viu, a probidade é tutelada com a aplicação de penas que atingem a restrição de direitos fundamentais (à participação política e ao acesso aos cargos públicos, sobretudo). *A perda desses direitos deve se dar apenas nas hipóteses em que o legislador admitiu expressamente o seu sacrifício, cabendo a ele descrever com minúcias as condutas que podem implicar o sancionamento.*

Com efeito, uma das principais funções do estabelecimento de tipos sancionadores é a busca pela garantia da segurança jurídica aos indivíduos. Uma conduta previamente descrita como proibida em um tipo assegura previsibilidade mínima quanto ao alcance da pretensão punitiva estatal. Até por isso, como visto, os tipos devem ser redigidos de forma clara e minimamente precisa, de forma a gerar uma previsibilidade geral quanto ao seu conteúdo. O foco, portanto, está na *previsibilidade, indissociável da segurança jurídica e da limitação do poder de punir pela Lei.*

Nesse sentido, tipicidade exige (i) a predeterminação, com suficiente grau de clareza, do comportamento indesejável e punível; (ii) que a esse

---

[27]　Nas palavras de Fábio Medina Osório, "A tipicidade, em todo caso, é e há de ser considerada um desdobramento e uma garantia da legalidade, uma demarcação do campo em que deve movimentar-se o intérprete, com maior ou menor rigidez, dependendo do bem jurídico tutelado e dos direitos fundamentais em jogo, bem assim da natureza da relação de sujeição entre o Estado e o infrator" (OSÓRIO, Fábio Medina. **Direito administrativo sancionador**. 8. ed. rev. e atual. São Paulo: Thomson Reuters, 2022. p. 256-257).

comportamento seja atribuída uma sanção correspondente em caso de transgressão, que também deve ser estipulada de forma precisa.[28] Se do tipo não for possível extrair de modo claro as condutas proibidas, estamos diante de uma hipótese normativa que viola a legalidade e a tipicidade, princípios que devem balizar toda a atividade sancionatória do Estado. Em suma, a função do tipo é demarcar a esfera daquilo que é proibido, e o deve fazer do modo mais seguro que o Direito conhece, que é por meio da descrição completa da conduta e da consequência.

Registra-se aqui que no âmbito do direito penal tem-se assistido a uma certa degradação da ideia de tipicidade, decorrente da criação de normas voltadas à tutela de bens jurídicos metaindividuais.[29] Corre-se esse risco também no âmbito da Lei de Improbidade, mas por outro motivo. Na medida em que a ideia de probidade é altamente subjetiva, corre-se o sério risco de o sistema previsto na Lei ser utilizado para tentar punir a partir de concepções morais dos julgadores, e não a partir daquilo que de fato foi tutelado enquanto improbidade pela Lei e pela Constituição. O que se pode (e deve) punir são as condutas que agridem o funcionamento do Estado e/ou causam prejuízos de ordem patrimonial ao erário ou geram o enriquecimento ilícito do agente. Nada além disso.

Improbidade não é medida para que os atores institucionais projetem no sistema suas visões de mundo, buscando atacar decisões com as quais não concordam. Improbidade é medida reservada para os atos que, dolosamente, agridam em concreto o adequado funcionamento do Estado. Qualquer interpretação que permita a propositura de demanda de improbidade fundada em elementos puramente subjetivos é um abuso na utilização desse instrumento. Em poucas palavras, é necessário delimitar com precisão o espaço do que é irregular, mas não ímprobo.

A improbidade de modo algum serve para sancionar arbitrariamente. Ela é reservada para sancionar condutas efetivamente graves, que lesem de fato bens jurídicos contemplados pela Constituição. E isso só pode ser feito num Estado Democrático de Direito caso se parta do pressuposto inegociável

---

[28] CAÚLA, César; ARAÚJO, Aldem Johnston Barbosa. A nova redação do art. 11 da Lei n. 8.429/1992 e o fim da configuração de ato de improbidade por mero descumprimento de princípios da administração pública: um avanço necessário. In: MARINHO, Daniel Octávio Silva; PEIXOTO, Marco Aurélio Ventura. **Improbidade administrativa**: aspectos materiais e processuais da Lei n. 14.230, de 25 de outubro de 2021. Curitiba: Thoth, 2023. p. 142.

[29] Sobre o tema, ver BUSATO, Paulo César. **Direito penal, parte especial**. São Paulo: Atlas, 2018. p. 52-56.

de que o indivíduo é dotado de garantias que não podem ser violadas, por mais nobres que sejam as justificativas invocadas para tanto.

Dizendo de outro modo, o fato de se estar tutelando a moralidade não autoriza que se desprezem garantias fundamentais. E, infelizmente, é fácil se esquecer disto em um país assolado por práticas antirrepublicanas. Todavia, dois erros não fazem um acerto. Um dos pressupostos adotados aqui é que a *improbidade é medida excepcional*, que deve estar restrita às situações em que o constituinte expressamente autorizou a adoção das penalidades que implicam o afastamento de indivíduos da vida pública. Daí que *mesmo não tendo natureza propriamente penal, fato é que não se pode deixar de reconhecer que a improbidade não é sanção ordinária para qualquer ilícito administrativo*. Entender o contrário é deturpar o sentido da improbidade, atribuindo a ela a natureza de mais uma sanção derivada da ilegalidade administrativa, o que não se admite.

3.2   O dolo na improbidade (§§ 2° e 3°)

A configuração da improbidade exige a presença de dolo. *Dolo implica conhecer e querer*, de modo que para a configuração de ato de improbidade não basta a prática de conduta descrita normativamente ou a produção do resultado contemplado na norma. É necessário mais do que isto. Esse *plus* se traduz no dolo, elemento que assume importância central no estudo da improbidade – notadamente após a edição da Lei n. 14.230/2021 que, dentre outras alterações, eliminou a assim chamada improbidade culposa, antes prevista no art. 10 da Lei.

São elementos constitutivos do dolo nos termos da Lei de Improbidade, portanto, a *consciência*, no sentido de conhecimento do fato, e a *vontade*, no sentido de intenção de praticar esse fato. Haverá ato de improbidade somente quando o agente, de forma livre e consciente, pratica ato voltado a buscar um resultado tido como ilícito pela lei. E mais: o dolo contemplado pela Lei não é do tipo genérico (vontade de praticar a conduta, mas sem nenhuma finalidade específica), mas específico, isto é, exige-se que a conduta seja praticada com a finalidade específica de se obter proveito ou benefício indevido para si ou para outra pessoa ou entidade (§§ 1° e 2° do art. 11).

O traço que diferencia o dolo geral do específico é a presença ou não de uma finalidade específica na conduta do agente, para além da simples vontade de praticá-la. A previsão da necessidade de presença de dolo específico traduz, quando menos, a intenção do legislador de conter, na medida do possível, o espaço de conformação deixado ao juiz na interpretação e aplicação da Lei de Improbidade, que com a edição da Lei n. 14.230/2021 teve imposto sobre si ônus argumentativo muito mais elevado na fundamentação de suas decisões.

Em todo e qualquer caso, portanto, não basta somente o conhecimento do caráter ímprobo do ato. Há que se comprovar, ainda, que o agente possuía a vontade livre e consciente de violar a probidade administrativa através da prática de ato tipificado nos incisos dos arts. 9°, 10 ou 11 da Lei.

É exatamente por isso que o § 2° do art. 1° da Lei especifica que a mera voluntariedade do agente, sem a comprovação adicional de que essa vontade foi livre, consciente e direcionada à obtenção de proveito ou benefício indevido (dolo específico), não é suficiente para a configuração de ato de improbidade. Voluntariedade, no sentido de livre vontade de praticar determinado ato, não se confunde com dolo, ao menos não no sistema regido pela Lei de Improbidade.

Nessa linha, o § 3° do art. 1° traz disposição que pode parecer curiosa à primeira vista. Afinal, se improbidade é a conduta descrita normativamente como tal, é evidente que o mero exercício da função administrativa não pode ser enquadrado nela. Contudo, o ordenamento jurídico brasileiro às vezes exige que se diga o óbvio. Aqui, a intenção é *reforçar que a improbidade não serve para apenar quaisquer irregularidades (reais ou putativas), ficando restrita às situações em que haja atuação dolosa, buscando resultado ilícito.*

A disposição busca fechar as portas para a propositura de demandas em que se busca timbrar de improbidade a adoção de decisões administrativas que contrariem interesses de grupos antagônicos. A ausência de elementos de garantia capazes de limitar a concepção de improbidade autorizava, antes da reforma legislativa, a propositura de demandas fundadas em visões subjetivas acerca de qual deveria ser a decisão administrativa a ser adotada. Especialmente se valendo da improbidade baseada em ofensa a princípios, assistia-se à propositura de ações fundadas em mero inconformismo subjetivo, muitas vezes timbrado por preferências políticas.

A Lei, ao dizer o óbvio, visa a reforçar que a improbidade é medida excepcional, que não se destina a questionar decisões administrativas. Note-se, inclusive, que a norma em questão já traz algo relevante acerca do *standard* probatório a ser observado nas ações de improbidade: *não só os atos devem ser comprovados, mas também a manifesta intenção do agente em praticá-los (dolo).*

Em resumo: *devem ser rechaçadas ações cuja causa de pedir não descreva a ação orientada de agentes para, com consciência e vontade, atuar ilicitamente, lesando de forma grave os bens jurídicos previstos na Constituição.* A descrição do dolo específico é elemento que deve integrar a causa de pedir da improbidade.

3.3 Improbidade e princípios constitucionais do direito administrativo sancionador (§ 4°)

Improbidade é sanção. E a aplicação de sanções deve atentar a uma série de pressupostos que visam a garantir que não haja qualquer excesso do Estado em face do indivíduo. Por conta disso, as ambiências jurídicas em que se cogita da aplicação de sanções pressupõe a observância de um corpo de princípios que traduzam esse compromisso.

A Lei reforça isso indicando que o sistema de improbidade é informado pelos princípios constitucionais do direito administrativo sancionador. O problema é que em grande medida tais princípios são implícitos. E toda tentativa de criar um catálogo exaustivo de princípios se expõe ao inafastável risco de incompletude e de abstração.

Mesmo diante disso, e haja vista o silêncio da Lei, algumas ideias devem ser trazidas. Elas constituem o que pode ser considerado o *núcleo elementar de proteção dos indivíduos diante da aplicação de sanções*. Natural que aqui grande parte dos valores que informam o centro de gravidade desses princípios são derivados do direito penal. Embora a improbidade não se confunda com uma ação/sanção penal, dizer que ela tem natureza civil é algo que mais confunde do que explica. Civil, enquanto antônimo de penal, quer dizer muitas coisas. E essa indeterminação terminológica não autoriza que o Estado possa punir – inclusive cassando direitos políticos – sem que o faça dentro de um quadro de valores inerentes ao Estado Democrático de Direito.

O importante, e isso que é o relevante a partir da Constituição, é que *restringir direitos fundamentais exige a adoção de certas cautelas*, especialmente quando a restrição está associada a um juízo de valor acerca da conduta do particular que é reputada como contrária ao direito. Sem pretensão de criar um rol completo, pelo motivo especificado acima, pode-se pensar em princípios que atuam *(i)* no plano da descrição normativa; *(ii)* no âmbito processual e *(iii)* na aplicação de sanções. Essa divisão objetiva colocar em enfoque as dimensões pelas quais o ato de apenar passa. Todas se fundem e consistem numa coisa só: o dever do Estado de sancionar de modo deferente ao núcleo de proteção elementar dos direitos fundamentais.

No plano da descrição da conduta, o primeiro princípio que deve ser lembrado é o da legalidade, traduzindo-se em verdadeira tipicidade no que se refere à descrição das condutas consideradas ímprobas. Sobre ele, remete-se ao que já foi dito. A Lei é que abre a via da sanção. Sem norma certa acerca da conduta, não há o que ser punido.

Outro princípio que atua nessa dimensão é o da irretroatividade das normas que criam penalidades, corolário da ideia de segurança jurídica. Embora possa se pensar em normas com eficácia retroativa, constitui-se um pilar de proteção dos indivíduos a impossibilidade de requalificar fatos pretéritos para fins de reprová-los retrospectivamente. Embora essa ideia esteja associada mais fortemente ao âmbito do direito penal, ela se aplica analogicamente a todo âmbito sancionatório.

No que se refere aos princípios que regem o modo pelo qual se podem aplicar as penalidades, o princípio que imediatamente se tem em mira é do devido processo legal. Com efeito, e aqui não há qualquer espaço para disputas hermenêuticas, contraditório e ampla defesa devem preceder a aplicação de qualquer penalidade, possua ela natureza civil, penal ou administrativa. E isso, na sua acepção plena, impõe o direito do cidadão de reagir a todas as pretensões postas por quem qualifica o ato de ímprobo.

Como anota Gilmar Mendes, o devido processo legal é uma das mais amplas e relevantes garantias previstas no nosso texto constitucional, tendo aplicabilidade tanto nas relações de caráter material quanto nas relações de caráter processual. É neste último âmbito, contudo, que ela assume amplitude inigualável "[...] e um significado ímpar como postulado que traduz uma série de garantias hoje devidamente especificadas e especializadas nas várias ordens jurídicas". Em linhas gerais, podemos dizer que são reflexos do devido processo legal garantias como *(i)* direito ao contraditório e à ampla defesa, *(ii)* direito ao juiz natural e *(iii)* direito a não ser condenado com base em prova ilícita, dentre outros.[30]

O processo de improbidade, portanto, se constitui no espaço em que compete ao autor provar a existência de um ato ímprobo, cabendo ao acusado o direito de, por todos os meios legítimos, resistir a essa imputação. Em especial, o direito de se manifestar sobre tudo que é dito e de produzir as provas úteis à sua defesa é essencial. Aqui, o Estado não se beneficia de verdades sabidas, presunções etc. Cabe ao Estado – titular da ação – provar a existência de um ato ímprobo. O particular se presume inocente aqui.

Com efeito, quando falamos em improbidade estamos falando em um ambiente normativo que, embora deficitário, especialmente se comparado com o direito penal, ostenta uma série de garantias constitucionais em favor dos acusados. O conjunto de garantias aplicáveis à improbidade, em particular, e a todo o sistema do direito administrativo sancionador, em geral, emerge da cláusula do devido processo legal, sendo a primeira e mais básica das garantias a *interdição da arbitrariedade do Estado*. Todas as demais garantias, como a responsabilidade subjetiva dos infratores e a presunção de inocência, são decorrências da garantia do devido processo legal aos acusados.[31]

---

[30] MENDES, Gilmar Ferreira; BRANCO, Paulo Gustavo Gonet. **Curso de direito constitucional**. 15. ed. rev. e atual. São Paulo: Saraiva Educação, 2020. p. 601-602.

[31] OSÓRIO, Fábio Medina. **Teoria da improbidade administrativa**: má gestão pública, corrupção e ineficiência. 6. ed. rev., atual. e ampl. São Paulo: Thomson Reuters Brasil, 2022. p. 222-223.

Outro princípio que é importante no que se refere a imputações de irregularidade com vistas à penalização é a perspectiva de que deve haver viabilidade da própria dedução da pretensão. O Estado (aqui entendido como os legitimados para a ação de improbidade) não pode exercer em juízo essa pretensão de modo abstrato, mas sim a partir de indícios sérios que demonstrem a viabilidade mínima da tese por si sustentada. Dito de modo claro, as ações de improbidade não podem ser vistas como abstratas,[32] nos termos que o termo assume no direito processual civil ordinário.

O legislador esteve atento a esse princípio quando da edição da Lei de Improbidade. Basta notar, por exemplo, as várias normas voltadas à proibição de condenações abstratas, tal qual o inciso I do § 6º do art. 17, que exige do autor, já na inicial, a individualização da conduta do acusado e a demonstração da existência de elementos probatórios suficientes a enquadrar a conduta nas hipóteses normativas previstas na Lei, e o § 10-C do art. 17, segundo o qual é dever do juiz, logo após a apresentação de réplica pelo autor da ação, proferir decisão indicando com precisão a tipificação do ato de improbidade imputado ao réu. Para análises mais aprofundadas sobre esses dispositivos, remetemos o leitor aos comentários realizados ao art. 17.

Por fim, há que se ter por pressuposto o elemento inafastável da culpabilidade. A pena se aplica na medida da reprovabilidade subjetiva da conduta do agente. E isso impõe que haja análise individualizada das condutas atribuídas a cada sujeito para fins de aplicar sanções. Tal perspectiva parece mais adequada do que apenas aludir à proporcionalidade. Culpabilidade implica algo além da mera adequação entre meio e fim; implica ter claro que as penas se aplicam em vista da conduta, e que diversas circunstâncias devem ser levadas em consideração para tanto. A ausência de pressupostos explícitos no texto da Lei não autoriza a aplicação de penalidades que não levem em conta a culpa de cada agente em si considerada. Não cabem culpabilizações no atacado sem que haja a atribuição de um *suum cuique* no que se refere à atuação de cada um dos envolvidos.

E não só isso. A culpabilidade decorre da ideia de presunção de inocência e está relacionada à possibilidade de uma defesa técnica por parte do acusado diante das acusações a ele dirigidas. Nesse sentido, não houvesse exigência de culpabilidade nem sequer faria sentido em prever garantias correlatas como

---

[32]   Sobre a exigência de justa causa para o ajuizamento de ações de improbidade, ver GUIMARÃES, Bernardo Strobel. A exigência de justa causa para o ajuizamento de ações coletivas. In: RIBEIRO, Carlos Vinicius Alves (Org.). **Ministério Público**: reflexões sobre princípios e funções institucionais. São Paulo: Atlas, 2009.

as de natureza processual. É dizer, a perspectiva de uma responsabilidade objetiva dos indivíduos sem a exigência de demonstração da sua culpabilidade, constituiria uma inaceitável arbitrariedade estatal, respeitasse o processo o devido processo legal ou não. Em suma, para que alguém possa ser punido pelo Estado, em qualquer esfera de responsabilização que for, exigência inafastável que ele se revele culpável.[33]

Quanto aos elementos da culpabilidade, a doutrina penal aponta três: a) imputabilidade, no sentido de ser possível atribuir ao sujeito a responsabilidade por uma conduta ilícita; b) a potencial consciência da ilicitude, isto é, culpabilidade exige que o agente seja capaz de compreender que sua conduta é reprovável aos olhos da lei;[34] c) exigibilidade de conduta diversa, no sentido de que para que o agente se revele culpável é necessário demonstrar que ele tinha a possibilidade de atuar em conformidade com a lei, não sendo possível a punição de condutas que, em virtude das circunstâncias do caso concreto, não poderiam ser evitadas. À luz desses três elementos, podemos também demonstrar algumas causas excludentes de culpabilidade. No primeiro caso, temos a inimputabilidade nos termos em que regulada pelo Código Civil. No segundo, o assim chamado erro de proibição. No terceiro, a coação irresistível e a mera obediência a ordem não manifestamente ilegal.[35]

3.3.1   O princípio da insignificância

Questão controvertida diz respeito ao princípio da insignificância. O que se busca enfrentar é o seguinte: aqueles atos virtualmente enquadrados nos termos da Lei de Improbidade Administrativas (tipicidade formal), mas que não se mostram materialmente lesivos aos bens protegidos pela Lei e pela Constituição (tipicidade material), devem ser objeto de sancionamento pela via da improbidade?

Na esfera penal não há maiores problemas quanto à aplicação de tal conceito, embora em hipóteses restritas. Agora, há extensão de sua aplicabilidade também para o âmbito da Lei de Improbidade? A nosso entender

---

[33]   OSÓRIO, Fábio Medina. **Direito administrativo sancionador**. 8. ed. rev. e atual. São Paulo: Thomson Reuters, 2022. p. 391.

[34]   Embora sejam perecidas, imputabilidade e potencial consciência da ilicitude não se confundem. A primeira diz respeito à capacidade do agente de ser destinatário de normas sancionatórias. A segunda, por outro lado, faz referência à compreensão de uma conduta específica como sendo proibida pelo ordenamento jurídico.

[35]   AVELAR, Michael Procópio. **Manual de direito penal**: volume único. São Paulo: JusPodivm, 2022. p. 373-377.

a resposta é positiva. Afinal, como afirmamos acima, todo ato, para ser qualificado enquanto improbidade administrativa, deve corresponder a um ilícito grave. O Estado não deve movimentar o seu aparato repressivo ou exercer seu poder punitivo quando o ato praticado pelo agente representar uma violação irrelevante ao bem jurídico protegido. E, como dito, sem lesão efetiva à ordem administrativa, não se pode falar em improbidade.

O princípio da insignificância, nesse sentido, atua como instrumento de interpretação restritiva de normas sancionatórias, possuam ela natureza civil, penal ou administrativa, sendo uma verdadeira expressão da já exposta natureza subsidiária da Lei de Improbidade. Em sede jurisprudencial, já reconheceu o STJ a aplicação de tal princípio ao sistema da improbidade nos autos do AgRg no REsp n. 968.447/PR:

> O ato havido por ímprobo deve ser administrativamente relevante, sendo de se aplicar, na sua compreensão, o conhecido princípio da insignificância, de notável préstimo no Direito Penal moderno, a indicar a inaplicação de sanção criminal punitiva ao agente, quando o efeito do ato agressor é de importância mínima ou irrelevante, constituindo a chamada bagatela penal: de *minimis non curat Praetor*.

O legislador também previu a sua aplicabilidade no âmbito da improbidade, como se vê pelo teor do § 4° do art. 11 da Lei, segundo o qual os atos de improbidade que atentam contra os princípios da Administração Pública exigem lesividade relevante ao bem jurídico tutelado para serem passíveis de sancionamento. Contudo, embora tenha o legislador previsto a aplicação do princípio da insignificância de forma expressa somente ao tipo legal de violação aos princípios (art. 11), entendemos, na linha da jurisprudência do STJ, que se trata de regra a ser estendida a todo o sistema de combate à improbidade.[36] Aliás, não faria sentido do ponto de vista sistemático defender que a insignificância alcança apenas uma das modalidades previstas, não se estendendo às demais.

O princípio da insignificância, quando menos, é corolário da exigência de tipicidade, que há muito deixou de ser vista apenas em sua concepção formal (subsunção do fato à norma) e passou a ser entendida também em sua acepção material, no sentido de que tipicidade exige a valoração da efetiva lesividade do bem jurídico protegido que, se ínfima, leva à atipicidade

---

[36] Por todos, do AgInt no REsp n. 1.409.556/SC.

material e, consequentemente, à absolvição do acusado.[37] Trata-se, inclusive, do entendimento dominante no STJ, que diferencia a improbidade dos atos meramente irregulares.

Isto é, aqueles atos que virtualmente podem ser enquadrados nas hipóteses previstas nos arts. 9º, 10 e 11 da Lei (tipicidade formal), mas não são capazes de efetivamente lesar o bem jurídico tutelado pela Lei (tipicidade material), qual seja, a probidade administrativa, não caracterizam improbidade administrativa, mas apenas irregularidades administrativas. Pode-se dizer, nesse sentido, que existem condutas somente formalmente típicas que são irrelevantes para a improbidade e, por isso, não justificam a mobilização do aparato administrativo-judicial do Estado para a sua punição.

Ademais, reconhecendo-se a aplicação do instituto da tipicidade material na improbidade, a incidência do princípio da insignificância se torna mera questão de nomenclatura. O uso de expressões como "mera irregularidade não configura improbidade", "que a improbidade não é mera ilegalidade", entre outras que já se tornaram máximas na doutrina e jurisprudência pátrias, implica o reconhecimento do princípio da insignificância na Lei de Improbidade. Isto porque a não punição de conduta apenas formalmente típica é o resultado alcançado.

Note-se, então, que *o princípio da insignificância atua como uma espécie de filtro de lesividade, mantendo como improbidade somente condutas que de fato agridem o bom funcionamento do Estado e os bens jurídicos tutelados pela Constituição e pela Lei*. E nem se fale aqui de inaplicabilidade de tal princípio ao sistema da improbidade em razão do famigerado princípio da indisponibilidade do interesse público. É exatamente o contrário. É a punição de conduta materialmente atípica que ofende o interesse público, posto que não há interesse legítimo na aplicação de uma sanção àquele que não praticou conduta capaz de lesar a Lei.[38]

Importante notar também que o § 5º do art. 12 da Lei de Improbidade, segundo o qual os atos de improbidade administrativa de menor potencial ofensivo estão sujeitos somente à pena de multa, não é suficiente para afastar a aplicabilidade do princípio da insignificância ao sistema da improbidade. Isso

---

[37]   SIMÃO, Calil. **Improbidade administrativa**: teoria e prática. 6. ed. rev., atual. e ampl. Leme: Mizuno, 2022. p. 125.

[38]   ALMEIDA, Pedro Luiz Ferreira. O princípio da insignificância na nova lei de improbidade administrativa. In: DAL POZZO, Augusto Neves; OLIVEIRA, José Roberto Pimenta. **Lei de improbidade administrativa reformada**. São Paulo: Thomson Reuters Brasil, 2022. p. 350.

porque tal princípio não é critério de dosimetria de sanção, no sentido de ser papel do juiz avaliar o "nível da insignificância" no momento de aplicação da sanção, mas instrumento normativo voltado a afastar a aplicação de qualquer sanção de improbidade por atipicidade da conduta. O legislador, ao prever a categoria de atos de menor potencial ofensivo, reconheceu a existência de condutas que, embora materialmente típicas, devem ser penalizadas de forma mais branda. Não há que se falar em insignificância nesse caso.[39]

Para finalizar, cumpre destacar que somente uma análise caso a caso pode permitir o reconhecimento do princípio da insignificância, dado que sua aplicabilidade está condicionada à valoração de muitos outros fatores a ele independentes, a exemplo da gravidade da conduta, das condições pessoais do agente (antecedentes criminais, reiteração da conduta etc.), a relevância do bem jurídico violado, dentre outros. O ponto principal, contudo, é perceber que se da análise das circunstâncias e particularidade do caso concreto se chegar à conclusão de que a reprovabilidade social do ato praticado e a ofensa ao bem jurídico são baixas ou irrelevantes, temos a incidência do princípio da insignificância e o reconhecimento da atipicidade material da conduta praticada pelo acusado.

Inclusive, o STF já definiu algumas balizas para nortear a aplicação do princípio da insignificância aos casos concretos que podem ser utilizadas aqui, quais sejam: *(i)* mínima ofensividade da conduta do agente; *(ii)* ausência de periculosidade social da ação; *(iii)* reduzido grau de reprovabilidade do ato praticado; *(iv)* inexpressividade da lesão causada ao bem jurídico.[40] Presentes esses requisitos que, claro, são exemplificativos, e identificada a insignificância do ato/da lesão, a conduta do agente não satisfaz a exigência imposta pela tipicidade material e, portanto, qualifica-se como atípica, a desmerecer qualquer espécie de sancionamento.

3.3.2   *O princípio da retroatividade das normas mais benéficas aos réus e a decisão do STF no ARE n. 843.989/PR*

Outro princípio relevante e que merece ser aqui objeto de aprofundamentos é aquele previsto no inciso XL do art. 5º da Constituição, segundo o qual a lei não retroagirá, salvo para beneficiar o réu. A aplicabilidade desse princípio

---

[39]   ALMEIDA, Pedro Luiz Ferreira. O princípio da insignificância na nova lei de improbidade administrativa. In: DAL POZZO, Augusto Neves; OLIVEIRA, José Roberto Pimenta. **Lei de improbidade administrativa reformada**. São Paulo: Thomson Reuters Brasil, 2022. p. 351-352.

[40]   Por todos, ver HC n. 123.533/SP.

ao sistema de combate à improbidade monopolizou o debate doutrinário nos meses posteriores à edição da Lei n. 14.230/2021. A pergunta de um milhão era: as novas regras mais benéficas ao réu, notadamente a abolição da assim chamada improbidade culposa e os novos marcos prescricionais, retroagem para atingir os processos em curso e aqueles já transitados em julgado?

Na oportunidade, sustentamos que sim.[41] Primeiro porque é a própria Lei que determina que a ela se aplicam os princípios constitucionais do direito administrativo sancionador (§ 4º do art. 1º), dentre os quais está o princípio da retroatividade da lei mais benéfica. Segundo porque o Pacto San José da Costa Rica,[42] hierarquicamente superior às leis infraconstitucionais, estende a retroatividade da lei mais benigna para além do âmbito penal, isto é, há um texto normativo hierarquicamente superior à Lei de Improbidade que estabelece a regra da retroatividade da lei superveniente benigna para além do Direito Penal.

Entendemos, portanto, que se por decisão legislativa se consignou expressamente não só a aplicação ao sistema da improbidade os princípios constitucionais do direito administrativo sancionador, mas também a natureza repressiva e sancionatória da ação de improbidade (art. 17-D), as novas disposições mais benéficas ao réu devem retroagir. O argumento de que eventual retroação é prejudicial ao combate à corrupção e à improbidade não tem vez aqui. A tutela da probidade não está acima e não pode ser buscada a partir da desconsideração dos direitos fundamentais dos acusados. Em se tratando de normas sancionatórias e de um sistema voltado para a regulação e limitação do poder de punir do Estado, a retroatividade das normas mais benignas é regra inafastável.

Inclusive, seria um verdadeiro contrassenso excetuar a aplicação do princípio da retroatividade da lei mais benéfica à improbidade quando a Lei n. 14.230/2021 expressamente determinou que se aplicam à improbidade os princípios constitucionais que atuam na dinâmica de aplicação de normas sancionatórias. Ora, não é possível sustentar, em desconformidade com previsão legal expressa, que existe uma diferença ontológica entre crime (penal) e

---

[41] Texto disponível em: https://strobelguimaraes.com/lei-de-improbidade-administrativa/. Acesso em: 15 jan. 2023.

[42] "Art. 9º Ninguém pode ser condenado por ações ou omissões que, no momento em que forem cometidas, não sejam delituosas, de acordo com o direito aplicável. Tampouco se pode impor pena mais grave que a aplicável no momento da perpetração do delito. Se depois da perpetração do delito a lei dispuser a imposição de pena mais leve, o delinquente será por isso beneficiado."

infração (improbidade), ou entre pena (crime) e sanção (infração), a impedir aos segundos a aplicação das garantias incidentes sobre os primeiros.

A questão chegou ao Judiciário no ARE n. 843.989/PR, no qual o STF firmou o entendimento de que as inovações em matéria de improbidade mais favoráveis ao acusado não retroagem, salvo no que toca a norma que extinguiu a improbidade culposa, que retroage somente para atingir os processos em curso e os fatos ainda não processados. Ao fim do julgamento, foram firmadas as seguintes teses (Tema de Repercussão Geral n. 1.199):

i. é necessária a comprovação do elemento subjetivo do dolo para a configuração dos atos de improbidade administrativa;

ii. a norma que aboliu a improbidade culposa não retroage para atingir a coisa julgada, também não tendo incidência durante o processo de execução das penas e seus incidentes;

iii. a norma que aboliu a improbidade culposa retroage e é aplicável imediatamente aos processos em curso e aos fatos ainda não processados, cabendo ao juízo competente, em qualquer caso, analisar eventual dolo do agente, hipótese em que a ação poderá continuar tramitando;

iv. o novo regime prescricional é irretroativo e os novos marcos interruptivos começam a correr a partir da publicação da lei, garantindo-se a eficácia dos atos praticados validamente antes da alteração legislativa.

No julgamento foram apresentadas várias argumentações e teses divergentes, pelos Ministros. Mas, a fim de facilitar, e considerando somente o resultado das votações, temos o seguinte:

a. votaram a favor da retroatividade da norma que excluiu a modalidade culposa de improbidade para atingir os processos em curso os Ministros Alexandre de Moraes, André Mendonça, Nunes Marques, Dias Toffoli, Ricardo Lewandowski, Gilmar Mendes e Luiz Fux;

b. votaram a favor da retroatividade da norma que excluiu a modalidade culposa de improbidade para atingir também os processos já transitados em julgados os Ministros André Mendonça, Nunes Marques, Dias Toffoli, Ricardo Lewandowski e Gilmar Mendes;

c. votaram pela retroatividade do novo prazo de prescrição intercorrente os Ministros Nunes Marques e Dias Toffoli – para os demais, o novo prazo começa a correr a partir da vigência da Lei n. 14.230/2021;

d. votaram pela retroatividade do novo prazo de prescrição geral os Ministros André Mendonça, Nunes Marques, Dias Toffoli, Ricardo Lewandowski e Gilmar Mendes, sendo que o primeiro defendeu uma posição alternativa.

Aqui, não comentaremos um por um os votos dos Ministros, sendo relevante tão somente destacar as consequências das teses firmadas:[43] primeiro, as pessoas que estão sendo processadas exclusivamente pela prática de ato culposo de improbidade devem ser absolvidas, ante a supressão dessa modalidade pela Lei n. 14.230/2021; segundo, as pessoas que já foram processadas e executadas, bem como as pessoas que estão sendo atualmente executadas (o processo de conhecimento já se encerrou e o feito está na fase de cumprimento de sentença), não são beneficiadas pelas novas disposições ainda que tenham sido acusadas somente pela prática de ato de improbidade culposo; terceiro, os novos prazos prescricionais passam a contar somente a partir da publicação da Lei n. 14.230/2021.

Uma consequência curiosa quanto à retroatividade da Lei n. 14.230/2021 se relaciona com a exigência de dolo específico para a configuração dos atos de improbidade, consubstanciado na intenção do agente obter proveito ou benefício indevido para si ou para outra pessoa ou entidade por meio de seu ato (§§ 1º e 2º do art. 11). Está claro que a exigência de dolo retroage aos processos em curso, de modo que agentes e terceiros não podem ser condenados por atos culposos. Mas e a exigência de que o dolo seja específico? Ela também retroage?

Entendemos que sim. Embora esse desdobramento específico não tenha sido objeto de decisão no ARE n. 843.989/PR, a sua *ratio decidendi* de admitir a aplicabilidade das novas disposições aos atos culposos praticados na vigência do texto anterior da lei atinge também os atos dolosos praticados nessa mesma condição. Com efeito, se é admitida a retroação da nova disposição quanto aos atos culposos, há de se admitir também a retroação com relação aos atos praticados com dolo genérico. Inclusive, não podemos deixar de observar que a primeira das teses firmadas pelo STF estabelece que é necessária a comprovação de responsabilidade subjetiva para a tipificação

---

[43] Para uma análise mais detalhada sobre o que ficou decidido, recomendamos texto de nossa autoria publicado logo após o fim de julgamento. SARLET, Ingo Wolfgang; GUIMARÃES, Bernardo Strobel; MADALENA, Luis Henrique Braga; MEDEIROS, Lucas Sipioni Furtado. STF decide pela irretroatividade parcial da reforma na Lei de Improbidade. **Revista Consultor Jurídico**, set. 2022. Disponível em: https://www.conjur.com.br/2022-set-05/direitos-fundamentais-stf-irretroatividade-parcial--reforma-lei-improbidade. Acesso em: 15 jan. 2023.

dos atos de improbidade, exigindo-se a presença de dolo. E dolo, na nova lei, é aquele específico.

Consequência desse entendimento é que, em ações ajuizadas antes da vigência da Lei n. 14.230/2021, caso o Ministério Público ou a pessoa jurídica interessada impute ao acusado a prática de ato doloso (genérico), a ele deve ser dada a oportunidade de se manifestar quanto ao enquadramento da conduta na exigência de dolo específico prevista nos §§ 1º e 2º do art. 11. Não é hipótese de extinção imediata do processo, pois não se pode exigir do órgão acusador o cumprimento de uma exigência (demonstração de dolo específico) não prevista na lei em vigor no momento do ajuizamento da ação.

Dizendo de outro modo, nas ações em curso em que imputado ao acusado ato de improbidade praticado com dolo genérico, antes de extinguir a ação o juiz deve oportunizar a manifestação do acusador, que pode ou se manifestar quando a presença de dolo específico na conduta, inclusive com a produção de provas complementares aptas a comprovar suas alegações, ou desistir da ação caso entenda que o acusado não praticou o ato com o fim de obter proveito ou benefício indevido para si ou para outra pessoa ou entidade.

Com efeito, tanto atos culposos quanto atos dolosos praticados sem a intenção de se auferir proveito ou benefício indevido são atingidos pelas novas disposições da Lei n. 14.230/2021. Isso significa que, na linha da decisão do STF, não há mais o que se falar nem em ato culposo de improbidade nem em ato de improbidade praticado com dolo genérico, lembrando, contudo, da necessidade de o juiz abrir prazo para o acusador se manifestar quanto ao enquadramento da conduta nos requisitos previstos na Lei n. 14.230/2021 antes de extinguir a ação.

3.4   Abrangência subjetiva da Lei de Improbidade (§§ 5º, 6º e 7º)

Os §§ 5º, 6º e 7º definem a abrangência subjetiva da Lei de Improbidade e, como se nota, a concepção adotada pelo Legislador é ampla, abrangendo pessoas jurídicas de direito público em todos os níveis federativos. Além das pessoas políticas, todas as pessoas jurídicas vinculadas a ela, atuem em regime público ou privado, também são tuteladas pela Lei. Independentemente do tipo da função exercida, a Lei não faz qualquer ressalva. Mesmo a atividade jurisdicional e a legislativa estão sujeitas ao arcabouço legal.

Portanto, a improbidade é fenômeno que pode acometer a prática de atos em todos esses níveis. E nem poderia ser diferente. A complexidade do Estado contemporâneo conduz à complexidade subjetiva. As funções estatais não pertencem mais apenas ao Estado, sendo criadas diversas personalidades ancilares à personalidade típica da pessoa política. Nessa medida, a Lei não cria qualquer limitação: onde houver projeção da personalidade do Estado –

e, portanto, o exercício de uma função pública – ela deve ser aplicada, como forma de proteger a probidade administrativa.

3.4.1 Entidades privadas que recebem recursos públicos: limites da aplicação da lei de improbidade (§ 6º)

Vimos anteriormente que, no que se refere à amplitude subjetiva, não apenas as pessoas jurídicas que se vinculam à estrutura orgânica do Estado estão sujeitas à sua incidência. A Lei se aplica também a pessoas privadas que nalguma medida contem com recursos públicos. Receber subvenções, benefícios ou incentivos, creditícios ou fiscais, expõe essas pessoas à incidência da Lei.

Contudo, o tema deve ser interpretado de modo correto. O que se protege é exatamente a probidade no trato desses recursos. Logo, para haver improbidade, é necessário que tais recursos sejam lesados de alguma forma. Em termos diretos: a Lei se aplica no que toca à gestão de recursos estatais e não a quaisquer atos por ela praticados. É a presença de recursos estatais que é protegida pela aplicação extensiva da Lei. A equiparação de pessoas privadas a públicas se dá por conta desses recursos e não é absoluta. Logo, atos irregulares por ela praticados que não digam respeito à má gestão de recursos públicos não configuram improbidade.

Note-se ainda que essa disposição reforça que a improbidade é, necessariamente, dotada de uma dimensão patrimonial. Só faz sentido falar de improbidade aqui por conta da existência de recursos públicos geridos por uma entidade privada. Só há improbidade nos casos em que a gestão desse patrimônio é afetada por atos praticados pelos gestores de tais recursos.

3.4.2 Entidades privadas criadas ou custeadas por recursos públicos (§ 7º)

A previsão contida no § 7º diz respeito à outra hipótese de aplicação da Lei a pessoas alheias à estrutura do Estado. Aqui, o que deflagra a aplicação da Lei é a contribuição do Estado para instituição de pessoa privada ou seu custeio, como habitualmente ocorre em entidades que integram o assim chamado terceiro setor. Tais pessoas, embora privadas, podem contar com auxílios estatais tendo em vista a missão institucional que desempenham. Nesse contexto, e observadas as formalidades das leis de regência, o Estado está autorizado a aportar bens e recursos para fomentar a atuação dessas entidades privadas.

Com efeito, assim como na hipótese anterior, é a presença de recursos públicos que dá ensejo à aplicação da Lei de Improbidade. Importante perceber que a ressalva contida no sentido de que o ressarcimento de prejuízos fica limitado à parcela pública também deve ser aplicada à hipótese prevista no § 6º. Em ambos os casos, o que se protege é o patrimônio público colocado sob a gestão de um particular.

3.4.3   O caso dos partidos políticos

Embora tenha como receita principal recursos públicos, o art. 23-C da Lei de Improbidade exclui de sua incidência atos cometidos na gestão dos recursos dos partidos políticos. A nosso ver, contudo, trata-se esse de dispositivo inconstitucional. Não há qualquer motivo razoável para se excetuar da aplicação da Lei atos que ensejam lesão a recursos públicos desde que geridos por partidos políticos. Para uma análise mais aprofundada sobre essa questão, remetemos o leitor para o capítulo específico.

3.5   Inexistência de improbidade decorrente de divergência de interpretação legal (§ 8°)

Como já enfatizado, improbidade é algo que vai além da mera irregularidade na atuação estatal, exigindo a atuação dolosa do agente que, efetivamente, lese o funcionamento do Estado, causando-lhe prejuízos ou gerando enriquecimento ilícito ao infrator. Nesta linha, evidente que a simples interpretação do conteúdo de uma norma não configura improbidade. Quando menos, por inexistir dolo nestes casos. Mesmo assim, a Lei houve por bem destacar a inexistência de improbidade decorrente da simples interpretação dos textos normativos.

A partir das mudanças operadas na legislação, não há mais espaço para propor ações de improbidade que se fundem em suposta má interpretação da norma. Casos como estes não se sujeitam ao controle pela via da ação de improbidade. Se irregularidade houver, ela deve ser tutelada por outras técnicas de controle da Administração, e não diretamente pela Lei de Improbidade.

O ponto a ser destacado é que divergências de interpretação acerca do conteúdo das normas são perfeitamente naturais considerando a complexidade do Estado contemporâneo. A ideia de que a legalidade consiste na aplicação evidente de comandos ótimos, criados por um legislador racional e infalível, é incompatível com a realidade. Aplicar a Lei muitas vezes é fazer opções em um cenário de escolhas difíceis.

Demonizar a capacidade de conformação do ordenamento jurídico, notadamente por parte dos agentes administrativos, é postura que ignora a realidade. Nesse contexto, as premissas atualmente encampadas pela Lei de Introdução às Normas do Direito Brasileiro (LINDB) devem ser levadas em consideração ao avaliar questões interpretativas. Em regra, as autoridades públicas têm legitimidade para interpretar e aplicar o Direito. E isso precisa ser respeitado. O controle externo da Administração deve levar em consideração esse espaço de autonomia e ser deferente às opções realizadas. Apenas casos em que houver flagrante violação da norma ou ainda que os pressupostos procedimentais tenham sido violados é que devem ser combatidos.

Em suma, não configura improbidade a ação ou omissão decorrente de divergência interpretativa de lei lastreada em jurisprudência, ainda que minoritária. Dada essa especificidade, entendemos que em eventual ação de improbidade é ônus do autor demonstrar a inexistência de divergência jurisprudencial quanto ao assunto; da mesma forma que se deve garantir ao acusado a prova da existência da divergência. Aqui, entendemos que se aplica a lógica de cotejo analítico prevista no Código de Processo Civil.

E, para finalizar, vale lembrar que o dispositivo em questão teve sua eficácia suspensa por força de decisão monocrática proferida pelo Min. Alexandre de Moraes nos autos ADIn n. 7.236/DF. Entendeu o Ministro que, embora a intenção do legislador tenha sido proteger a boa-fé do gestor público, o critério adotado é excessivamente amplo e gera insegurança jurídica.

> Art. 2º Para os efeitos desta Lei, consideram-se agente público o agente político, o servidor público e todo aquele que exerce, ainda que transitoriamente ou sem remuneração, por eleição, nomeação, designação, contratação ou qualquer outra forma de investidura ou vínculo, mandato, cargo, emprego ou função nas entidades referidas no art. 1º desta Lei.
>
> Parágrafo único. No que se refere a recursos de origem pública, sujeita-se às sanções previstas nesta Lei o particular, pessoa física ou jurídica, que celebra com a administração pública convênio, contrato de repasse, contrato de gestão, termo de parceria, termo de cooperação ou ajuste administrativo equivalente.

 COMENTÁRIOS

1. O CONCEITO AMPLO DE AGENTES PÚBLICOS

Como visto, o art. 1º utiliza-se de um conceito amplo no que se refere às pessoas jurídicas protegidas pela Lei de Improbidade. Todas as pessoas políticas, independentemente do seu *status* federativo, bem como as pessoas jurídicas a ela vinculadas, são protegidas pela Lei. Ademais, não há distinção acerca da natureza do exercício da função pública: não só a função administrativa é protegida. Desvios no exercício da função legislativa ou jurisdicional também podem ser sancionados.

O art. 2º, por sua vez, cuida de examinar a questão subjetiva a partir da perspectiva do agente. Como toda pessoa jurídica age por intermédio de pessoas físicas, é necessário analisar quais espécies de vínculo podem ensejar aqueles que atuam em nome do Estado às penas da Lei. E igualmente aqui a perspectiva adotada foi a mais ampla possível. A Lei busca alcançar toda e qualquer forma de vinculação de uma pessoa física às pessoas jurídicas tuteladas por ela. Nesse contexto, não importa como o vínculo é formado: todo aquele que recebe a capacidade de representar as pessoas tuteladas pela Lei pode responder por improbidade. A Lei não faz qualquer ressalva quanto à sua incidência; o conceito de agente público por ela adotado é o mais amplo possível.

Inclusive, a mera existência de recursos públicos autoriza a aplicação da Lei de Improbidade para pessoas jurídicas que não integram o Estado. Isso se dá por conta da proteção dos recursos geridos por tais pessoas. A Lei volta ao tema em seu art. 3º buscando complementar o que já havia dito, esclarecendo que as pessoas jurídicas ou físicas que disponham de recursos de origem pública estão expostas à incidência das sanções de improbidade.

A crítica a ser feita aqui é: a Lei trata, na mesma disposição, duas coisas distintas entre si. A primeira diz respeito à responsabilidade da pessoa jurídica. Essas pessoas respondem por improbidade porque são agentes privados que se envolveram em práticas que implicaram a má aplicação de recursos de origem pública. Ocorre que, além da pessoa jurídica, as pessoas físicas responsáveis pelo ato também devem ser responsabilizadas na forma da Lei. Com efeito, o art. 2º, em seu parágrafo único, equipara de forma indevida particulares (pessoa física ou jurídica) que gerem recursos de origem pública a agentes públicos, estando também eles sujeitos à Lei de Improbidade.

Por fim, note-se que o núcleo da responsabilização previsto diz respeito à gestão de recursos de origem pública, independentemente do modo pelo qual esse repasse é feito. Embora a Lei liste alguns títulos que permitem a transferência de recursos públicos para particulares, ela o faz a título meramente exemplificativo. Aliás, mais do que isto, a responsabilização prevista não se limita ao repasse de valores. A mera concessão de vantagens creditícias ou fiscais já é suficiente para autorizar a aplicação da Lei.

> Art. 3º As disposições desta Lei são aplicáveis, no que couber, àquele que, mesmo não sendo agente público, induza ou concorra dolosamente para a prática do ato de improbidade.
>
> § 1º Os sócios, os cotistas, os diretores e os colaboradores de pessoa jurídica de direito privado não respondem pelo ato de improbidade que venha a ser imputado à pessoa jurídica, salvo se, comprovadamente, houver participação e benefícios diretos, caso em que responderão nos limites da sua participação.
>
> § 2º As sanções desta Lei não se aplicarão à pessoa jurídica, caso o ato de improbidade administrativa seja também sancionado como ato lesivo à administração pública de que trata a Lei n. 12.846, de 1º de agosto de 2013.

COMENTÁRIOS

1. OS TERCEIROS E A LEI DE IMPROBIDADE ADMINISTRATIVA (*CAPUT*)

O art. 3º enumera aqueles que, mesmo não sendo agentes públicos por não cumprir os requisitos previstos no art. 2º, estão sujeitos às cominações da Lei de Improbidade. Trata-se, em linhas gerais, daquele que concorre ou induz dolosamente para a prática do ato. Veja-se, pois, que o legislador optou por excluir do âmbito de aplicação da Lei o terceiro que se beneficia do ato, mas não concorre ou induz para a sua prática.[44] Ou seja, o terceiro somente pode compor o polo passivo da ação de improbidade caso tenha sido partícipe ou coautor do ato praticado pelo agente e na sua atuação esteja configurado o elemento subjetivo dolo.

É de se observar, contudo, que quando o legislador trata dos elementos que obrigatoriamente devem ser observados pelo juiz quando da prolação da sentença na ação de improbidade, ele previu expressamente a possibilidade de o terceiro ser condenado não por ter concorrido ou induzido a prática, mas por dela ter se beneficiado. Veja:

> Art. 17-C. A sentença proferida nos processos a que se refere esta Lei deverá, além de observar o disposto no art. 489 da Lei n. 13.105, de 16 de março de 2015 (Código de Processo Civil):
>
> [...]
>
> VI – considerar, na fixação das penas relativamente ao terceiro, quando for o caso, a sua atuação específica, não admitida a sua responsabilização por ações ou omissões para as quais não tiver concorrido **ou das quais não tiver obtido vantagens patrimoniais indevidas.** (g.n.)

Entendemos, contudo, que o referido inciso VI constitui uma grave impropriedade legislativa. A redação expressamente contemplava o terceiro beneficiário e, com a Reforma da Lei, eles foram sumariamente excluídos de sua incidência, o que demonstra a inequívoca decisão do legislador de sujeitar à Lei de Improbidade somente os terceiros que concorrem ou induzem para a prática do ato ímprobo. A nosso ver, portanto, somente há o que se falar

---

[44]   A redação do art. 3º antes do advento da Lei n. 14.230/2021 contemplava o terceiro beneficiário, veja-se: "As disposições desta lei são aplicáveis, no que couber, àquele que, mesmo não sendo agente público, induza ou concorra para a prática do ato de improbidade ou dele se beneficie sob qualquer forma direta ou indireta".

em condenação do terceiro pelo recebimento de vantagem indevida (terceiro beneficiário) caso ele tenha concorrido ou induzido para a prática do ato.[45]

O inciso VI do art. 17-C deve ser lido em conformidade com o art. 3°, que é o dispositivo responsável por definir os requisitos a serem preenchidos para fins de responsabilização de terceiros. Em nosso ver, portanto, com a edição da Lei n. 14.230/2021 particulares que não contribuem intencionalmente para a prática do ilícito, induzindo ou concorrendo para tanto, não estão sujeitos às cominações da Lei de Improbidade ainda que tenham auferido benefício, direto ou indireto, através da obtenção da vantagem econômica indevida.

Em suma, enxergamos quatro hipóteses de condenação de terceiros: *(i)* induziu o agente a praticar o ato, mas não obteve vantagem econômica indevida; *(ii)* induziu o agente a praticar o ato e recebeu vantagem econômica indevida; *(iii)* concorreu para a prática do ato, mas não obteve vantagem econômica indevida; *(iv)* concorreu para a prática do ato e recebeu vantagem econômica indevida.

Ultrapassado este ponto, importa apresentar os conceitos de *induzir* e *concorrer*. Induzir significa instigar, persuadir. Portanto, o terceiro induz a prática do ato quando convence o agente a praticá-lo. De se notar, ainda, que na linha da doutrina majoritária, entendemos que há uma diferença entre as práticas de indução e instigação. No primeiro caso a ideia do cometimento do ato é introduzida pelo terceiro ao agente, que antes não a possuía; no segundo caso, a ideia é apenas reforçada. O agente já planejava praticar o ato e o terceiro somente o incentivou. Com efeito, o terceiro somente pode ser responsabilizado em conjunto com o agente caso o tenha induzido a praticar o ato, pois somente nesse caso a sua intervenção foi fator determinante para a consumação da infração.[46] Concorrer, por outro lado, indica a cooperação, a efetiva participação do terceiro no momento da prática do ato. Concorrer, nesse sentido, pressupõe o auxílio material prestado pelo terceiro ao agente.

---

[45] Vale registrar que não coadunamos com a decisão do legislador de excluir o terceiro beneficiário da incidência da Lei de Improbidade. É bem verdade que a antiga redação do art. 3°, ao não exigir o elemento subjetivo dolo, gerava dificuldades interpretativas por permitir que mesmo terceiros que se beneficiaram do ato sem qualquer forma de participação ou conhecimento da ilicitude fossem sancionados. Contudo, entendemos que a exigência de dolo já é suficiente para vedar essa possibilidade, no sentido de que o terceiro somente seria condenado se dolosamente tivesse se beneficiado da prática do ato. Seja como for, essa foi a decisão do legislador e é com ela que, enquanto intérpretes da Lei, temos que lidar.

[46] NEVES, Daniel Amorim Assumpção; OLIVEIRA, Rafael Carvalho Rezende. **Improbidade administrativa**: direito material e processual. 9. ed. rev., atual. e ampl. Rio de Janeiro: Forense, 2022. p. 88.

Com efeito, terceiros podem ser responsabilizados caso tenham participado da prática do ato, induzindo ou concorrendo para a sua prática, não sendo a obtenção de vantagem patrimonial indevida um requisito indispensável. Ademais, não somente pessoas físicas podem figurar como terceiros. Basta visualizar, por exemplo, pessoa jurídica à qual foram incorporados os patrimônios desviados pelo agente público. Nesse caso, a pessoa jurídica concorreu para a prática do ato, ainda que de forma passiva, e está igualmente sujeita à aplicação daquelas sanções compatíveis com sua natureza, notadamente a multa civil e a proibição de contratar com o Poder Público.

1.1   A obrigatoriedade da presença de agente público na prática do ato

Da redação do dispositivo infere-se que a responsabilização de terceiros pressupõe a existência de um agente público praticando o ato, afinal, definiu-se como terceiro aquele que induz ou concorre para ato de improbidade praticado por agente público. Em poucas palavras, não há o que se falar em penalização exclusiva de terceiros pela prática de ato de improbidade administrativa. Isso não quer dizer, é claro, que o terceiro que atua sozinho está imune a qualquer espécie de penalização. Ele ainda pode ter contra ele ajuizada ação civil pública com vista à recomposição do erário, por exemplo. Ele somente não está sujeito às cominações específicas da Lei de Improbidade.

Nesse mesmo sentido já decidiu o STJ:

> Processual civil e administrativo. Recurso especial. Ação de improbidade administrativa proposta apenas contra particular. Extinção sem resolução do mérito. Ausência de agente público no polo passivo. Impossibilidade. Recurso não provido. Precedentes.
>
> I – A abrangência do conceito de agente público estabelecido pela Lei de Improbidade Administrativa encontra-se em perfeita sintonia com o construído pela doutrina e jurisprudência, estando em conformidade com o art. 37 da Constituição da República.
>
> II – Nos termos da Lei n. 8.429/92, podem responder pela prática de ato de improbidade administrativa o agente público (arts. 1° e 2°), ou terceiro que induza ou concorra para a prática do ato de improbidade ou dele se beneficie sob qualquer forma direta ou indireta (art. 3°).
>
> **III – A responsabilização pela prática de ato de improbidade pode alcançar terceiro ou particular, que não seja agente público, apenas em três hipóteses: a) quando tenha induzido o agente público a praticar o ato ímprobo; b) quando haja concorrido com o agente**

público para a prática do ato ímprobo; ou c) tenha se beneficiado com o ato ímprobo praticado pelo agente público.

IV – Inviável a propositura de ação de improbidade administrativa contra o particular, sem a presença de um agente público no polo passivo, o que não impede eventual responsabilização penal ou ressarcimento ao Erário, pelas vias adequadas. Precedentes.

V – Recurso especial improvido.

(REsp n. 1.405.748/RJ, Rel. Min. Marga Tessler (Juíza Federal Convocada do TRF 4ª Região), Rel. para acórdão Min. Regina Helena Costa, Primeira Turma, j. 21.05.2015, *DJe* 17.08.2015). (g.n.)

Em suma, o terceiro somente será réu da ação de improbidade na hipótese em que também o for agente público.

1.2   O significado da expressão "no que couber"

Algumas das sanções previstas no art. 12 da Lei de Improbidade são incompatíveis com a natureza particular com terceiros. Maior exemplo é a sanção de perda da função pública. Ora, como condenar alguém a perder aquilo que não possui? A expressão *no que couber*, nesse sentido, deve ser interpretada no sentido de que a sujeição dos terceiros à Lei de Improbidade não é absoluta, existindo previsões incompatíveis com a sua natureza de particular e que, por isso, a eles não se aplicam.

> Art. 4º (*Revogado pela Lei n. 14.230, de 2021*)
>
> Art. 5º (*Revogado pela Lei n. 14.230, de 2021*)
>
> Art. 6º (*Revogado pela Lei n. 14.230, de 2021*)

> Art. 7º Se houver indícios de ato de improbidade, a autoridade que conhecer dos fatos representará ao Ministério Público competente, para as providências necessárias.
>
> Parágrafo único. (*Revogado*).

 COMENTÁRIOS

1.   A REPRESENTAÇÃO AO MINISTÉRIO PÚBLICO

O dispositivo estabelece que a autoridade que conhecer fatos relativos à prática de ato de improbidade deve representar ao Ministério Público, até então o órgão competente para a adoção das providências necessárias.

Uma observação inicial a ser feita é que esse artigo foi editado à luz da racionalidade original da Lei n. 14.230/2021, que no art. 17 estabelece ser do Ministério Público, e somente dele, a legitimidade para o ajuizamento da ação de improbidade.

Contudo, como será visto com mais detalhes em sequência, o STF, nos autos das ADIns n. 7.042/DF e 7.043/DF, interpretou o art. 17 à luz da Constituição para firmar a competência concorrente entre o Ministério Público e a pessoa jurídica interessada. A maioria dos Ministros seguiu o voto do Min. Relator Alexandre de Moraes, no sentido de que a supressão da legitimidade ativa das pessoas jurídicas afetadas representa uma grave limitação ao acesso à justiça, além de um significativo retrocesso quanto ao imperativo constitucional de combate à improbidade administrativa.

A partir da decisão do STF, a pessoa jurídica interessada que tiver conhecimento da prática de improbidade administrativa tem duas opções: ou representa junto ao Ministério Público, que então adotará as medidas judiciais e extrajudiciais cabíveis; ou ajuíza a ação de improbidade com vista a sancionar o agente e assegurar a recomposição dos cofres públicos.

No mais, a interpretação do ora comentado dispositivo tem íntima relação com os arts. 14, 19 e 22 da Lei de Improbidade. O primeiro trata dos requisitos da representação; o segundo, do crime de representação caluniosa; e o terceiro, da competência do Ministério Público para instaurar inquérito civil com base em representação a ele formulada. Por isso, para mais comentários sobre a representação por ato de improbidade, seja aquela dirigida à autoridade administrativa competente, seja aquela dirigida ao órgão ministerial, remetemos o leitor para os respectivos capítulos.

> Art. 8° O sucessor ou o herdeiro daquele que causar dano ao erário ou que se enriquecer ilicitamente estão sujeitos apenas à obrigação de repará-lo até o limite do valor da herança ou do patrimônio transferido.

 COMENTÁRIOS

1. A RESPONSABILIDADE DOS SUCESSORES E HERDEIROS

De início, vale mencionar a alteração promovida no dispositivo pela Lei n. 14.230/2021. Em sua redação anterior, a Lei de Improbidade sujeitava os herdeiros e sucessores às cominações previstas no art. 12 até o limite da herança. À luz dessa redação, firmou o STJ o entendimento que os valores aplicados ao ímprobo a título de multa civil eram transmitidos aos herdeiros no limite da herança caso a violação fosse aos arts. 9 e 10 da Lei.[47]

Já em sua redação atual o dispositivo comporta outra interpretação. Optou o legislador por adotar outro entendimento, estabelecendo dois limites à responsabilidade dos sucessores e herdeiros: a) deve se limitar ao valor do patrimônio da herança; b) alcança somente as sanções de ressarcimento do dano e perda de bens ou valores. Quanto ao primeiro ponto, vale notar que ele tem sua razão de ser no Código Civil, mais especificamente nos arts. 1.792 e 1.796, segundo os quais todas as dívidas do falecido e do espólio devem ser adimplidas no âmbito do inventário, possuindo os herdeiros responsabilidade residual, condicionada à demonstração de que eles receberam algum quinhão da herança.[48] Quanto ao segundo ponto, o que importa ser destacado é que não há o que se falar na transmissão aos herdeiros de valores aplicados a título de multa.

> Art. 8º-A. A responsabilidade sucessória de que trata o art. 8º desta Lei aplica-se também na hipótese de alteração contratual, de transformação, de incorporação, de fusão ou de cisão societária.
>
> Parágrafo único. Nas hipóteses de fusão e de incorporação, a responsabilidade da sucessora será restrita à obrigação de reparação integral do dano causado, até o limite do patrimônio transferido, não lhe sendo aplicáveis as demais sanções previstas nesta Lei decorrentes de atos e de fatos ocorridos antes da data da fusão ou da incorporação, exceto no caso de simulação ou de evidente intuito de fraude, devidamente comprovados.

 COMENTÁRIOS

1. A RESPONSABILIDADE SUCESSÓRIA E A ALTERAÇÃO SOCIETÁRIA

O dispositivo em questão aplica a lógica da responsabilidade dos herdeiros e sucessores, vista acima, às pessoas jurídicas na hipótese de alteração

---

[47] EDcl no AgInt no AREsp n. 1.264.005/MG.

[48] Para mais comentários quanto ao tema, ver MAZZEI, Rodrigo; GONÇALVES, Tiago Figueiredo. Responsabilidade patrimonial do sucessor, do herdeiro e da sociedade sucessória diante de condenação por ato ímprobo. In: MARINHO, Daniel Octávio Silva; PEIXOTO, Marco Aurélio Ventura. **Improbidade administrativa**: aspectos materiais e processuais da Lei n. 14.230, de 25 de outubro de 2021. Curitiba: Thoth, 2023. p. 575-595.

contratual, de transformação,[49] de incorporação,[50] de fusão[51] ou de cisão societária,[52] de modo a vedar que eventual remodelação da sociedade impeça a sua responsabilização pela prática de ato ímprobo. Nesses casos, a empresa sucessória estará obrigada a reparar os danos patrimoniais causados ao erário, e isso até o limite do patrimônio transferido.

Contudo, nas hipóteses de fusão e incorporação há uma exceção: a empresa sucessória está sujeita às demais sanções previstas na Lei de Improbidade caso a incorporação ou a fusão forem frutos de simulação ou de evidente intuito de fraude. Isto é, via de regra a "nova empresa" carrega consigo somente o dever de ressarcimento do dano no limite do patrimônio transferido; somente quando evidente simulação ou fraude na incorporação ou fusão é que ela estará sujeita também aos efeitos das demais sanções eventualmente aplicadas à "empresa antiga".

Simulação é o ato de mascarar a realidade, constituindo uma declaração enganosa de vontade. Por meio de tal prática, esconde-se a real intenção de um ato por meio da apresentação de uma realidade disfarçada. Para fins da Lei de Improbidade, a simulação visa a gerar um prejuízo, este entendido como o impedimento da adequada punição de pessoa jurídica que praticou ato de improbidade. Fraude, por sua vez, é um ato voltado para a violação de direito de terceiros ou que visa frustrar a aplicação da lei. Não há aqui qualquer disfarce, como ocorre no caso da simulação. O ato é real, mas realizado de má-fé.

Embora a diferenciação de ambas as figuras nem sempre seja tarefa fácil, fato é que ficando comprovado que a incorporação ou fusão teve como intuito obstar o sancionamento da pessoa jurídica a partir da "criação de uma nova", aplica-se a exceção prevista no parágrafo único do art. 8º-A.

---

[49]   Art. 220 da Lei das SAs: "A transformação é a operação pela qual a sociedade passa, independentemente de dissolução e liquidação, de um tipo para outro".

[50]   Art. 227 da Lei das SAs: "A incorporação é a operação pela qual uma ou mais sociedades são absorvidas por outra, que lhes sucede em todos os direitos e obrigações".

[51]   Art. 228 da Lei das SAs: "A fusão é a operação pela qual se unem duas ou mais sociedades para formar sociedade nova, que lhes sucederá em todos os direitos e obrigações".

[52]   Art. 229 da Lei das SAs: "A cisão é a operação pela qual a companhia transfere parcelas do seu patrimônio para uma ou mais sociedades, constituídas para esse fim ou já existentes, extinguindo-se a companhia cindida, se houver versão de todo o seu patrimônio, ou dividindo-se o seu capital, se parcial a versão".

Capítulo II
DOS ATOS DE IMPROBIDADE ADMINISTRATIVA

por Luis Henrique Braga Madalena

Seção I
Dos Atos de Improbidade Administrativa que Importam Enriquecimento Ilícito

Art. 9º Constitui ato de improbidade administrativa importando em enriquecimento ilícito auferir, mediante a prática de ato doloso, qualquer tipo de vantagem patrimonial indevida em razão do exercício de cargo, de mandato, de função, de emprego ou de atividade nas entidades referidas no art. 1º desta Lei, e notadamente:

I – receber, para si ou para outrem, dinheiro, bem móvel ou imóvel, ou qualquer outra vantagem econômica, direta ou indireta, a título de comissão, percentagem, gratificação ou presente de quem tenha interesse, direto ou indireto, que possa ser atingido ou amparado por ação ou omissão decorrente das atribuições do agente público;

II – perceber vantagem econômica, direta ou indireta, para facilitar a aquisição, permuta ou locação de bem móvel ou imóvel, ou a contratação de serviços pelas entidades referidas no art. 1º por preço superior ao valor de mercado;

III – perceber vantagem econômica, direta ou indireta, para facilitar a alienação, permuta ou locação de bem público ou o fornecimento de serviço por ente estatal por preço inferior ao valor de mercado;

IV – utilizar, em obra ou serviço particular, qualquer bem móvel, de propriedade ou à disposição de qualquer das entidades referidas no art. 1º desta Lei, bem como o trabalho de servidores, de empregados ou de terceiros contratados por essas entidades;

V – receber vantagem econômica de qualquer natureza, direta ou indireta, para tolerar a exploração ou a prática de jogos de azar, de lenocínio, de narcotráfico, de contrabando, de usura ou de qualquer outra atividade ilícita, ou aceitar promessa de tal vantagem;

VI – receber vantagem econômica de qualquer natureza, direta ou indireta, para fazer declaração falsa sobre qualquer dado técnico que envolva obras públicas ou qualquer outro serviço ou sobre quantidade, peso, medida, qualidade ou característica de mercadorias ou bens fornecidos a qualquer das entidades referidas no art. 1º desta Lei;

VII – adquirir, para si ou para outrem, no exercício de mandato, de cargo, de emprego ou de função pública, e em razão deles, bens de qualquer natureza, decorrentes dos atos descritos no *caput* deste artigo, cujo valor seja desproporcional à evolução do patrimônio ou à renda do agente público, assegurada a demonstração pelo agente da licitude da origem dessa evolução;

VIII – aceitar emprego, comissão ou exercer atividade de consultoria ou assessoramento para pessoa física ou jurídica que tenha interesse suscetível de ser atingido ou amparado por ação ou omissão decorrente das atribuições do agente público, durante a atividade;

IX – perceber vantagem econômica para intermediar a liberação ou aplicação de verba pública de qualquer natureza;

X – receber vantagem econômica de qualquer natureza, direta ou indiretamente, para omitir ato de ofício, providência ou declaração a que esteja obrigado;

XI – incorporar, por qualquer forma, ao seu patrimônio bens, rendas, verbas ou valores integrantes do acervo patrimonial das entidades mencionadas no art. 1º desta lei;

XII – usar, em proveito próprio, bens, rendas, verbas ou valores integrantes do acervo patrimonial das entidades mencionadas no art. 1º desta lei.

 COMENTÁRIOS

1. INTRODUÇÃO

O art. 9º inaugura o Capítulo II da Lei de Improbidade Administrativa, que trata especificamente das condutas configuradas como ímprobas, objeto de reprovação e punição no âmbito do sistema de combate à improbidade. Esse capítulo é subdividido em três seções. A primeira trata dos atos de improbidade que importam enriquecimento ilícito (art. 9º); a segunda, dos atos de improbidade que causam prejuízo ao erário (art. 10); a terceira, dos atos de improbidade que atentam contra os princípios da Administração Pública (art. 11).

Em linhas gerais, os atos de improbidade que geram enriquecimento ilícito são aqueles em que o agente, se apoiando na conduta ímproba, necessariamente dolosa (nunca é demais pontuar esta característica obrigatória), obtém efetiva vantagem patrimonial indevida. E isso obrigatoriamente como resultado do exercício de cargo, mandato, função, emprego ou em específica atividade naquelas entidades postas no art. **1º da Lei de Improbidade.**

O dispositivo é de suma importância pois coloca as bases fundamentais para a definição das condutas que importam para a caracterização da improbidade. Claro que ele se refere às condutas que importam enriquecimento ilícito, mas, ao inaugurar a descrição dos comportamentos típicos, joga as bases semânticas e hermenêuticas necessárias para a tipificação empreendida em todo o Capítulo II, sedimentando assim as bases de apurada tecnicidade e de tipicidade estrita[1] que caracteriza as descrições postas na nova Lei. Esta tipicidade estrita traz o caráter garantista[2] inserido na nova versão do diploma normativo.

Por isso, por mais que se verifique a expressão "notadamente" ao final do *caput* dos arts. 9º e 10, não há viabilidade de uma leitura que contemple a ideia de rol exemplificativo das condutas tidas como ímprobas. Com isso não se está a sugerir a pedante ideia de que o "legislador"[3] errou, mas que a

---

[1]   Sobre a tipicidade na Lei de Improbidade, ver os comentários realizados ao art. 1º.

[2]   Garantismo, segundo, Luigi Ferrajoli, é expressão que designa "[...] um modelo normativo de direito: precisamente, no que diz respeito ao direito penal, o modelo de 'estrita legalidade' SG, próprio do Estado de direito, que sob o plano epistemológico se caracteriza como um sistema cognitivo ou de poder mínimo, sob o plano político se caracteriza como uma técnica de tutela idônea a minimizar a violência e a maximizar a liberdade e, sob o plano jurídico, como um sistema de vínculos impostos à função punitiva do Estado em garantia dos direitos dos cidadãos. É, consequentemente, 'garantista' todo sistema penal que se conforma normativamente com tal modelo e que o satisfaz efetivamente" (FERRAJOLI, Luigi. **Direito e razão**: teoria do garantismo penal. Trad. Ana Paula Zomer, Fauzi Hassan Choukr, Juarez Tavares e Luiz Flávio Gomes. 3. ed. São Paulo: Revista dos Tribunais, 2002. p. 684). Para uma visão brasileira, ver COPETTI NETO, Alfredo. **A democracia constitucional sob o olhar do garantismo**. São Paulo: Empório do Direito, 2018; CADEMARTORI, Sérgio. **Estado de direito e legitimidade**: uma abordagem garantista. 2. ed. atual. e ampl. Campinas: Millennium Editora, 2006.

[3]   Na verdade, quando se fala de "legislador", está se fazendo referência ao processo legislativo, que certamente possui uma técnica muito específica e apurada. Mesmo assim, ao falar-se de uma impropriedade neste processo, dá-se guarida a um discurso tecnicista de desvalorização e desconstrução do principal elemento que garante a primazia e autoridade do processo legislativo, que é a legitimidade democrática que lhe dá supedâneo. Se caminharmos pelo leito em que se faz possível apontar um erro técnico, logo admitiremos que este autoriza uma correção e logo esta correção dará abertura para uma ideia de invalidade do processo como um todo. Por caminhos semelhantes a este é que se faz necessária a ideia de uma interpretação conforme, que possa moldar a norma e não o texto normativo ao que se dispõe como integralidade hermenêutica do ordenamento.

leitura permitida pela totalidade hermenêutica do ordenamento e do atual estado da arte das garantias processuais constitucionais não permite a ideia de um tipo aberto, que apenas ressalte algumas condutas como indisputavelmente ímprobas. Portanto, aqui se está a tratar da utilização do instituto da interpretação conforme,[4] como mecanismo de manutenção da integridade e coerência do ordenamento.

Ademais, com o intuito de enriquecer a discussão, não podemos ignorar que o debate do rol exemplificativo/taxativo não leva em conta uma ideia de que uma norma sancionadora em branco revestiria os arts. 9º, 10 e 11 da Lei. É dizer, independentemente de os róis serem exemplificativos ou taxativos,[5] a partir dessa ideia, **só** haveria improbidade caso o autor logre êxito em demonstrar também que o agente incidiu em violação **à norma setorial que ele estava obrigado a cumprir em razão de suas funções.** Em outras palavras, o ato, para ser considerado ímprobo, precisa, primeiro, refletir uma violação, por parte do agente público, **às normas que** regem a sua atuação. Somente após é que se verificaria se ele cumpre também os requisitos previstos na Lei de Improbidade para fins de punição.

Assim, por exemplo, só seria possível falar que o agente violou a Lei de Improbidade por conceder benefício fora das hipóteses legais (art. 10, VII) caso se verifique que o agente infringiu as regras que regem a concessão de benefícios. Na mesma linha, o ato de improbidade que frustra o caráter competitivo de procedimento licitatório (art. 10, VIII) depende, para sua configuração, da violação às normas da Lei de Licitações que tratam da estruturação do procedimento licitatório. E essa é uma lógica que valeria para todos os dispositivos. Em suma, não haveria improbidade mediante análise exclusiva da Lei de Improbidade.[6]

---

[4]   Sobre o instituto da interpretação conforme a Constituição, entende Gilmar Mendes que ele deve ser aplicado quando há mais de uma interpretação possível de uma lei, mas apenas uma delas for compatível com a constitucional (MENDES, Gilmar Ferreira; BRANCO, Paulo Gustavo Gonet. **Curso de direito constitucional**. 15. ed. rev. e atual. São Paulo: Saraiva, 2020. p. 1.497). No mesmo sentido, explica Lenio Streck que a interpretação conforme é um importante mecanismo de correção da atividade legislativa. Seu papel é constitucionalizar os textos normativos infraconstitucionais. Ver STRECK, Lenio. **Jurisdição constitucional**. 5. ed. rev., atual. e ampl. Rio de Janeiro: Forense, 2018. p. 376-381.

[5]   O art. 11 é evidentemente taxativo, como será visto.

[6]   Nas palavras de Fábio Medina Osório: "Não se pode, por razões de segurança jurídica, legalidade, tipicidade e fundamentos do Estado Democrático de Direito, imputar improbidade administrativa a alguém, formulando uma acusação de vulneração isolada dos ditames de qualquer dos textos da LGIA, porque a incidência desta depende, de

Nessa medida, ainda que se considere os róis dos arts. 9º e 10 exemplificativos, no sentido de que basta o enquadramento da conduta ao descrito nos respectivos *caputs* para a configuração de ato de improbidade, ainda seria requisito indispensável demonstrar que o ato em questão se qualifica como violação às normas setoriais que regulam a atuação do agente e/ou a conduta por ele praticada. Falar em improbidade implica necessariamente falar em violação das normas que regem a atuação do agente e os atos por ele praticados. Não havendo essa violação, não há que se falar em improbidade ainda que o ato tenha provocado enriquecimento ilícito, lesão ao erário ou violação aos princípios da Administração Pública. Jamais podemos perder isso de vista ao lidarmos com a Lei de Improbidade.

2.   OS CONCEITOS DE ENRIQUECIMENTO ILÍCITO E DE VANTAGEM PATRIMONIAL E OS ELEMENTOS CENTRAIS PARA A CONFIGURAÇÃO DAS INFRAÇÕES

O *caput* do art. 9º delineia os elementos comuns aos atos de improbidade administrativa que importam em enriquecimento ilícito. São eles: a) o enriquecimento ilícito por parte do agente; b) a aferição de vantagem econômica indevida pelo agente mediante a prática de ato doloso; c) que essa vantagem esteja relacionada ao exercício de uma função pública em uma das entidades tuteladas pela Lei. Tais elementos servirão de norte para a concreção das infrações, possibilitando a subsunção dos atos à tipologia do enriquecimento ilícito. Vejamos em detalhes cada um deles.

2.1   O conceito de enriquecimento ilícito

Enriquecimento ilícito é aquele enriquecimento alcançado em desrespeito à lei. Diferencia-se, assim, do enriquecimento sem causa, caracterizado pela ausência de causa justa, sendo que não necessariamente essa ausência de causa corresponde a uma ilegalidade. Ilicitude e ausência de causa são conceitos diferentes.

O enriquecimento ilícito decorre de conduta expressamente vedada pelo ordenamento jurídico, ao passo que o enriquecimento sem causa pode inclusive ser válido em um primeiro momento, perdendo sua "causa" após novo evento que o impacte. Giovanni Ettore Nanni apresenta um exemplo esclarecedor: o rompimento de um noivado é um evento lícito. Contudo,

---

modo visceral, da prévia violação de outras normas" (OSÓRIO, Fábio Medina. **Teoria da improbidade administrativa:** má gestão pública, corrupção e ineficiência. 6. ed. rev., atual. e ampl. São Paulo: Thomson Reuters Brasil, 2022, p. 43-64).

como ele implica a não realização do casamento, aqueles que já presentearam o casal possuem justa causa para reavê-los[7] (art. 885 do Código Civil). É dizer, a causa que os fez presentearem os noivos (o casamento) deixou de existir.

Uma outra diferença é que o enriquecimento ilícito, ao contrário do enriquecimento sem causa, não pressupõe a causa de prejuízo patrimonial a quem quer que seja. Em outras palavras, enquanto para a configuração do enriquecimento sem causa é imprescindível que o lesado sofra prejuízos em seu patrimônio (art. 884 do Código Civil), o enriquecimento ilícito de que fala a Lei de Improbidade não pressupõe qualquer lesão patrimonial.[8]

Em suma, e isso ficará mais claro na sequência, a produção de danos aos cofres públicos não é requisito essencial para a configuração dos atos de improbidade que importam em enriquecimento ilícito, até mesmo porque nas hipóteses do art. 9º a vantagem patrimonial indevida muitas vezes provém não do dano ao erário, mas do patrimônio do particular corruptor. O que se exige é a verificação de enriquecimento ilícito por parte do agente e que ele decorra de ato doloso e relacionado à sua função. Se esse enriquecimento gerou ou não danos ao Estado é questão irrelevante para a subsunção da conduta à tipicidade dos atos que importam em enriquecimento ilícito – mas é passo essencial para a devida penalização do agente, afinal, existente o dano, ele deve ser condenado a repará-lo.

2.2   Conceito de vantagem econômica indevida

A vantagem indevida de que trata o art. 9º, é aquela patrimonial decorrente de violação à lei. Vantagens de ordem pessoal ou moral, tal como abuso de poder e prestígio, ou mesmo sexual, não se incluem no conceito de vantagem econômica indevida.[9] Com efeito, sempre que os incisos do dispositivo se referirem a *vantagem*, de modo genérico, ela é necessariamente ilícita e de ordem patrimonial. Note-se também que o verbo utilizado foi *auferir*, que é sinônimo de *obter*, e não de *solicitar* ou *requerer*. Isso significa que o ato de tomar posse da vantagem é indispensável para a configuração do ato ímprobo, não sendo suficiente a sua mera solicitação pelo agente ou oferta pelo particular.

---

[7]   NANNI, Giovanni Ettore. **Enriquecimento sem causa**. São Paulo: Saraiva, 2004. p. 264.

[8]   PRADO, Francisco Octavio de Almeida. **Improbidade administrativa**. São Paulo: Malheiros, 2001. p. 73.

[9]   Isso não quer dizer, é claro, que essas outras vantagens, igualmente reprováveis, estão isentas de responsabilização, mas tão somente que elas não preenchem os requisitos exigidos especificamente no art. 9º da Lei.

Quanto às formas de se auferir vantagem patrimonial, há basicamente duas: de forma direta, ou através de prestação positiva, e de forma indireta, ou através de prestação negativa. No primeiro caso, o agente público efetivamente recebe a vantagem ilícita e a incorpora ao seu patrimônio. É o clássico caso do agente que desvia recursos públicos em benefício próprio ou recebe contraprestação monetária de particular para beneficiá-lo. O recebimento da vantagem ocorre de modo direto por dois motivos: ele próprio toma posse da vantagem e esta é incorporada ao seu patrimônio.

Já no segundo caso a vantagem se incorpora ao patrimônio do agente de forma indireta, seja porque não há um efetivo aumento do seu patrimônio, mas a sua não diminuição, seja porque a vantagem é recebida não pelo agente diretamente, mas por terceiro a ele relacionado, como algum membro de sua família. É o caso, por exemplo, de um agente que recebe hospedagem gratuita em um hotel, ou mesmo uma viagem, em troca do favorecimento de determinado particular.

2.3 A exigência de ato doloso e o nexo de causalidade entre a vantagem e a função

Um outro requisito indispensável para a configuração não só dos atos que importam enriquecimento ilícito, mas de todos os atos ímprobos previstos na Lei de Improbidade, é a existência do elemento subjetivo dolo na conduta.[10] O agente público, quando recebe vantagem indevida, o faz sabendo da ilicitude de sua conduta. Inclusive, trata-se de verdadeiro contrassenso se cogitar que aquele que se enriquece ilicitamente através do recebimento de vantagem patrimonial o faz de maneira culposa.

Quanto ao nexo causal, importante notar que o objetivo é punir o aumento patrimonial ilícito do agente público obtido a partir de atos relacionados com função por ele exercida, de modo que o enriquecimento ilícito decorrente de atos privados não se inclui como elemento do tipo. Como adverte Calil Simão, "O fato de o agente exercer uma função pública não pode significar um modo de auferir recursos extras; ou seja, a parcela de autoridade que detém para a consecução da atividade administrativa não pode representar um instrumento para o aumento ilícito de seu patrimônio".[11]

---

[10] Para uma análise mais aprofundada sobre o dolo na Lei de Improbidade, conferir os comentários feitos ao art. 1º.

[11] SIMÃO, Calil. **Improbidade administrativa**: teoria e prática. 6. ed. Leme: Mizuno, 2022. p. 239.

Nesse sentido, é elemento indispensável para a configuração dos atos de improbidade que importam enriquecimento ilícito que o autor da ação logre êxito em comprovar, dentre os outros elementos já mencionados, que existe um nexo causal entre a vantagem patrimonial auferida pelo agente e a função pública por ele exercida. Consequentemente, o agente que se enriquece ilicitamente por meio de atos criminosos sem relação com a função, como o tráfico de drogas, não pratica ato de improbidade administrativa – o que não quer dizer, por óbvio, que ele está imune também aos outros sistemas de responsabilização, notadamente o penal.

Quanto ao mandato, cargo, emprego ou função pública, estabelece a parte final do *caput* do art. 9° que ela deve ser exercida em uma das entidades previstas no art. 1° da Lei. São elas: a Administração Direta e Indireta dos Poderes dos Entes Federativos, a empresa incorporada ao patrimônio público, as entidades para cuja criação ou custeio o erário haja concorrido ou concorra com mais ou menos de 50% (cinquenta por cento) do patrimônio ou da receita anual e as entidades que recebem subvenção, benefício ou incentivo, fiscal ou creditício, de órgão público (§§ 5°, 6° e 7°). Contudo, aqui não serão feitas maiores considerações sobre essas entidades, que já foram objeto de extensa análise quando dos comentários feitos aos parágrafos do art. 1°.

3. SUJEITO ATIVO DO ATO

O agente público, assim entendido todo aquele que exerce, ainda que transitoriamente ou mesmo sem remuneração, por eleição, nomeação, designação, contratação ou qualquer outra forma de investidura ou vínculo, mandato, cargo, emprego ou função nas entidades tuteladas pela Lei de Improbidade (art. 2°) é o sujeito ativo por excelência dos atos ímprobos que importam em enriquecimento ilícito. Até mesmo porque o *caput* do art. 9° estabelece expressamente que a vantagem recebida precisa ter relação com a função exercida, e só exerce função pública quem é agente público. Inclusive, pouco importa se ainda não tenha assumido o cargo, emprego ou função; basta que esteja na iminência de fazê-lo e o benefício advenha desta vindoura condição.

Assim, por exemplo, aquele que posteriormente à nomeação, mas antes da posse ou do exercício do cargo, emprego ou função, recebe vantagem econômica indevida para fazer ou deixar de fazer algo quando assumir sua função, não escapa da incidência da Lei de Improbidade. Isso também vale para aquele agente que está afastado por férias, licença ou suspensão, que continua sujeito às cominações da Lei. Isso acontece porque, como lembra

Calil Simão, "[...] esses atos não colocam fim ao vínculo jurídico, mas tão somente fazem cessar temporariamente as atividades do agente público".[12]

Já terceiros e particulares, como já visto, somente podem ser sancionados se de alguma forma induzirem, concorrerem ou se beneficiarem do ato (art. 3º da Lei de Improbidade). Em qualquer dessas hipóteses, contudo, a figura do agente público é elemento indispensável, pois é ele que reúne as condições necessárias para gerar um ato estatal violador do dever de probidade. Isso quer dizer que, a nosso entender, a Lei de Improbidade não abarca condutas que, embora virtualmente enquadradas nos incisos de seus arts. 9º, 10 e 11, foram praticadas exclusivamente por terceiros, isto é, sem a participação em qualquer grau de agente público. Mais comentários quanto ao tema foram feitos quando da análise do art. 3º.

4. ESPÉCIES DE ATOS QUE IMPORTAM EM ENRIQUECIMENTO ILÍCITO

4.1 Recebimento de qualquer espécie de vantagem econômica por meio de comissão, percentagem, gratificação ou presente

De acordo com o inciso I do art. 9º, constitui ato de improbidade:

> I – receber, para si ou para outrem, dinheiro, bem móvel ou imóvel, ou qualquer outra vantagem econômica,[13] direta ou indireta, a título de comissão, percentagem, gratificação ou presente de quem tenha interesse, direto ou indireto, que possa ser atingido ou amparado por ação ou omissão decorrente das atribuições do agente público.

Destrinchando o dispositivo, temos como elementos centrais do ato:

- (i) receber, isto é, tomar posse;
- (ii) para si ou para outrem, ou seja, em seu próprio proveito ou em proveito de terceiro;
- (iii) de qualquer espécie de vantagem econômica, como dinheiro ou bens móveis ou imóveis;
- (iv) a título de comissão, percentagem, gratificação ou presente (representam o título pelo qual a vantagem foi oferecida);

---

[12] SIMÃO, Calil. **Improbidade administrativa**: teoria e prática. 6. ed. Leme: Mizuno, 2022. p. 245.

[13] Vale ressaltar que, embora a lei nem sempre especifique, a vantagem precisa ser econômica e ilícita.

(v) ofertada por aquele que tem interesse ou possa ser atingido por determinada ação ou omissão do agente.

Os itens "iv" e "v" merecem maior detalhamento. O primeiro representa os modos pelos quais a vantagem pode ser recebida. *Comissão* significa qualquer remuneração paga pelo interessado ao agente. *Percentagem* é o valor que cabe ao agente pela prática do ato. *Gratificação*, assim como a comissão, é uma retribuição, mas em um sentido específico de prêmio ou bonificação – na prática, difícil diferenciar ambas as figuras. Por fim, *presente* é o agrado ofertado pelo corruptor ao agente e, na maioria das vezes, consiste em um regalo com expressão econômica, como um vinho, um livro, uma bolsa, dentre outros.

É importante não banalizarmos essas figuras. "Comissões e gratificações" irrisórias e "presentes" que se qualificam como lembranças ou mimos não são suficientes para que se configure o ato de improbidade. É necessário que a vantagem patrimonial seja em valor suficiente para influenciar a conduta do agente – ou seja, deve haver uma proporcionalidade entre a expressão econômica da vantagem ofertada e o ato a ser praticado. O que se busca coibir são vantagens que possam de alguma forma levar o agente a beneficiar o interessado em troca de vantagem indevida, e não presentes ofertados pelos cidadãos àqueles que realizam um bom serviço na Administração.

Quanto ao item "v", três observações se mostram relevantes. Em primeiro lugar, a configuração da improbidade exige que a vantagem seja recebida pelo agente, mas não que haja a satisfação do interesse do corruptor. O que é necessário é que o agente receba a vantagem, para si ou para outrem, e não que ele pratique o ato pelo qual a recebeu. Recebida a vantagem indevida está configurada a conduta ímproba. Em segundo lugar, a hipótese normativa não contempla interesses genéricos, que seriam atendidos pelo agente independentemente do oferecimento da vantagem, abarcando somente interesses específicos, ainda que coletivos, cuja realização está sujeita à interferência do agente público.[14]

Em terceiro lugar, embora se pressuponha que o ato do agente público será ilegal, isso não necessariamente é uma verdade. É plenamente possível que o interesse envolvido na relação seja tutelado por um ato lícito, mas nem por isso o ato deixará de ser ímprobo. Isso porque pelas suas atividades o agente já recebe uma remuneração mensal, sendo-lhe vedado auferir vanta-

---

[14] PRADO, Francisco Octavio de Almeida. **Improbidade administrativa**. São Paulo: Malheiros, 2001. p. 75.

gens patrimoniais extras para realizar o seu trabalho. Em suma, o dispositivo trata não da ilegalidade da conduta, mas da vantagem indevida recebida pelo agente para realizar suas atividades habituais.[15]

4.2   Facilitação de negócio superfaturado

De acordo com o inciso II do art. 9º, constitui ato de improbidade:

> II – perceber vantagem econômica, direta ou indireta, para facilitar a aquisição, permuta ou locação de bem móvel ou imóvel, ou a contratação de serviços pelas entidades referidas no art. 1º por preço superior ao valor de mercado.

São elementos configuradores da infração:

(i)   o recebimento de vantagem econômica para

(ii)   facilitar

(iii)   a aquisição, permuta ou locação de bem ou a contratação de serviços

(iv)   por preço superior ao valor do mercado.

Facilitar é adotar condutas voltadas a remover óbices à celebração do negócio, que então é celebrado com mais facilidade ou rapidez que o habitual. Nos termos do dispositivo, essa facilitação diz respeito a negócios jurídicos específicos: aquisição, troca ou locação de bens ou contratação de serviços – não sendo um deles, não há o que se falar no cometimento da infração em comento. Além disso, é necessário que a parte lesada pela contratação superfaturada seja uma daquelas tuteladas pela lei em seu art. 1º. Como já tratado acima, o rol das condutas e hipóteses é taxativo, como todos presentes na LIA, sob pena de violação da tipicidade estrita e do caráter garantista da normatização e do ordenamento.

Em suma, se o agente, de forma dolosa, pratica ato destinado a facilitar que o Estado adquira, troque ou loque bens ou contrate serviços em preço superior ao praticado no mercado, recebendo por sua conduta uma vantagem econômica indevida, praticará a infração prevista no inciso II. Por isso, a nosso ver, não é elemento indispensável a efetiva celebração do contrato lesivo. Basta que o agente receba a vantagem e em troca pratique ato facilitador para que

---

[15]   SIMÃO, Calil. **Improbidade administrativa**: teoria e prática. 6. ed. Leme: Mizuno, 2022. p. 247.

incida em violação à Lei de Improbidade.[16] Claro que a comprovação material deve ser robusta a ponto de superar a formalidade contratual que traria uma comprovação satisfatória já de início.

É importante notar que definir qual o valor de mercado não é tarefa fácil, mas representa passo importante para a punição do agente nos termos da infração aqui analisada e daquela prevista no inciso III. Afinal, não há como saber se um determinado valor é super ou subfaturado sem que se tenha conhecimento de qual é o valor médio de mercado. Por isso, imperiosa a atenção redobrada do administrador, que deve ter o cuidado de solicitar orçamentos de vários fornecedores e adotar outras condutas voltadas a garantir que está realizando a contratação mais vantajosa para a Administração, e do julgador, que, entre outras questões, deverá analisar as informações de que dispunha o ente contratante na época da avaliação da contratação, até mesmo para verificar a presença ou não de dolo em sua conduta.

4.3 Facilitação de negócio subfaturado

De acordo com os inciso III do art. 9°, constitui ato de improbidade:

> III – perceber vantagem econômica, direta ou indireta, para facilitar a alienação, permuta ou locação de bem público ou o fornecimento de serviço por ente estatal por preço inferior ao valor de mercado.

São elementos configuradores da infração:

(i) perceber

(ii) vantagem econômica para facilitar a

(iii) alienação,[17] permuta ou locação[18] de bem público ou o fornecimento de serviço público por

(iv) preço inferior ao valor do mercado.

Trata-se de infração bem semelhante à do inciso II, mas aqui o Estado aparece como a parte "contratada", alienando, permutando ou locando bem público ou fornecendo serviço público em valor inferior ao praticado no mercado – veja-se, pois, que os objetos de contratação também são diferentes.

---

[16] Em sentido contrário, PRADO, Francisco Octavio de Almeida. **Improbidade administrativa**. São Paulo: Malheiros, 2001. p. 78.

[17] O instituto é regulamentado pelos arts. 76 e 77 da Lei de Licitações (Lei n. 14.133/2021).

[18] A locação de bens imóveis está disciplinada no art. 51 da Lei de Licitações.

Ademais, assim como na hipótese anterior, entendemos não ser necessária a efetiva celebração do contrato para a configuração da infração. Os bens públicos são aqueles previstos no art. 99 do Código Civil, quais sejam:

> Art. 99. São bens públicos:
>
> I – os de uso comum do povo, tais como rios, mares, estradas, ruas e praças;
>
> II – os de uso especial, tais como edifícios ou terrenos destinados a serviço ou estabelecimento da administração federal, estadual, territorial ou municipal, inclusive os de suas autarquias;
>
> III – os dominicais, que constituem o patrimônio das pessoas jurídicas de direito público, como objeto de direito pessoal, ou real, de cada uma dessas entidades.

De se destacar, contudo, que os bens de uso comum do povo e os bens de uso especial somente podem ser alienados se não afetados à satisfação de interesse público. Os bens dominicais, por outro lado, são aqueles que compõem o patrimônio material do Estado, podem ser alienados desde que observadas as exigências previstas em lei (arts. 100 e 101 do Código Civil).

Já serviço público engloba toda espécie de serviços prestados pelo Estado à população, seja de forma direta ou indireta (por particular mediante autorização, concessão ou permissão). Nas palavras de Odete Medauar, serviço público diz respeito

> [...] à atividade realizada no âmbito das atribuições da Administração, inserida no Executivo. E refere-se a *atividade prestacional*, em que o poder público propicia algo à vida coletiva, como, por exemplo, água, energia elétrica, transporte urbano. As atividades-meio (por exemplo: arrecadação de tributos, serviços de arquivo, limpeza de repartições, vigilância de repartições) não se incluem na acepção técnica de serviço público.[19]

De se lembrar, ademais, que o preço inferior ao valor de mercado há de ser também antijurídico. Isso porque não raras vezes o Estado, a título de políticas públicas, fornece bens e/ou serviços a preços subsidiados, reconhecidamente inferiores aos praticados no mercado. O que o dispositivo contempla é a facilitação ilícita de negócio jurídico subfaturado por agente que, em troca de seu ato, recebeu vantagem econômica indevida.

---

[19]   MEDAUAR, Odete. **Direito administrativo moderno**. 19. ed. São Paulo: Revista dos Tribunais, 2015. p. 376.

4.4 Utilização, em obra ou serviço particular, de bens e/ou pessoal contratado

Nos termos do inciso IV do art. 9º, configura-se ato de improbidade:

> IV – utilizar, em obra ou serviço particular, qualquer bem móvel, de propriedade ou à disposição de qualquer das entidades referidas no art. 1º desta Lei, bem como o trabalho de servidores, de empregados ou de terceiros contratados por essas entidades.

São elementos nucleares da infração:

(i)   utilizar,

(ii)   em obra ou serviço particular,

(iii) qualquer bem móvel, de propriedade ou à disposição das entidades tuteladas pela lei,

(iv)   ou o trabalho daqueles contratados por essas entidades.

A razão de ser desse dispositivo está em vedar que o agente público se utilize, exclusivamente em proveito próprio, de bens destinados à satisfação de interesse público ou de pessoas contratadas pelo Estado. Indo direto ao ponto, o agente que utiliza veículos, equipamentos ou materiais do Estado ou de contratados da Administração para a satisfação de interesses pessoais está praticando a infração prevista no dispositivo.

É claro que se pune somente a utilização ilícita, sem título jurídico idôneo. É plenamente possível, por exemplo, que um Governador se utilize em período integral de veículo oficial estatal ou seja escoltado em suas atividades externas por seguranças contratados pelo Estado. Isso é admissível pois a figura dos Chefes do Executivo não se exaure no período laboral, haja vista que eles representam os Entes da Federação em diversos eventos que ocorrem nos horários mais variados, sem qualquer relação com o período habitual de trabalho.[20] O mesmo vale, por exemplo, para a utilização de bens ou serviços públicos mediante autorização, concessão ou permissão de uso. Nesses casos, a utilização está amparada na legislação, não configurando qualquer ilicitude.

Enfim, o que se busca reprimir é a utilização em proveito próprio de bens ou serviços públicos ou de pessoal contratado pela Administração. Quanto ao conceito de proveito próprio, entendemos que o beneficiado pela utilização

---

[20] SIMÃO, Calil. **Improbidade administrativa**: teoria e prática. 6. ed. Leme: Mizuno, 2022. p. 250.

necessariamente deve ser o agente público competente para proporcionar o desvio de finalidade. Se a utilização tem como destinatário terceiro, ainda que tenha sido possibilitada pelo agente público, não há o que se falar na infração prevista no inciso IV do art. 9º, mas naquela prevista no inciso XIII do art. 10. Isso porque o enriquecimento ilícito deve ser o do próprio agente público, ainda que indiretamente, não de terceiros.

Ademais, a nosso ver só haverá o ato de improbidade em questão se a utilização se der em proveito exclusivo do agente. É o caso, por exemplo, da utilização de pessoal da Administração para realizar obra particular ou o caso do agente político candidato à reeleição que se utiliza dos bens do Estado para imprimir e distribuir material de campanha. Por outro lado, caso a utilização beneficie a coletividade, e em segundo plano, os interesses pessoais do agente, não há improbidade. Exemplo clássico é o conserto e melhoria de estradas que dão acesso às propriedades do agente que, por si só, não configura improbidade.

4.5   Tolerar qualquer atividade ilícita

Nos termos do inciso V do art. 9º, constitui improbidade:

> V – receber vantagem econômica de qualquer natureza, direta ou indireta, para tolerar a exploração ou a prática de jogos de azar, de lenocínio, de narcotráfico, de contrabando, de usura ou de qualquer outra atividade ilícita, ou aceitar promessa de tal vantagem.

São elementos nucleares da infração:

(i)   receber vantagem econômica de qualquer natureza ou aceitar promessa de tal vantagem para

(ii)   tolerar

(iii)   a exploração ou a prática de jogos de azar, de lenocínio, de narcotráfico, de contrabando, de usura ou de qualquer outra atividade ilícita.

Aqui, temos duas especificidades com relação às infrações anteriores. Em primeiro lugar, a configuração do ato não exige o efetivo recebimento da vantagem, sendo suficiente o aceite de sua promessa.[21] Em segundo lugar, o

---

[21]   Nesse ponto, existe uma incongruência do dispositivo com o verbo *auferir* previsto no *caput* do art. 9º que, como já vimos, implica o efetivo recebimento da vantagem.

verbo *tolerar* indica que o agente que pratica o ato é aquele com incumbência para reprimir as atividades ilícitas. Isto é, o dispositivo exige mais que a mera qualidade de agente público. Exige também que o agente infrator esteja investido na função de combater a atividade ilícita que foi tolerada.

De se notar, ademais, que o rol previsto no dispositivo abrange todas as espécies de ilícitos, não só aqueles de natureza penal. Com efeito, sanciona-se o ato do agente de tolerar a exploração ou a prática de toda e qualquer atividade ilícita, seja ela de natureza civil, penal, administrativa, comercial, entre outras. Na mesma linha, afirma Calil Simão que "Não podemos limitar a aplicação do inciso apenas quando se tratar do exercício de atividade tipificada pela legislação penal. Ele é muito mais amplo que isso, já que na sua parte final se refere a *qualquer outra atividade ilícita*".[22] Em resumo, o elemento central é a característica de ilicitude da conduta tolerada.

Quanto ao conceito de tolerar, entendemos que se trata da não adoção pelo agente público das providências destinadas a evitar ou reprimir a exploração ou a prática de determinado ato ilícito. Questão interessante, por fim, diz respeito a saber se o dispositivo alcança também o exercício irregular de determinada atividade, isto é, aqueles casos em que a atividade é lícita, mas seu exercício está ocorrendo em desconformidade com a legislação. A nosso ver, a resposta é positiva, não havendo diferença entre atividade ilícita e exercício irregular de atividade, estando ambas abarcadas pela hipótese infracional.

4.6   Emitir declaração falsa sobre dados técnicos

Nos termos do inciso VI do art. 9º, configura-se ato de improbidade:

> VI – receber vantagem econômica de qualquer natureza, direta ou indireta, para fazer declaração falsa sobre qualquer dado técnico que envolva obras públicas ou qualquer outro serviço ou sobre quantidade, peso, medida, qualidade ou característica de mercadorias ou bens fornecidos a qualquer das entidades referidas no art. 1º desta Lei.

De igual modo, não há como se conceber que a mera aceitação da promessa seja suficiente para configurar efetivo enriquecimento ilícito do agente, que também é um dos elementos centrais para a configuração dos atos previstos no art. 9º. Seja como for, a previsão (de forma equivocada, a nosso ver) pune a aceitação da vantagem enquanto ato que enseja enriquecimento ilícito, de forma que é com essa tipificação que devemos lidar.

[22]   SIMÃO, Calil. **Improbidade administrativa**: teoria e prática. 6. ed. Leme: Mizuno, 2022. p. 255.

São os elementos configuradores da infração:

(i)   receber

(ii)   vantagem econômica de qualquer natureza

(iii)   para fazer declaração falsa sobre qualquer dado técnico que envolva

(iv)   obras públicas, qualquer outro serviço ou

(v)   sobre quantidade, peso, medida, qualidade ou característica de mercadorias ou bens fornecidos pelas entidades tuteladas pela Lei.

A norma contempla a conduta do agente que emite declaração falsa sobre *(i)* qualquer dado técnico que envolva obras ou serviços públicos ou sobre *(ii)* a determinação de quantidade, peso, medida, qualidade ou característica de mercadorias ou bens fornecidos pelas entidades públicas. Em razão disso, assim como na infração anterior é preciso que o agente público tenha, no âmbito de suas atribuições, seja de forma ordinária ou extraordinária, a competência para mensurar e avaliar os aspectos técnicos previstos no dispositivo. Isto é, a infração não alcança todo e qualquer agente público, mas somente aqueles investidos, ainda que temporariamente, nas atribuições relativas à análise/conferência das contratações administrativas.

Ademais, emitir declaração falsa significa a falsificação de um documento público, que pode ser total ou parcial. O âmbito mais propício para o cometimento dessa espécie de improbidade é o de execução de contratos públicos, onde os contratados mediante licitação podem corromper os agentes públicos para atestar algo não verdadeiro. É o caso, por exemplo, do funcionário estadual que tem a atribuição de receber e conferir os bens comprados pelo Estado mediante licitação e que, após perceber vantagem econômica indevida, emite termo atestando o recebimento de mais itens do que efetivamente recebido.

Para finalizar, uma alteração sutil no dispositivo é digna de nota. Antes, constava como ato de improbidade a conduta de fazer declaração falsa sobre *medição ou avaliação que envolva...* Ao alterar para a expressão *qualquer dado técnico*, esclareceu-se que a infração abrange todas as declarações sobre questões técnicas que podem ser emitidas pelo agente público, afastando a anterior incerteza quanto à possibilidade ou não de se sancionar declarações falsas sobre dados técnicos relevantes que não se enquadravam nos conceitos de medição ou avaliação.

4.7   Enriquecimento ilegal

Nos termos do inciso VII do art. 9º, constitui ato de improbidade:

> VII – adquirir, para si ou para outrem, no exercício de mandato, de cargo, de emprego ou de função pública, e em razão deles, bens de qualquer

natureza, decorrentes dos atos descritos no *caput* deste artigo, cujo valor seja desproporcional à evolução do patrimônio ou à renda do agente público, assegurada a demonstração pelo agente da licitude da origem dessa evolução.

São elementos configuradores da infração:

(i) adquirir, para si ou para outrem,

(ii) no exercício de função pública e em razão dela,

(iii) bens de qualquer natureza

(iv) em decorrência de ato que importe em enriquecimento ilícito mediante o recebimento doloso de vantagem patrimonial indevida,

(v) cujo valor seja desproporcional à evolução patrimonial ou à renda do agente.

Essa hipótese normativa abrange a aquisição pelo agente público de bens de valor desproporcional à evolução natural de seu patrimônio e/ou à sua renda. A desproporcionalidade deve ser verificada, portanto, à luz de dois referenciais (evolução patrimonial e renda). Isso porque é plenamente possível que o agente disponha de outras fontes de renda que não a sua remuneração e elas sejam em valor hábil a justificar a aquisição do bem. Além disso, é necessário que o valor do bem seja desproporcional e que haja um nexo de causalidade entre a aquisição do bem e a obtenção de vantagem patrimonial indevida pelo agente.

Ainda quanto ao nexo causal, é preciso que o bem tenha sido adquirido pelo agente público em razão de sua função, não sendo suficiente a mera qualidade de agente público e a aquisição de bem desproporcional à sua renda ou evolução patrimonial para a configuração da improbidade. É nesse sentido a especificação legal de que a aquisição deve ocorrer no exercício da função e em razão dela.[23] Isto é, se exige que a evolução patrimonial ilícita tenha relação com o exercício da função.

---

[23] Em sentido contrário, JUSTEN FILHO, Marçal. **Reforma da lei de improbidade administrativa comparada e comentada**: Lei 14.230, de 25 de outubro de 2021. Rio de Janeiro: Forense, 2022. p. 84. De igual modo, entende o STF que basta o enriquecimento ilícito no período da ocupação do cargo público para que fique configurada a infração, não se exigindo a demonstração de nexo de causalidade entre o ato e a função (AgRg no RMS n. 32.817/DF).

Por fim, questão relevante diz respeito ao ônus da prova: incumbe ao autor comprovar a ilicitude da evolução patrimonial do réu ou a este comprovar a licitude de seu patrimônio? De acordo com algumas decisões do STJ, prevalece a segunda opção, sendo ônus da prova do réu, não do autor (AgInt no MS n. 19.524/DF). E, para alguns, também foi esse o entendimento da lei, que ao final do dispositivo consagrou que fica assegurada a demonstração pelo agente da licitude da aquisição.[24]

A nosso ver, essa disposição final do inciso VII enseja duas interpretações. A primeira é no sentido de que o autor não possui qualquer ônus de demonstrar o nexo causal entre a aquisição do bem de valor supostamente desproporcional e o exercício da função pública, bastando que ele verifique evolução patrimonial incompatível com as rendas declaradas do réu. Isto é, a desproporcionalidade é elemento suficiente para autorizar o ajuizamento da ação, cabendo ao réu comprovar a licitude, e não ao autor comprovar a ilicitude. A segunda é no sentido de que é do autor o ônus de comprovação de todos os elementos configuradores da infração, assegurando-se ao réu, em qualquer caso, como garantia dos direitos ao contraditório e à ampla defesa, em sede judicial ou extrajudicial, o direito de comprovar a licitude da evolução.

A interpretação que adotamos é a segunda, até mesmo porque a primeira é inconstitucional por claramente contrariar a regra da presunção de inocência. É dizer, a LIA não contemplou hipótese de inversão ao ônus da prova (como jamais poderia ser concebido, aliás, sem que haja incursão em flagrante inconstitucionalidade), de modo que ainda cabe ao autor da ação demonstrar documentalmente a adequação da conduta do réu à infração prevista no inciso VII do art. 9º, apresentando elementos probatórios mínimos que confirmem a desproporcionalidade da aquisição do bem e a sua relação com a função exercida pelo agente, sob pena de rejeição da inicial (incisos I e II do § 6º do art. 17 da Lei de Improbidade).

O que resta assegurado ao réu de modo expresso é a possibilidade de pôr fim às suspeitas comprovando a compatibilidade entre sua renda e a aquisição do bem. Trata-se, inclusive, de um dever inerente à sua função, na medida em que "[...] os agentes públicos estão legalmente obrigados a apresentar e atualizar, periodicamente, declarações de renda e de bens, justamente para

---

[24]   SIMÃO, Calil. **Improbidade administrativa**: teoria e prática. 6. ed. Leme: Mizuno, 2022. p. 259.

possibilitar o controle de sua evolução patrimonial com vistas à preservação e resguardo do patrimônio público".[25]

Em hipótese alguma a LIA chancelou a presunção da culpa do agente, correspondendo essa expressão final a um reforço ao direito ao contraditório e à ampla defesa, já assegurados a todos aqueles que são partes em um processo judicial. Inclusive, vale ressaltar, a inversão do ônus da prova na hipótese, por envolver uma presunção de enriquecimento ilícito e, consequentemente, a desconsideração da presunção de inocência do acusado antes do trânsito em julgado de sentença condenatória, é incompatível com o texto constitucional.

4.8   Exercício de atividade incompatível com a função

Nos termos do inciso VIII do art. 9°, constitui ato de improbidade:

> VIII – aceitar emprego, comissão ou exercer atividade de consultoria ou assessoramento para pessoa física ou jurídica que tenha interesse suscetível de ser atingido ou amparado por ação ou omissão decorrente das atribuições do agente público, durante a atividade.

São elementos configuradores da infração:

(i)   aceitar

(ii)   emprego, comissão ou exercer atividade de consultoria ou assessoramento para pessoa física ou jurídica

(iii)   que tenha interesse suscetível de ser atingido ou amparado pelo agente, considerando suas atribuições institucionais,

(iv)   e isso durante a atividade.

Uma primeira observação a se fazer é que a prestação de serviços remunerados a particulares que têm interesse passível de ser alcançado pela atuação do agente foi considerada como vantagem indevida, a caracterizar ato que importa em enriquecimento ilícito. Por isso, a nosso entender, a prestação de serviços gratuitos, embora possa caracterizar eventual infração disciplinar, não se configura como ato de improbidade administrativa, justamente pela ausência de enriquecimento ilícito do agente.

---

[25]   PRADO, Francisco Octavio de Almeida. **Improbidade administrativa**. São Paulo: Malheiros, 2001. p. 86.

Além disso, trata-se de infração que procurar evitar que a condição funcional do agente, aliada ao exercício de atividade remunerada para pessoa física ou jurídica externa, favoreça a satisfação de interesses conflitantes com os interesses da Administração. Por isso, não se exige que o agente público efetivamente pratique ato de favorecimento, bastando que ele atue de forma remunerada para pessoa que tem interesse vitualmente passível de ser atingido pelas suas atribuições funcionais. Em suma, está vedado ao agente exercer qualquer atividade remunerada externa que tenha relação com as atividades por ele exercidas junto ao Estado.

Nesse sentido, entendemos que o objeto da atividade remunerada externa deve possuir relação com as suas atribuições funcionais. É preciso que o interesse concreto da pessoa para quem ele exerce as atividades possa ser satisfeito pelas suas atribuições institucionais, isto é, que no âmbito de competência do agente existam poderes capazes de atingir o interesse de seu empregador externo. Se a atividade externa não guardar qualquer relação com a função pública do agente, entendemos não há o que se falar em cometimento de ato de improbidade.

4.9   Intermediação ilegal para liberação ou aplicação de verba pública

Nos termos do inciso IX do art. 9º, configura-se ato de improbidade:

> IX – perceber vantagem econômica para intermediar a liberação ou aplicação de verba pública de qualquer natureza.

São elementos configuradores da infração:

(i)   perceber

(ii)   vantagem econômica para intermediar

(iii)   a liberação ou aplicação de verba pública de qualquer natureza.

O dispositivo veda o recebimento, pelo agente, de vantagem econômica para auxiliar na liberação ou aplicação de verba pública, aqui entendida como todo e qualquer valor constante dos cofres e orçamentos do Estado. Verba, pois, embora se trate de conceito técnico que possui significado particular no Direito Financeiro e Orçamentário, para os fins da Lei de Improbidade é sinônimo de recursos públicos.

De se perceber, ainda, que o uso do verbo *intermediar* nos leva a duas conclusões principais. Primeiro, o alvo do dispositivo não é aquele que libera ou aplica a verba, muito menos quem se beneficia por ela, mas aquele que atua como intermediador do negócio.[26] Segundo, não é necessária a efetiva liberação ou aplicação das verbas para a configuração da infração, bastando que o agente atue como intermediador entre as partes interessadas, recebendo em troca vantagem patrimonial.

A liberação e aplicação de recursos públicos deve obedecer a programação e as normas orçamentárias constitucionais e infraconstitucionais, com destaque, neste último caso, para a Lei de Responsabilidade Fiscal (Lei Complementar n. 101/2000) e para as Leis Orçamentárias (LOAs) e Leis de Diretrizes Orçamentárias (LDOs) e para o Plano Plurianual (PPA) (incisos I, II e III do art. 167 da Constituição).

O PPA, com vigência de quatro anos, tem como função estabelecer as diretrizes, objetivos e metas de médio prazo da Administração Pública. Cabe à LDO, anualmente, enunciar as políticas públicas e respectivas prioridades para o exercício financeiro seguinte. Já a LOA tem como principais objetivos estimar a receita e fixar a programação das despesas para o exercício financeiro. Assim, a LDO, ao identificar no PPA as ações que receberão prioridade no exercício seguinte, viabiliza a execução orçamentária pela LOA.

Então, por exemplo, o agente que intermedia liberação ou aplicação de recursos públicos em desconformidade com a programação de despesas previstas na LOA (art. 167, I, da Constituição), pratica a infração prevista no inciso IX. É claro que, em qualquer caso, a liberação ou aplicação pretendida pelo intermediário deve ser indevida, até porque não faz sentido receber vantagem econômica para intermediar negócio já previsto em lei.

Por fim, releva notar que, se o agente não recebeu vantagem patrimonial indevida para atuar como intermediador, ele não pode ser sancionado com base no dispositivo em questão.

4.10 Omissão ilegal

Nos termos do inciso X do art. 9°, constitui ato de improbidade:

> X – receber vantagem econômica de qualquer natureza, direta ou indiretamente, para omitir ato de ofício, providência ou declaração a que esteja obrigado.

São elementos configuradores da infração:

---

[26] A efetiva liberação ou aplicação de recursos públicos constitui uma outra infração, prevista no inciso XI do art. 10 da Lei de Improbidade.

(i)   receber vantagem econômica de qualquer natureza para

(ii)   omitir

(iii) ato de ofício, providência ou declaração a que esteja obrigado.

A norma contempla a conduta do agente que mesmo obrigado a praticar determinado ato, adotar certa providência ou emitir declaração, não o faz em razão de ter recebido vantagem econômica de qualquer natureza. De se notar, ainda, que o tipo exige não só o percebimento de vantagem, mas que ela esteja relacionada a uma omissão ilegal do agente, com o que é preciso que ele esteja obrigado a agir no caso concreto e se mantenha omisso em razão de ter recebido vantagem patrimonial. Se a sua atuação for facultativa ou não remunerada, não há o que se falar no cometimento do ato de improbidade ora analisado.

Em suma, a infração em questão possui três elementos centrais: a) é preciso que o agente, no exercício de suas funções, tenha a obrigação de praticar ato, adotar providência ou emitir declaração; b) que, mesmo diante desse dever funcional, o agente adote conduta omissiva; c) que essa omissão decorra de recebimento de vantagem econômica indevida.

4.11   Incorporação ilícita de patrimônio público

Nos termos do inciso XI do art. 9°, constitui ato de improbidade:

> XI – incorporar, por qualquer forma, ao seu patrimônio bens, rendas, verbas ou valores integrantes do acervo patrimonial das entidades mencionadas no art. 1° desta lei.

São elementos configuradores da infração:

(i)   incorporar

(ii)   ao seu patrimônio,

(iii) bens, rendas, verbas ou valores integrantes do acervo patrimonial das entidades tuteladas pela Lei.

Comete ato de improbidade aquele que incorpora ao seu patrimônio quaisquer bens, rendas, verbas ou valores pertencentes às entidades públicas tuteladas pela Lei de Improbidade, sendo que *incorporar*, para os fins da norma, significa a transferência ilegal do domínio do bem, verba ou valor para o patrimônio privado do agente, seja de forma direta ou indireta. Embora a lei utilize a expressão *de qualquer forma*, ele se refere a qualquer forma ilícita. Isto é, a irregularidade da incorporação é requisito indispensável para a configuração do ato ímprobo. Trata-se de esclarecimento importante, pois a transferência de bens ou valores públicos ao patrimônio do agente pode dar-se de forma legal, nas hipóteses previstas em lei. Nesses casos, por óbvio, não há ato de improbidade.

4.12 Utilização ilegal de patrimônio público

Nos termos do inciso XII do art. 9º, constitui ato de improbidade:

> XII – usar, em proveito próprio, bens, rendas, verbas ou valores integrantes do acervo patrimonial das entidades mencionadas no art. 1º desta lei.

São elementos configuradores da infração:

(i) usar

(ii) em proveito próprio

(iii) bens, rendas, verbas ou valores integrantes do acervo patrimonial das entidades tuteladas pela Lei.

O inciso anterior sanciona a incorporação de bens, rendas, verbas ou valores. Já este sanciona o seu uso. Com efeito, diversamente do inciso XI, em que a transferência de propriedade é requisito essencial, aqui a improbidade se consuma com a mera utilização. Trata-se também de infração semelhante àquela prevista no inciso IV, porém naquela o uso se restringe aos bens móveis e aos contratados do Estado e se destina a uma finalidade específica, ao passo que aqui o uso se estende a todos os bens, rendas, verbas e valores e não há a previsão de uma finalidade de uso específica.

Vale notar que a utilização abarca tanto o simples uso quanto o consumo da coisa. No caso de valores, por exemplo, a utilização envolve o consumo, levando à sua extinção. No caso de bens móveis, como veículos, por outro lado, se dá o mero uso da coisa, sem a sua destruição. Ademais, na linha de Calil Simão, entendemos que a utilização de valores ou outros bens consumíveis não pode configurar ato de improbidade administrativa por utilização, já que seu uso sempre envolverá a sua prévia incorporação ao patrimônio do agente, estando configurada então a infração prevista no inciso XI.[27]

Poderíamos considerar que a diferença entre uma e outra hipótese está na intenção do agente. Se o objetivo é o aumento de seu patrimônio, é hipó-

---

[27] SIMÃO, Calil. **Improbidade administrativa**: teoria e prática. 6. ed. Leme: Mizuno, 2022. p. 266.

tese de improbidade por incorporação indevida. Se o objetivo é a utilização para satisfação de interesse temporário, com a posterior restituição dos bens ou valores ao patrimônio público, é hipótese de improbidade por utilização indevida. Contudo, trata-se de diferenciação que depende de uma minuciosa análise da intenção do agente, o que traz dificuldades de difícil resolução na avaliação dos casos de forma concreta. É grande o risco de arbitrariedades decorrentes da avaliação da intenção do agente de forma pouco cuidadosa e partindo de premissas calcadas em verdades pré-estabelecidas. O grande ponto é a definição das premissas utilizadas para tal diferenciação.

Enfim, a nosso ver, a utilização de bens e valores consumíveis, por implicar a sua prévia incorporação ao patrimônio de quem os utiliza, está abarcada pela hipótese do inciso XI, e não do inciso XII.

Seção II
Dos Atos de Improbidade Administrativa que Causam Prejuízo ao Erário

Art. 10. Constitui ato de improbidade administrativa que causa lesão ao erário qualquer ação ou omissão dolosa, que enseje, efetiva e comprovadamente, perda patrimonial, desvio, apropriação, malbaratamento ou dilapidação dos bens ou haveres das entidades referidas no art. 1º desta Lei, e notadamente:

I – facilitar ou concorrer, por qualquer forma, para a indevida incorporação ao patrimônio particular, de pessoa física ou jurídica, de bens, de rendas, de verbas ou de valores integrantes do acervo patrimonial das entidades referidas no art. 1º desta Lei;

II – permitir ou concorrer para que pessoa física ou jurídica privada utilize bens, rendas, verbas ou valores integrantes do acervo patrimonial das entidades mencionadas no art. 1º desta lei, sem a observância das formalidades legais ou regulamentares aplicáveis à espécie;

III – doar à pessoa física ou jurídica bem como ao ente despersonalizado, ainda que de fins educativos ou assistências, bens, rendas, verbas ou valores do patrimônio de qualquer das entidades mencionadas no art. 1º desta lei, sem observância das formalidades legais e regulamentares aplicáveis à espécie;

IV – permitir ou facilitar a alienação, permuta ou locação de bem integrante do patrimônio de qualquer das entidades referidas no art. 1º desta lei, ou ainda a prestação de serviço por parte delas, por preço inferior ao de mercado;

V – permitir ou facilitar a aquisição, permuta ou locação de bem ou serviço por preço superior ao de mercado;

VI – realizar operação financeira sem observância das normas legais e regulamentares ou aceitar garantia insuficiente ou inidônea;

VII – conceder benefício administrativo ou fiscal sem a observância das formalidades legais ou regulamentares aplicáveis à espécie;

VIII – frustrar a licitude de processo licitatório ou de processo seletivo para celebração de parcerias com entidades sem fins lucrativos, ou dispensá-los indevidamente, acarretando perda patrimonial efetiva;

IX – ordenar ou permitir a realização de despesas não autorizadas em lei ou regulamento;

X – agir ilicitamente na arrecadação de tributo ou de renda, bem como no que diz respeito à conservação do patrimônio público;

XI – liberar verba pública sem a estrita observância das normas pertinentes ou influir de qualquer forma para a sua aplicação irregular;

XII – permitir, facilitar ou concorrer para que terceiro se enriqueça ilicitamente;

XIII – permitir que se utilize, em obra ou serviço particular, veículos, máquinas, equipamentos ou material de qualquer natureza, de propriedade ou à disposição de qualquer das entidades mencionadas no art. 1º desta lei, bem como o trabalho de servidor público, empregados ou terceiros contratados por essas entidades.

XIV – celebrar contrato ou outro instrumento que tenha por objeto a prestação de serviços públicos por meio da gestão associada sem observar as formalidades previstas na lei;

XV – celebrar contrato de rateio de consórcio público sem suficiente e prévia dotação orçamentária, ou sem observar as formalidades previstas na lei.

XVI – facilitar ou concorrer, por qualquer forma, para a incorporação, ao patrimônio particular de pessoa física ou jurídica, de bens, rendas, verbas ou valores públicos transferidos pela administração pública a entidades privadas mediante celebração de parcerias, sem a observância das formalidades legais ou regulamentares aplicáveis à espécie;

XVII – permitir ou concorrer para que pessoa física ou jurídica privada utilize bens, rendas, verbas ou valores públicos transferidos pela administração pública a entidade privada mediante celebração de parcerias, sem a observância das formalidades legais ou regulamentares aplicáveis à espécie;

XVIII – celebrar parcerias da administração pública com entidades privadas sem a observância das formalidades legais ou regulamentares aplicáveis à espécie;

XIX – agir para a configuração de ilícito na celebração, na fiscalização e na análise das prestações de contas de parcerias firmadas pela administração pública com entidades privadas;

XX – liberar recursos de parcerias firmadas pela administração pública com entidades privadas sem a estrita observância das normas pertinentes ou influir de qualquer forma para a sua aplicação irregular.

XXI – (revogado);

XXII – conceder, aplicar ou manter benefício financeiro ou tributário contrário ao que dispõem o *caput* e o § 1º do art. 8º-A da Lei Complementar n. 116, de 31 de julho de 2003.

§ 1º Nos casos em que a inobservância de formalidades legais ou regulamentares não implicar perda patrimonial efetiva, não ocorrerá imposição de ressarcimento, vedado o enriquecimento sem causa das entidades referidas no art. 1º desta Lei.

§ 2º A mera perda patrimonial decorrente da atividade econômica não acarretará improbidade administrativa, salvo se comprovado ato doloso praticado com essa finalidade.

 COMENTÁRIOS

1. INTRODUÇÃO

Seguindo a lógica já posta no comentário do art. 9º, que é a utilizada em todo o Capítulo II da Lei de Improbidade Administrativa, o que inicialmente cumpre apontar é a necessidade de relativização da expressão "notadamente", especificamente para se abandonar a ideia de rol exemplificativo das condutas. Mais uma vez lançamos mão do mecanismo da interpretação conforme à Constituição enquanto instituto de manutenção da integridade e coerência do ordenamento jurídico. É o caminho capaz de manter a textualidade da prescrição normativa e adequá-la ao que posto no restante do ordenamento, especialmente em face da Constituição.

Certamente este é o elemento mais importante a ser observado neste momento, mas não é o único. A questão da exclusão da modalidade culposa pela Lei n. 14.230/2021 também é absolutamente sensível, exatamente por alterar de forma substancial as regras que eram seguidas de acordo com a normatização antiga. A nosso ver, trata-se de modificação elementar e que veio em boa hora. Sempre sustentamos que o dolo é a única forma possível de consumação de um ato de improbidade; o agente precisa *querer* praticar o ato, não bastando a mera negligência, imprudência ou imperícia.

Para finalizar, questão relevante diz respeito à aplicação do princípio da consunção à improbidade. Isto é, tendo em vista ser virtualmente possível que um mesmo ato se enquadre em múltiplas capitulações legais, permite-se cumulação de penalidades ou aplica-se ao caso o princípio da consunção,[28] prevalecendo a aplicação da norma de nível punitivo mais elevado? Na linha da jurisprudência do STJ, entendemos pela aplicação do princípio da consunção aos processos de improbidade.[29] Embora se trate de um instituto relacionado de forma mais forte ao Direito Penal, não há motivos para interditar sua aplicação também ao sistema da improbidade, que possui natureza repressiva e sancionatória (art. 17-D da Lei de Improbidade).

2.   OS CONCEITOS DE LESÃO AO ERÁRIO, DE PERDA PATRIMONIAL E DE DESVIO, APROPRIAÇÃO, MALBARATAMENTO OU DILAPIDAÇÃO DE BENS OU HAVERES

O *caput* do art. 10 delineia os elementos comuns aos atos de improbidade administrativa que causam prejuízo ao erário. São eles: a) a promoção de lesão ao erário por ação ou omissão dolosa; b) essa ação ou omissão dolosa deve ensejar ou perda patrimonial ou desvio, apropriação, malbaratamento ou dilapidação de bens ou haveres. Tais elementos servirão de norte para a concreção das infrações, possibilitando a subsunção dos atos à tipologia da lesão ao erário. Vejamos em detalhes cada um deles.

2.1   Lesão ao erário

Enquanto o art. 9º erige o enriquecimento ilícito do agente como requisito fundamental para a tipificação dos atos de improbidade previstos em seus incisos, o art. 10 erige a lesão ao erário como o resultado a ser verificado pela prática da conduta. Ausente lesão, não há improbidade, ao menos não nos termos do art. 10.

Via de regra, quando se fala em lesão ao patrimônio público, este é compreendido em um sentido geral e amplo, não apenas na sua expressão econômica. Admite-se, pois, outras hipóteses de lesão ao patrimônio público que não a de natureza patrimonial. Contudo, especificamente no que tange ao art. 10 da Lei, este não é o caso. Dadas as hipóteses expressamente postas

---

[28]   Grosso modo, o princípio da consunção traz a ideia de que o "ilícito maior" absorve o "ilícito menor", ou seja, "*lex consumens derogat legi consumptae*", por isso também é chamado de princípio da absorção. Ver HUNGRIA, Nelson; FRAGOSO, Heleno Cláudio. **Comentários ao Código Penal**: arts. 1º a 10. 5. ed. Rio de Janeiro: Forense, 1976. v. 1, p. 145.

[29]   Por todos, ver AgInt no REsp n. 1.563.621/SP.

no dispositivo legal, além de ter o legislador especificado que a lesão é ao erário,[30] e não ao patrimônio público em sentido amplo, a lesão necessariamente precisa possuir uma dimensão patrimonial.

Isto é, a Lei de Improbidade, em seu art. 10, não visa a tutelar o patrimônio artístico, cultural, ambiental ou histórico do Estado.[31] Ao adotar a expressão "erário", o legislador restringiu de forma expressa a dimensão do patrimônio público objeto de proteção. Em suma, o referido dispositivo exige, para sua incidência, a efetiva comprovação da ocorrência de lesão ao patrimônio econômico (erário) do Estado.

2.2   Perda patrimonial efetiva e comprovada

Outro ponto que merece atenção é uma pequena modificação realizada no *caput* do art. 10 pela Lei n. 14.230/2021. A redação originária do dispositivo não exigia, como faz a atual, que a lesão ao erário seja efetiva e comprovada, o que gerou debates quanto à possibilidade ou não de presunção do dano. Nesse sentido, por exemplo, o STJ ainda está para decidir "[...] se a conduta de frustrar a licitude de processo licitatório ou dispensá-lo indevidamente configura ato de improbidade que causa dano presumido ao erário (*in re ipsa*)" (Tema Repetitivo n. 1.096).

Com o advento da Lei de Reforma, porém, houve a superação dessa questão, já que a nova redação do art. 10 não abre qualquer espaço interpretativo para que se conclua pela possibilidade de se presumir a lesão ao erário. Em todo e qualquer caso, ela precisa ser efetiva e estar comprovada nos autos, sob pena de não configuração de ato de improbidade.

2.3   Formas de lesão ao erário

Nos termos do *caput* do art. 10, a lesão ao erário pode se materializar por meio de *(i)* lesão patrimonial ou *(ii)* desvio, apropriação, malbaratamento ou dilapidação de bens ou haveres. Trata-se, contudo, de um rol exemplificativo. Em verdade, qualquer ação ou omissão que implique lesão ao erário e, claro, que se enquadre nos incisos do art. 10 (como mencionamos, a leitura

---

[30] Expressão considerada espécie do gênero patrimônio público, e que faz referência somente à sua dimensão econômica.

[31] No mesmo sentido, ver SIMÃO, Calil. **Improbidade administrativa**: teoria e prática. 6. ed. Leme: Mizuno, 2022. p. 271. Em sentido contrário, ver AGRA, Walber de Moura. **Comentários sobre a lei de improbidade administrativa**. 3. ed. Belo Horizonte: Fórum, 2022. p. 120.

conforme a Constituição é a de que os róis de condutas previstos nos arts. 9º e 10 são taxativos), está abarcada pela proteção do art. 10.

3.   ESPÉCIES DE ATOS QUE CAUSAM LESÃO AO ERÁRIO

3.1   Facilitação ou concorrência na incorporação ilícita de patrimônio público

De acordo com o inciso I do art. 10, constitui ato de improbidade:

> I – facilitar ou concorrer, por qualquer forma, para a indevida incorporação ao patrimônio particular, de pessoa física ou jurídica, de bens, de rendas, de verbas ou de valores integrantes do acervo patrimonial das entidades referidas no art. 1º desta Lei.

Destrinchando o dispositivo, temos como elementos centrais do ato:

(i)   facilitar ou concorrer

(ii)   para a incorporação indevida ao patrimônio de pessoa física ou jurídica,

(iii)   de bens, rendas, verbas ou valores integrantes do acervo patrimonial das entidades tuteladas pela Lei.

A hipótese normativa visa a sancionar o agente público que facilita ou concorre para a apropriação, por terceiros, de bens ou valores pertencentes às entidades públicas sujeitas à Lei de Improbidade. Ademais, na mesma linha das infrações previstas no art. 9º, a atuação do agente deve se dar em razão da sua função pública, sob pena de não caracterização de ato de improbidade, além de que se busca coibir e reprimir a incorporação ilícita, realizada em desconformidade com a legislação.

Mas, como já visto, uma grande diferença é que os atos previstos no art. 10 não se preocupam com eventual vantagem ilícita percebida pelo agente. A infração se consuma ante a comprovação da facilitação ou da concorrência de agente público para a incorporação, causando assim prejuízos ao erário. Inexistindo dano ao erário, não há improbidade pelas hipóteses do art. 10.

Por fim, sempre importante chamar a atenção para a abolição da modalidade culposa de improbidade pela Lei n. 14.230/2021. Em razão dessa alteração, a expressão *por qualquer forma* abrange somente ações e omissões dolosas. Na hipótese da ação, o agente atua ativamente na incorporação, sendo seu ato de facilitação ou concorrência que a torna ímproba; na hipótese da omissão, o agente deixa de agir e permite que uma incorporação legal se consume, concorrendo, portanto, para a prática do ato.

3.2   Permissão ou concorrência de uso ilícito de patrimônio público

De acordo com o inciso II do art. 10, constitui ato de improbidade:

> II – permitir ou concorrer para que pessoa física ou jurídica privada utilize bens, rendas, verbas ou valores integrantes do acervo patrimonial das entidades mencionadas no art. 1º desta lei, sem a observância das formalidades legais ou regulamentares aplicáveis à espécie.

Temos como elementos centrais do ato:

(i)   permitir ou concorrer para que

(ii)   pessoa física ou jurídica privada

(iii)   utilize

(iv)   bens, rendas, verbas ou valores integrantes do acervo patrimonial das entidades tuteladas pela Lei,

(v)   sem a observância das formalidades legais ou regulamentares aplicáveis.

Veja-se, então, que o inciso I trata da incorporação ilegal e o inc. II trata da utilização ilegal. Para os fins do dispositivo ora analisado, comete ato de improbidade o agente que permite ou coopere para que pessoa física ou jurídica particular utilize ilegalmente bens ou valores pertencentes às entidades tuteladas pela Lei. Nesse caso, o dano ao erário decorre não da perda do bem ou valor, mas da impossibilidade de sua fruição pela Administração pelo tempo em que for utilizado pelo particular.

Ademais, na mesma linha do que dissemos ao comentar o inciso XII do art. 9º, entendemos que a utilização de bens e valores consumíveis, por implicar a sua prévia incorporação ao patrimônio de quem os utiliza, está abarcada pela hipótese do inciso I, e não do inciso II. Além disso, para a configuração do ilícito é necessário que a pessoa jurídica utilizadora detenha natureza de direito privado. Em se tratando de pessoas jurídicas públicas com natureza de direito público, não há improbidade nos termos aqui definidos.

3.3   Doação ilegal de patrimônio público

De acordo com o inciso III do art. 10, configura-se ato de improbidade:

> III – doar à pessoa física ou jurídica bem como ao ente despersonalizado, ainda que de fins educativos ou assistências, bens, rendas, verbas ou valores do patrimônio de qualquer das entidades mencionadas no art.

1º desta lei, sem observância das formalidades legais e regulamentares aplicáveis à espécie.

São elementos centrais do ato:

(i) doar

(ii) à pessoa física ou jurídica ou a ente despersonalizado, ainda que de fins educativos ou assistenciais,

(iii) bens, rendas, verbas ou valores integrantes do acervo patrimonial das entidades tuteladas pela Lei,

(iv) sem a observância das formalidades legais ou regulamentares aplicáveis.

A norma contempla a doação irregular a pessoa física ou jurídica ou a ente despersonalizado de bens ou valores pertencentes às entidades tuteladas pela Lei. Para a configuração do ato, portanto, é necessária a presença desse caráter de ilicitude, seja porque se trata de objeto que não pode ser doado (por estar afetado ao uso público, por exemplo), seja porque não foram observadas as formalidades previstas em lei – geralmente, a doação de bem público depende de lei autorizadora e deve ser precedida de avaliação e licitação.

Quanto ao sujeito ativo do ato, percebe-se que este é o agente responsável por praticar o ato de doação, não aquele que, na linha dos incisos anteriores, facilitou ou concorreu para a prática do ato. É preciso destacar, ademais, que somente restará configurada a improbidade caso se verifique lesão ao erário. Essa é uma advertência importante, pois nos leva a concluir que a mera inobservância de requisitos formais, que não geram qualquer espécie de prejuízo ao Estado, não é suficiente para gerar a improbidade.

Por fim, registra-se que a doação pode ser pura ou simples, hipótese em que aquele que a recebe não está obrigado a satisfação de qualquer condição ou encargo, ou modal ou com encargo, hipótese em que à doação subjaz uma contraprestação obrigatória a ser prestada pelo donatário, cujo descumprimento pode gerar a revogação da doação. No primeiro caso, temos um contrato unilateral, gratuito e consensual; no segundo, um contrato bilateral e oneroso. Seja como for, ambas as hipóteses estão contempladas pelo dispositivo.

3.4 Favorecimento de negócio envolvendo bens ou prestação de serviços por preço subfaturado

De acordo com o inciso IV do art. 10, configura-se ato de improbidade:

IV – permitir ou facilitar a alienação, permuta ou locação de bem integrante do patrimônio de qualquer das entidades referidas no art. 1º desta lei, ou ainda a prestação de serviço por parte delas, por preço inferior ao de mercado.

São elementos centrais do ato:

(i)   permitir ou facilitar a
(ii)   alienação, permuta ou a locação de bem integrante do patrimônio das entidades tuteladas pela lei ou
(iii)   a prestação de serviço por parte delas
(iv)   por preço subfaturado.

O dispositivo cuida do agente público que dolosamente permite ou facilita a alienação, permuta ou locação de bem público ou a prestação de serviço pelas entidades tuteladas por preço inferior ao praticado no mercado. Trata-se de infração semelhante àquela prevista no inciso III do art. 9º, dela se distinguindo por não erigir o percebimento de vantagem econômica indevida pelo agente como elemento central do ato. O que se exige é a existência de lesão ao erário. No mais, as hipóteses coincidem, por isso remetemos o leitor aos comentários já realizados.

3.5   Favorecimento de negócio envolvendo bens ou serviços por preço superfaturado

De acordo com o inciso V do art. 10, configura-se ato de improbidade:

V – permitir ou facilitar a aquisição, permuta ou locação de bem ou serviço por preço superior ao de mercado.

São elementos centrais do ato:

(i)   permitir ou facilitar a
(ii)   aquisição, permuta ou a locação de bem ou serviço
(iii)   por preço superfaturado.

O dispositivo em comento difere do anterior pois, aqui, a Administração figura como a parte contratante, e não como a parte contratada. Nesse sentido, a norma contempla a conduta do agente público que deliberadamente permite ou facilita a aquisição, permuta ou locação pelo Estado de bens ou serviços por preço superfaturado. Trata-se de infração semelhante àquela prevista no inciso II do art. 9º, dela se distinguindo por não erigir o percebimento de vantagem econômica indevida pelo agente como elemento central do ato. No mais, as hipóteses coincidem, por isso remetemos o eleitor aos comentários já realizados.

3.6   Operação financeira ilegal

De acordo com o inciso VI do art. 10, configura-se ato de improbidade:

> VI – realizar operação financeira sem observância das normas legais e regulamentares ou aceitar garantia insuficiente ou inidônea.

São elementos centrais do ato:

(i)   realizar

(ii)   operação financeira

(iii)   sem a observância das normas legais e regulamentares ou

(iv)   aceitar garantia insuficiente ou inidônea.

Abarca o dispositivo o agente público que realiza operação financeira em desconformidade com as normas legais regulamentares aplicáveis ou, ainda, que aceita garantia insuficiente ou inidônea, provocando, com isso, lesão ao erário. A LIA contempla, nesse sentido, duas espécies de operações financeiras ilegais: a) aquela realizada sem a observância das normas aplicáveis; b) aquela na qual foi aceita garantia insuficiente ou inidônea, assim entendida aquela que não assegura a totalidade da obrigação a que se propõe.

A regra destina-se aos agentes com competência para celebrar operações financeiras e, em nosso entendimento, abrange tanto as operações em que o Estado figura como agente de crédito, emprestando dinheiro ou emitindo título, por exemplo, quanto aquelas em que o Estado figura como contraente, adquirindo empréstimos ou títulos. De se atentar, ainda, que a norma fala não somente em normas legais como também em normas regulamentares, indicando assim que o desrespeito aos regulamentos internos das entidades também configura improbidade.

Nunca é demais lembrar que em todo caso se exige não só a verificação de lesão ao patrimônio público como também o dolo do agente. Exatamente por isso, necessário que a operação seja realizada em desconformidade com as normas aplicáveis, não bastando simplesmente que seu resultado seja prejudicial aos interesses do Estado. Importante essa ressalva pois nada impede que uma operação realizada em total observância à legislação e/ou aos regimentos internos venha a ter resultado negativo, gerando assim lesão ao erário. Nesses casos, contudo, não há o que se falar em ato de improbidade, seja porque não houve desrespeito à lei, seja porque não há que se cogitar em dolo do agente.

Quanto à expressão *sem observância*, entendemos, na linha de Francisco Octavio de Almeida Prado, que o desrespeito às normas e regulamentos deve ser relevante para a produção da lesão aos cofres públicos. Eventuais falhas de cunho meramente formal/procedimental, irrelevantes para a produção do dano ao erário, não são suficientes para a caracterização do ilícito.[32] Aqui, este liame deve ser comprovado com robustez, especialmente sob o viés técnico que deve nortear a natureza do arcabouço probatório a constar dos autos.

3.7   Concessão ilegal de benefício administrativo ou fiscal

De acordo com o inciso VII do art. 10, configura-se ato de improbidade:

> VII – conceder benefício administrativo ou fiscal sem a observância das formalidades legais ou regulamentares aplicáveis à espécie.

São elementos centrais do ato:

(i)   conceder
(ii)   benefício administrativo ou fiscal
(iii)   sem a observância das normas legais e regulamentares aplicáveis.

A hipótese normativa diz respeito ao agente público que, no exercício de suas atribuições, concede benefício administrativo ou fiscal em desconformidade aos preceitos legais e regulamentares aplicáveis, causando prejuízo ao erário com sua conduta. Trata-se de regra que não alcança todos os agentes públicos, mas somente aqueles cujas atribuições funcionais incluam a concessão de benefício administrativo ou fiscal.

Em linhas gerais, a LIA coíbe a concessão de benefícios àqueles que não satisfazem todos os requisitos exigidos em lei ou regulamento. Além disso, a depender do benefício concedido a lesão ao erário se produzirá de forma distinta. Por exemplo: a concessão indevida de benefícios tributários gera a perda de receita; já a concessão indevida de benefícios financeiros ou cre-

---

[32]   PRADO, Francisco Octavio de Almeida. **Improbidade administrativa**. São Paulo: Malheiros, 2001. p. 107.

ditícios ocasiona a diminuição do patrimônio do Estado de forma positiva, pois ligados à despesa do Estado.[33]

3.8 Frustrar a licitude de licitação ou processo seletivo ou dispensá-los indevidamente

De acordo com o inciso VIII do art. 10, configura-se ato de improbidade:

> VIII – frustrar a licitude de processo licitatório ou de processo seletivo para celebração de parcerias com entidades sem fins lucrativos, ou dispensá-los indevidamente, acarretando perda patrimonial efetiva.

São elementos centrais do ato:

(i)   frustrar

(ii) a licitude de licitação ou de processo seletivo para celebração de parcerias com entidades sem fins lucrativos ou

(iii) dispensá-los indevidamente.

O dispositivo trata de duas condutas (frustrar a licitude ou dispensar o procedimento) que dizem respeito a duas hipóteses distintas (procedimento licitatório e processo seletivo para celebração de parcerias), mas ambas referentes à contratação administrativa. Analisemos, primeiro, as duas condutas.

Frustrar a licitude implica adotar conduta dolosa voltada a violar a regularidade de licitação ou processo seletivo. O que se frustra não é o processo em si, mas a sua finalidade: a contratação do particular com a proposta mais vantajosa para a Administração. No caso de licitação, exemplos clássicos são a imprecisa ou equivocada definição do objeto da contratação, especificamente para fins de direcionamento da licitação, além da estipulação de requisitos de habilitação demasiadamente complexos e sem relação direta com o objeto contratado, restringindo assim a competitividade do certame a determinadas empresas.

Dispensa indevida, por sua vez, diz respeito à não realização de licitação ou procedimento quando, por lei, exige-se a sua realização. Nos termos da Constituição, as contratações administrativas devem ser precedidas de

---

[33] SIMÃO, Calil. **Improbidade administrativa**: teoria e prática. 6. ed. Leme: Mizuno, 2022. p. 281-282.

procedimento licitatório, ressalvados os casos específicos previstos em lei (inciso XXI do art. 37). Essas exceções representam, sobretudo, as hipóteses de dispensa e inexigibilidade de licitação previstas nos arts. 74 e 75 da Lei de Licitações (Lei n. 14.133/2021).

As hipóteses de cabimento de dispensa de licitação estão previstas em rol taxativo na Lei de Licitações, sendo um exemplo a contratação que envolva valores inferiores a R$ 50.000,00 (cinquenta mil reais), no caso de outros serviços e compras (inciso II do art. 75). Por outro lado, fala-se em inexigibilidade quando a licitação é inviável por não ser possível a competitividade entre particulares. Essas hipóteses estão previstas em rol exemplificativo, sendo um exemplo a aquisição de materiais, de equipamentos ou de gêneros ou contratação de serviços que só possam ser fornecidos por produtor, empresa ou representante comercial exclusivos (inc. I do art. 74).

Quanto aos procedimentos previstos pelo dispositivo: a licitação é o procedimento administrativo que, nos termos do art. 37, inciso XXI, da Constituição, deve ser observado na escolha da pessoa a ser contratada pelo Poder Público para a realização de obras, serviços, compras e alienações. Seus objetivos principais são a garantia do princípio constitucional da isonomia e a seleção da proposta mais vantajosa para a Administração. Processo seletivo, por sua vez, é um procedimento mais formal e simplificado, aplicável aos casos de dispensa de licitação. Sua regulamentação se dá, sobretudo, pelos arts. 72 e 73 da Lei de Licitações.

Ademais, no caso do processo seletivo, importa observar que a LIA especificou que o ato de improbidade ora analisado diz respeito a frustração da licitude ou dispensa indevida de processo seletivo voltado para a celebração de parcerias com entidades sem fins lucrativos, assim entendidas aquelas que não dividem entre seus sócios, diretores e quaisquer outros empregados, "[...] sobras, excedentes operacionais, brutos ou líquidos, dividendos, isenções de qualquer natureza, participações ou parcelas do seu patrimônio, auferidos mediante o exercício de suas atividades, e que os aplique integralmente na consecução do respectivo objeto social, de forma imediata ou por meio da constituição de fundo patrimonial ou fundo de reserva" (art. 2º, I, *a*, da Lei n. 13.019/2014).

Fixadas essas premissas, temos então que configura ato de improbidade frustrar a licitude ou dispensar indevidamente procedimento licitatório ou processo seletivo, este último quando destinado a firmar parceria com entidades sem fins lucrativos. A frustração de licitude é conduta que dispensa maiores comentários, se configurando por qualquer ato doloso do agente que tem como objetivo comprometer a regularidade do procedimento, impedindo assim que ele satisfaça a finalidade para a qual foi instituído.

Quanto à dispensa indevida, entendemos que se configura a infração, tanto quando ela é realizada fora das hipóteses previstas em lei (no caso, em desconformidade com o previstos nos arts. 74 e 75 da Lei de Licitações) como quando ausente justificativa administrativa apta a demonstrar a incidência da contratação em uma das hipóteses previstas em lei ou quaisquer outros documentos previstos nos incisos do art. 72 da Lei de Licitações, que regula o processo de contratação direta. E, claro, em qualquer caso a configuração da improbidade depende de conduta dolosa do agente e da verificação de lesão efetiva ao erário. Ou seja, a mera ilicitude do procedimento ou de sua dispensa não é suficiente para a incidência da Lei de Improbidade. Como já visto à exaustão, nem toda ilegalidade gera improbidade.

3.9 Ordenar ou permitir a realização de despesas ilegais

De acordo com o inciso IX do art. 10, configura-se ato de improbidade:

> IX – ordenar ou permitir a realização de despesas não autorizadas em lei ou regulamento.

São elementos centrais do ato:

(i)   ordenar ou permitir a
(ii) realização de despesas não autorizadas em lei ou regulamento.

A norma contempla a ordenação (efetiva realização) ou permissão de despesas não autorizadas em lei (quando dependente de autorização de legislação infraconstitucional) ou regulamento (quando dependente de autorização de regulamento interno da entidade). Quanto ao conceito da expressão *despesas não autorizadas*, entende-se aquelas que dependem de autorização para serem executadas e sua ordenação ou execução se deu à mingua da autorização exigida, ou aquelas que, embora autorizadas, foram ordenadas ou executadas em desconformidade com as normas aplicáveis.

Veja-se, pois, que se trata de hipótese normativa muito ampla, que admite múltiplas cominações. Mas, tratando-se do art. 10 da Lei de Improbidade, podemos estipular dois requisitos fundamentais: a) o elemento subjetivo dolo na conduta do agente; b) a verificação de lesão ao erário. Portanto, irregularidades meramente procedimentais, que não causam prejuízos ou não impactam na geração do prejuízo não justificam a condenação do agente pela prática de ato de improbidade. Além disso, podemos considerar que a regra se dirige fundamentalmente aos agentes públicos cujas atribuições incluem a execução e o controle da execução da despesa estatal.

3.10 Agir ilicitamente na arrecadação de tributo ou renda e no trato do patrimônio público

De acordo com o inciso X do art. 10, configura-se ato de improbidade:

> X – agir ilicitamente na arrecadação de tributo ou de renda, bem como no que diz respeito à conservação do patrimônio público.

São elementos centrais do ato:

(i)   agir ilicitamente na
(ii)   arrecadação de tributo ou renda ou na
(iii) conservação do patrimônio público.

Um primeiro aspecto que merece destaque diz respeito a uma mudança da redação do dispositivo, que antes estabelecia a negligência como requisito elementar e agora fala em *agir ilicitamente*. Trata-se de modificação que veio na esteira da abolição da chamada improbidade culposa, antes admitida pela redação do art. 10. Seja como for, a norma trata da conduta ilícita do agente na arrecadação de tributos ou renda ou no trato da coisa pública e, consequentemente, incide sobre o agente que, tendo o dever de zelar por ambas as hipóteses, não o faz por ação ou omissão dolosa, gerando assim lesão ao erário.

Em razão da exigência de dolo, podemos adiantar que a não arrecadação de tributos ou renda ou a depredação de patrimônio público por motivos alheios à vontade do agente, como no caso de solicitar verba para a conservação de determinado patrimônio e ter o pedido indeferido, não autoriza a sua condenação nos termos da Lei de Improbidade.

3.11 Liberação ilegal de verba pública ou influência em sua aplicação irregular

De acordo com o inciso XI do art. 10, configura-se ato de improbidade:

> XI – liberar verba pública sem a estrita observância das normas pertinentes ou influir de qualquer forma para a sua aplicação irregular.

São elementos centrais do ato:

(i)   liberar
(ii)   verba pública
(iii) sem a estrita observância das normas pertinentes ou

(iv)   nfluir de qualquer forma para a sua aplicação irregular.

Cuida a hipótese normativa de duas condutas diferentes, ambas cometidas por agente público. A primeira consiste em liberar verba pública sem a observância das regras aplicáveis; a segunda, em influir de qualquer forma para a aplicação irregular de verbas públicas. No primeiro caso, vale lembrar, meras irregularidades formais não são suficientes para a configuração do ato. No segundo caso, importa notar que a liberação da verba pública se deu de forma regular, sendo que sua aplicação se revestiu de ilegalidade. É a hipótese, por exemplo, do emprego de verba pública em destino diferente do previsto quando de sua autorização.

3.12   Contribuir para o enriquecimento ilícito de terceiro

De acordo com o inciso XII do art. 10, configura-se ato de improbidade:

> XII – permitir, facilitar ou concorrer para que terceiro se enriqueça ilicitamente.

São elementos centrais do ato:

(i)   permitir, facilitar ou concorrer

(ii)   para que terceiro se enriqueça ilicitamente.

Esse dispositivo define como ímproba a conduta do agente que de alguma forma contribui para o enriquecimento ilícito de terceiro. Dois esclarecimentos se mostram interessantes. Primeiro, o enriquecimento ilícito é aquele que gera prejuízo ao erário. Afinal, esse prejuízo é requisito indispensável para a configuração de todos os atos previstos no art. 10. Segundo, a diferença entre o tipo ora analisado e o previsto no art. 9º está na pessoa que enriquece. Na hipótese do art. 9º, o enriquecimento se dá em benefício próprio; aqui, em benefício exclusivo de terceiro.

3.13   Permitir utilização, em obra ou serviço particular, de bens e/ou pessoal contratado

De acordo com o inciso XIII do art. 10, configura-se ato de improbidade:

> XIII – permitir que se utilize, em obra ou serviço particular, veículos, máquinas, equipamentos ou material de qualquer natureza, de propriedade ou à disposição de qualquer das entidades mencionadas no art. 1º desta lei, bem como o trabalho de servidor público, empregados ou terceiros contratados por essas entidades.

São elementos centrais do ato:

(i)   permitir que se utilize

(ii)   em obra ou serviço particular,

(iii) veículos, máquinas, equipamentos ou material de qualquer natureza, de propriedade ou à disposição das entidades tuteladas pela lei, ou

(iv)   o trabalho daqueles contratados por essas entidades.

O dispositivo cuida do agente público que dolosamente permite, mediante ação ou omissão, o uso, em obra ou serviço particular, de bens de propriedade ou à disposição das entidades tuteladas pela Lei ou o trabalho daqueles por elas contratados. Trata-se de infração semelhante àquela prevista no inciso IV do art. 9º, dela se distinguindo por tratar não do uso em proveito próprio, mas do uso exclusivo por terceiros, e por exigir a presença de lesão ao erário. No mais, as hipóteses coincidem, por isso remetemos o eleitor aos comentários já realizados.

3.14 Celebrar instrumento visando a prestação de serviços públicos de forma irregular

De acordo com o inciso XIV do art. 10, configura-se ato de improbidade:

> XIV – celebrar contrato ou outro instrumento que tenha por objeto a prestação de serviços públicos por meio da gestão associada sem observar as formalidades previstas na lei.

São elementos centrais do ato:

(i)   celebrar

(ii)   contrato ou outro instrumento que tenha por objeto a prestação de serviços públicos por meio da gestão associada

(iii) sem observar as formalidades legais.

A norma em comento contempla o agente público que, por meio de conduta dolosa, causa prejuízo ao erário através da celebração irregular de contrato ou outro tipo de instrumento que tenha por objeto a prestação de serviços públicos por meio de gestão associada. Por gestão associada, entenda-se uma forma de prestação indireta de serviços públicos onde duas ou mais entidades federativas se unem em regime de cooperação para a prestação de serviços públicos, gerando a transferência total ou parcial de encargos, serviços, pessoal e bens essenciais à continuidade dos serviços transferidos (art. 241 da Constituição).[34]

Note-se, ainda, que o agente ao qual se dirige a regra é aquele com competência para celebrar juridicamente o negócio. Ademais, exige-se para a configuração da infração o dolo do agente, a produção de lesão ao erário e que o contrato ou instrumento celebrado diga respeito a produção de serviços através de gestão associada. Essa última ressalva é relevante, pois também é possível o uso do instituto para a execução de atividade ou obra de interesse comum, nos termos da Lei n. 11.107/2005.

3.15 Celebração irregular de contrato de rateio

De acordo com o inciso XV do art. 10, configura-se ato de improbidade:

> XV – celebrar contrato de rateio de consórcio público sem suficiente e prévia dotação orçamentária, ou sem observar as formalidades previstas na lei.

São elementos centrais do ato:

(i)   celebrar

(ii)   contrato de rateio de consórcio público

(iii)   sem suficiente e prévia dotação orçamentária ou sem observar as formalidades previstas na lei.

A hipótese normativa contempla a conduta de celebrar contrato de rateio de consócio público sem suficiente e prévia dotação orçamentária ou sem observar as regras legais e regulamentares aplicáveis. Em verdade, há uma redundância na redação do dispositivo, na medida em que a primeira hipótese de irregularidade está incluída na segunda. Afinal, a prévia dotação orçamentária em valor suficiente é um dos requisitos para a celebração de contrato de rateio de consórcio público.

Importante, ainda, para a adequada compreensão da infração, esclarecer os conceitos de dotação orçamentária e contrato de rateio. Dotação orçamentária é expressão utilizada para designar recurso existente no orçamento público ou em crédito adicional, destinado a atender determinada despesa. Já contrato de rateio é aquele que distribui entre os celebrantes a integralidade

---

[34]   Em sede infraconstitucional, o instituto é regulado pela Lei n. 11.107/2005.

dos ônus dele decorrentes. É por meio dessa espécie de contrato que os entes participantes de consórcio público podem entregar recursos ao consórcio, nos termos do art. 8º da Lei n. 11.107/2005.

Ademais, importante especificar que a norma abarca o ato de celebrar despesa sem prévia dotação orçamentária ou em desrespeito às regras aplicáveis. Isto é, buscou-se sancionar o ato de assumir despesa sem garantia de prévia dotação orçamentária para atendê-la ou em desrespeito às demais regras aplicáveis. Por isso, caso o agente utilize verba destinada a uma demanda para atender outra, a infração é aquela prevista no inciso XI do art. 10, e não a aqui analisada. Portanto, em última análise, o dano ao erário produzido nos termos da infração é aquele decorrente do inadimplemento do consorciado.

3.16 Incorporação ilegal de patrimônio público destinado a entidades privadas através de contratos de parceria

De acordo com o inciso XVI do art. 10, configura ato de improbidade:

> XVI – facilitar ou concorrer, por qualquer forma, para a incorporação, ao patrimônio particular de pessoa física ou jurídica, de bens, rendas, verbas ou valores públicos transferidos pela administração pública a entidades privadas mediante celebração de parcerias, sem a observância das formalidades legais ou regulamentares aplicáveis à espécie.

São elementos centrais do ato:

(i) facilitar ou concorrer

(ii) para a incorporação ao patrimônio de terceiro particular

(iii) de bens, rendas, verbas ou valores públicos transferidos pela administração pública a entidades privadas mediante celebração de parcerias,

(iv) sem a observância das formalidades legais ou regulamentares aplicáveis.

O dispositivo objetiva sancionar o agente público que concorre para a incorporação irregular, em favor de pessoa física ou jurídica, de bens, rendas, verbas ou valores que sejam transferidos pela Administração a entidades privadas mediante celebração de parcerias. Inicialmente, quanto à incorporação, importante ressaltar o já previsto nos comentários a artigos anteriores: reprime-se a incorporação ilícita, não aquela fundada em título jurídico idôneo.

Ademais, a norma se volta ao agente público que dolosamente facilita ou concorre para a incorporação realizada por pessoa física ou jurídica particular, estando fora do núcleo da infração a incorporação em proveito próprio ou de outra entidade pública ou governamental. O que se encontra vedado é a transferência irregular de patrimônio público para o patrimônio de terceiro particular, e isso caso haja atuação de agente público facilitando ou concorrendo para a incorporação.

Por fim, importa notar que a incorporação ilegal, para ser sancionada, deve decorrer de patrimônio público transferido a entidades privadas mediante celebração de parcerias, além de que nunca é demais lembrar que, em qualquer caso do art. 10, somente há que se falar em improbidade caso se verifique no caso concreto a ocorrência de lesão ao erário. A hipótese do inciso XVI não é exceção.

3.17 Uso ilegal de patrimônio público destinado a entidades privadas através de contratos de parceria

De acordo com o inciso XVII do art. 10, configura-se ato de improbidade:

> XVII – permitir ou concorrer para que pessoa física ou jurídica privada utilize bens, rendas, verbas ou valores públicos transferidos pela administração pública a entidade privada mediante celebração de parcerias, sem a observância das formalidades legais ou regulamentares aplicáveis à espécie.

São elementos centrais do ato:

(i) permitir ou concorrer

(ii) para que pessoa física ou jurídica privada utilize

(iii) bens, rendas, verbas ou valores públicos transferidos pela administração pública a entidades privadas mediante celebração de parcerias,

(iv) em a observância das formalidades legais ou regulamentares aplicáveis à espécie.

Aqui se pune a utilização de patrimônio público mediante contrato de parceria, não sua incorporação. Além disso, o agente que permite ou facilita o uso é o alvo da norma, sendo que essa autorização pode ser expressa ou tácita. No mais, na mesma linha dos comentários realizados ao artigo anterior, o uso, para ser sancionado, precisa estar destituído de título jurídico válido e causar dano ao erário. No mais, para a diferença entre incorporação e utilização e para comentários quanto aos demais elementos constantes do dispositivo, remetemos o leitor aos comentários já feitos aos incisos XI e XII do art. 9º e aos incisos I, II e XVI do art. 10.

3.18 Celebrar parcerias ilegais com entidades privadas

De acordo com o inciso XVIII do art. 10, configura-se ato de improbidade:

> XVIII – celebrar parcerias da administração pública com entidades privadas sem a observância das formalidades legais ou regulamentares aplicáveis à espécie.

São elementos centrais do ato:

(i)   celebrar

(ii) parcerias da administração pública com entidades privadas

(iii) sem a observância das formalidades legais ou regulamentares aplicáveis.

O dispositivo abrange toda e qualquer celebração irregular de parceria público-privada e, no conceito de parceria, estão incluídos aqueles ajustes em que não há interesse contraposto entre as partes, mas uma mútua colaboração para atingir objetivos comuns. Contudo, o termo irregular deve ser lido em termos. Irregularidades meramente formais ou cometidas sem intenção de fraudar a celebração da parceria não justificam a condenação do agente em ato de improbidade.

3.19 Agir ilicitamente na celebração, fiscalização e análise de prestação de contas de parcerias público-privadas

De acordo com o inciso XIX do art. 10, configura-se ato de improbidade:

> XIX – agir para a configuração de ilícito na celebração, na fiscalização e na análise das prestações de contas de parcerias firmadas pela administração pública com entidades privadas.

São elementos centrais do ato:

(i) agir para

(ii) frustrar ilicitamente

(iii) celebração, fiscalização e análise das prestações de contas de parcerias público-privadas.

Tendo em vista o uso do verbo *agir*, uma primeira observação que merece destaque é que a infração ora em análise é uma exceção à regra estabelecida pelo *caput* do art. 10, haja vista que não admite conduta omissiva. Importante destacar também a eliminação da referência à negligência, prevista na redação anterior, fundada no fato de que com a Lei n. 14.230/2021 só passou a existir a modalidade dolosa de improbidade administrativa.

Quanto ao núcleo do dispositivo, verifica-se que três atos são sancionados (a frustração ilícita de celebração, fiscalização ou análise) e todos eles relacionados a contratos de parceria. Com efeito, ao contrário dos incisos anteriores, aqui se busca sancionar tanto a celebração quanto a fiscalização desses ajustes. Em linhas gerais, são atos abrangidos pela norma: a) a celebração do ajuste; b) a fiscalização do ajuste e de eventuais prestações de contas; c) a análise ou apreciação de prestação de contas.

Por fim, vale notar que, ao contrário do inciso XVIII, a infração sob análise se volta não ao agente responsável por celebrar os ajustes de parceria, mas a qualquer agente com competência para influir no procedimento de celebração e/ou fiscalização da parceria público-privadas. No mais, como sempre, exige-se dolo na conduta do agente e a produção de efetiva lesão ao erário.

3.20 Agir ilicitamente na celebração, fiscalização e análise de prestação de contas de parcerias público-privadas

De acordo com o inciso XX do art. 10, configura-se ato de improbidade:

> XX – liberar recursos de parcerias firmadas pela administração pública com entidades privadas sem a estrita observância das normas pertinentes ou influir de qualquer forma para a sua aplicação irregular.

São elementos centrais do ato:

(i) liberar
(ii) ecursos de parcerias público-privadas
(iii) sem a estrita observância das normas aplicáveis ou
(iv) influir de qualquer forma para a sua aplicação irregular.

A hipótese normativa contempla tanto a liberação ilícita de recursos de parcerias público-privadas quanto a conduta do agente que de qualquer forma influi para a sua irregular aplicação. No primeiro caso, vale lembrar, meras irregularidades formais não são suficientes para a configuração do ato. No segundo caso, importa notar que a liberação dos recursos se deu de forma regular, sendo que somente sua aplicação se revestiu de ilegalidade.

Trata-se de infração semelhante à prevista no inciso XI do art. 10, com a diferença de que aquela diz respeito a quaisquer recursos públicos, ao passo que a presente se relaciona a recursos públicos alocados em parcerias público-privadas.

3.21   Agir ilicitamente na celebração, fiscalização e análise de prestação de contas de parcerias público-privadas

De acordo com o inciso XXII do art. 10, configura-se ato de improbidade:

> XXII – conceder, aplicar ou manter benefício financeiro ou tributário contrário ao que dispõem o *caput* e o § 1º do art. 8º-A da Lei Complementar n. 116, de 31 de julho de 2003.

São elementos centrais do ato:

(i)   conceder, aplicar ou manter

(ii) benefício financeiro ou tributário

(iii) em desconformidade com o que determinam o *caput* e o § 1º do art. 8-A da Lei Complementar n. 116/2003.

Trata-se de infração equivalente à prevista no hoje revogado art. 10-A. A grande consequência dessa mudança é que agora só se configura ato de improbidade se verificado no caso concreto lesão ao erário, requisito não contemplado pela redação do art. 10-A na versão anterior à Lei n. 14.230/2021. Os mencionados dispositivos da lei referida, que trata sobre o imposto sobre serviços de qualquer natureza (ISS), assim dispõem:

> Art. 8º-A. A alíquota mínima do Imposto sobre Serviços de Qualquer Natureza é de 2% (dois por cento).
>
> § 1º O imposto não será objeto de concessão de isenções, incentivos ou benefícios tributários ou financeiros, inclusive de redução de base de cálculo ou de crédito presumido ou outorgado, ou sob qualquer outra forma que resulte, direta ou indiretamente, em carga tributária menor que a decorrente da aplicação da alíquota mínima estabelecida no *caput*, exceto para os serviços a que se referem os subitens 7.02, 7.05 e 16.01 da lista anexa a esta Lei Complementar.

A hipótese normativa contempla, portanto, o agente público que concede, aplica ou mantém isenções, incentivos ou benefícios de ISS, desrespeitando a alíquota mínima de 2%, salvo no que toca aos serviços previstos nos subitens 7.02,[35] 7.05[36] e 16.01[37] da lista anexa à Lei Complementar. No mais, toda ação ou omissão que se enquadra nessa disposição é abarcada pela infração, de forma que está sujeito à sanção tanto o agente que institui ISS em desconformidade com as regras previstas na Lei Complementar quanto o agente que não faz cessar a situação de irregularidade.

Em suma, no que se refere ao ISS, somente os serviços relacionados nos subitens mencionados que podem ser objeto de *(i)* isenções, incentivos ou benefícios tributários e financeiros, *(ii)* redução da base de cálculo ou de crédito presumido ou outorgado e *(iii)* carga tributária menor que a prevista na lei como o limite legal.

Seja como for, é peculiar a criação de hipótese tão específica de improbidade, que diz respeito somente a conduta irregular na tributação de ISS e aplica-se, portanto, somente aos agentes públicos vinculados aos Municípios e aos Distritos Federais, que são os entes competentes para a sua instituição. Em verdade, a adequada aplicação de normas tributárias é dever de todos os Entes da Federação e diz respeito a todas as taxas e impostos, não somente ao ISS. Seja como for, essa foi a opção normativa, não sendo papel do Judiciário ampliar a aplicação do dispositivo para além das hipóteses contempladas.

4.   DISPOSIÇÕES FINAIS (§§ 1º E 2º)

O § 1º do art. 10 prevê regra curiosa, estabelecendo que quando a inobservância de formalidades legais ou regulamentares não implicar perda patrimonial efetiva, não pode ser imposta ao agente a sanção de ressarcimento, sob pena de enriquecimento sem causa das entidades tuteladas pela Lei. Em verdade, como já visto, a inexistência de lesão patrimonial ao erário implica a

---

[35]   Execução, por administração, empreitada ou subempreitada, de obras de construção civil, hidráulica ou elétrica e de outras obras semelhantes, inclusive sondagem, perfuração de poços, escavação, drenagem e irrigação, terraplanagem, pavimentação, concretagem e a instalação e montagem de produtos, peças e equipamentos (exceto o fornecimento de mercadorias produzidas pelo prestador de serviços fora do local da prestação dos serviços, que fica sujeito ao ICMS).

[36]   Reparação, conservação e reforma de edifícios, estradas, pontes, portos e congêneres (exceto o fornecimento de mercadorias produzidas pelo prestador dos serviços, fora do local da prestação dos serviços, que fica sujeito ao ICMS).

[37]   Serviços de transporte coletivo municipal rodoviário, metroviário, ferroviário e aquaviário de passageiros.

própria ausência de tipicidade da conduta do agente. Em outras palavras, nas hipóteses do art. 10, quando ausente dano patrimonial aos cofres públicos, nenhuma das sanções previstas na Lei de Improbidade pode ser aplicada pois inexistente qualquer ato de improbidade.

O § 2º, por sua vez, trata de regra já exposta quando analisada a infração prevista no inciso VI do art. 10, no sentido de que a mera perda patrimonial decorrente da atividade econômica não acarretará improbidade administrativa, salvo se comprovado ato doloso praticado com essa finalidade. Isto é, não há que se cogitar que perdas patrimoniais inerentes à posição da Administração enquanto agente de mercado possa dar azo à punição do agente que as gerou. Como lembra Marçal Justen Filho, todos os agentes públicos que lidam com recursos públicos podem gerar perdas ao erário em virtude da evolução extraordinária dos mercados sem que isso configure ato de improbidade.[38]

Importante notar, inclusive, que nada impede que uma operação realizada em total observância à legislação e aos regimentos internos venha a ter resultado negativo, gerando assim lesão ao erário. Nesses casos também não há improbidade, seja porque não houve desrespeito à lei, seja porque não há que se cogitar em dolo do agente. Em suma, somente a atuação dolosa do agente, praticada com a finalidade de gerar dano patrimonial aos cofres públicos, é que autoriza a sua responsabilização nos termos da Lei de Improbidade.

Seção II-A

Dos Atos de Improbidade Administrativa Decorrentes de Concessão ou Aplicação Indevida de Benefício Financeiro ou Tributário

(Seção acrescida pela Lei Complementar n. 157, de 29/12/2016, e revogada pela Lei n. 14.230, de 25/10/2021)

> Art. 10-A. *(Artigo acrescido pela Lei Complementar n. 157, de 29/12/2016, e revogado pela Lei n. 14.230, de 25/10/2021.)*

 COMENTÁRIOS

Para comentários quanto aos efeitos da revogação, ver tópico 3.21.

---

[38] JUSTEN FILHO, Marçal. **Reforma da lei de improbidade administrativa comparada e comentada**: Lei 14.230, de 25 de outubro de 2021. Rio de Janeiro: Forense, 2022. p. 107.

Seção III
Dos Atos de Improbidade Administrativa que Atentam Contra os Princípios da Administração Pública

Art. 11. Constitui ato de improbidade administrativa que atenta contra os princípios da administração pública a ação ou omissão dolosa que viole os deveres de honestidade, de imparcialidade e de legalidade, caracterizada por uma das seguintes condutas:

I – (revogado);

II – (revogado);

III – revelar fato ou circunstância de que tem ciência em razão das atribuições e que deva permanecer em segredo, propiciando beneficiamento por informação privilegiada ou colocando em risco a segurança da sociedade e do Estado;

IV – negar publicidade aos atos oficiais, exceto em razão de sua imprescindibilidade para a segurança da sociedade e do Estado ou de outras hipóteses instituídas em lei;

V – frustrar, em ofensa à imparcialidade, o caráter concorrencial de concurso público, de chamamento ou de procedimento licitatório, com vistas à obtenção de benefício próprio, direto ou indireto, ou de terceiros;

VI – deixar de prestar contas quando esteja obrigado a fazê-lo, desde que disponha das condições para isso, com vistas a ocultar irregularidades;

VII – revelar ou permitir que chegue ao conhecimento de terceiro, antes da respectiva divulgação oficial, teor de medida política ou econômica capaz de afetar o preço de mercadoria, bem ou serviço.

VIII – descumprir as normas relativas à celebração, fiscalização e aprovação de contas de parcerias firmadas pela administração pública com entidades privadas.

IX – (revogado);

X – (revogado);

XI – nomear cônjuge, companheiro ou parente em linha reta, colateral ou por afinidade, até o terceiro grau, inclusive, da autoridade nomeante ou de servidor da mesma pessoa jurídica investido em cargo de direção, chefia ou assessoramento, para o exercício de cargo em comissão ou de confiança ou, ainda, de função gratificada na administração pública direta e indireta em qualquer dos Poderes da União, dos Estados, do Distrito Federal e dos Municípios, compreendido o ajuste mediante designações recíprocas;

XII – praticar, no âmbito da administração pública e com recursos do erário, ato de publicidade que contrarie o disposto no § 1º do art. 37 da

Constituição Federal, de forma a promover inequívoco enaltecimento do agente público e personalização de atos, de programas, de obras, de serviços ou de campanhas dos órgãos públicos.

§ 1º Nos termos da Convenção das Nações Unidas contra a Corrupção, promulgada pelo Decreto n. 5.687, de 31 de janeiro de 2006, somente haverá improbidade administrativa, na aplicação deste artigo, quando for comprovado na conduta funcional do agente público o fim de obter proveito ou benefício indevido para si ou para outra pessoa ou entidade.

§ 2º Aplica-se o disposto no § 1º deste artigo a quaisquer atos de improbidade administrativa tipificados nesta Lei e em leis especiais e a quaisquer outros tipos especiais de improbidade administrativa instituídos por lei.

§ 3º O enquadramento de conduta funcional na categoria de que trata este artigo pressupõe a demonstração objetiva da prática de ilegalidade no exercício da função pública, com a indicação das normas constitucionais, legais ou infralegais violadas.

§ 4º Os atos de improbidade de que trata este artigo exigem lesividade relevante ao bem jurídico tutelado para serem passíveis de sancionamento e independem do reconhecimento da produção de danos ao erário e de enriquecimento ilícito dos agentes públicos.

§ 5º Não se configurará improbidade a mera nomeação ou indicação política por parte dos detentores de mandatos eletivos, sendo necessária a aferição de dolo com finalidade ilícita por parte do agente.

 COMENTÁRIOS

1. INTRODUÇÃO

Devemos inaugurar os apontamentos sobre o art. 11 ressaltando os perigos que uma concepção enviesada do conceito de princípio pode gerar. Aqui, a falta de apurada compreensão de Teoria do Direito e de Filosofia do Direito pode causar um desvirtuamento decisivo do próprio viés da Lei de Improbidade, dada a abertura interpretativa que pode ser empreendida, de forma absolutamente indevida, do conceito de princípio. Para tanto, basta que se adote a concepção mais simples de princípio, aquela de viés teleológico, que confere aos princípios a função de abrir a interpretação, alargando as possibilidades do intérprete.

Mas como é feito isso? É o que buscaremos explicar de forma mais detalhada nas linhas que se seguem.

Neste ponto se faz mais do que oportuno adiantar que, em razão da taxatividade do rol do art. 11, somente há violação aos princípios da Administração Pública nas hipóteses específicas previstas nos incisos do dispositivo. Isto é, com a Lei n. 14.230/2021 a violação aos princípios se materializa tão somente nas condutas previstas nos incisos III a VIII, XI e XII do art. 11. Não há violação aos princípios em abstrato. Nesse sentido, a análise jamais pode partir diretamente do conteúdo do princípio da moralidade, para então averiguar se a conduta do agente o violou ao não. É exatamente o contrário. Violação aos princípios na Lei de Improbidade, quaisquer que eles sejam, só ocorrem nas hipóteses expressamente previstas nos incisos do art. 11. Jamais podemos perder isso de vista.

Ademais, na linha do que previsto no § 1º do art. 11,[39] que será analisado com mais detalhes na sequência, não é possível admitir que as condutas descritas no referido dispositivo possam ser caracterizadas como ímprobas sem que o agente as tenha praticado com o fim de obter proveito ou benefício indevido para si ou para outra pessoa ou entidade. Isto é, embora não se exija textualmente a efetiva produção de lesão ao erário ou enriquecimento ilícito (afinal, essas são as espécies de improbidade dos arts. 9º e 10), é necessário ao menos que o agente pratique o ato visando obter proveito ou benefício indevido, para si ou para outrem.

Um exemplo retirado da própria Lei ilustra esse ponto. Veja que a conduta prevista no inciso XIX do art. 10 e no inciso VIII do art. 11 são parcialmente coincidentes, podendo ser resumidas da seguinte forma: o descumprimento de normas relativas à celebração, fiscalização e aprovação de contas de parcerias públicos-privadas se encaixa na redação de ambos dos dispositivos. A diferença é que na hipótese do art. 10 a existência de lesão ao erário é elemento obrigatório; na hipótese do art. 11, não, bastando que o agente tenha praticado o ato com esta intenção. Ademais, isso não significa que os atos de violação aos princípios não podem gerar lesão ao erário ou enriquecimento ilícito. Nada impede que isso ocorra, esclarecendo a Lei tão somente que esse não é um resultado obrigatório.

Trata-se de uma visão que deriva não só de uma leitura literal do § 1º do art. 11, mas que entendemos justificada na medida em que coaduna com a integridade e coerência do ordenamento, especialmente com as garantias processuais inseridas na Constituição. Qualquer leitura em sentido contrário

---

[39] Exigência de dolo específico, que se estende também para os arts. 9 e 10, conforme o § 2º do art. 11. Para mais detalhes, conferir o capítulo em que tratamos do dolo específico na Lei de Improbidade.

será o mesmo que admitir uma tipicidade aberta, especificamente diante da tal concepção enviesada de princípio de viés teleológico, que inescapavelmente desaguará na quebra das tais garantias. Mesmo que ocasionalmente assim não ocorra, a regra é abertura interpretativa concedida em hipótese de grave restrição de direitos, o que tende a levar a decisionismo e arbitrariedades.

Outro ponto de atenção que merece destaque é a inserção da locução *dolosa* na tipificação da conduta comissiva ou omissiva, que coaduna com a linha trazida pelo advento das alterações da Lei n. 14.230/2021. Ademais, ainda houve a retirada da tipificação acerca da violação da *lealdade às instituições*, constante da redação original da Lei n. 8.429/1992.

2. CONCEITOS IMPORTANTES

2.1 Atentar contra os princípios da administração

Elemento essencial para a tipificação posto no art. 11 da Lei de Improbidade Administrativa é a definição do que sejam os Princípios da Administração. Mas, antes disso, imperioso uma abordagem do que sejam Princípios, especificamente sob um viés de Teoria do Direito, sob pena de haver um tratamento superficial da questão e trilhar-se um caminho de indevido alargamento da tipificação, especificamente em razão de uma concepção teleológica ao invés de deontológica.

2.2 Definição de princípios (da administração)

O tratamento que daremos ao conceito de Princípio é fundamental para o resultado do que posto no art. 11 da Lei n. 14.230/2021, da mesma forma que para o Direito considerado em sua totalidade. Certamente não desconhecida a ferrenha discussão doutrinária acerca da temática. Assim, este trabalho não se propõe arauto das novidades, mas apenas firmar conceitos para as conclusões que serão alcançadas.

Com Streck[40] e Dworkin,[41] devemos evitar a armadilha de, ao admitir a inexistência de uma fórmula que possibilite a distinção entre decisões adequadas e não adequadas, entender que a parametrização de argumentos seria inviável e que o desenvolvimento do próprio raciocínio jurídico seria uma

---

[40] STRECK, Lenio Luiz. **Hermenêutica jurídica em crise**: uma exploração hermenêutica da construção do direito. Porto Alegre: Livraria do Advogado Editora, 2021. Edição do Kindle.

[41] DWORKIN, Ronald. **Domínio da vida**: aborto, eutanásia e liberdades individuais – eutanásia e liberdades individuais. São Paulo: Martins Fontes, 2003. p. 203 e ss.

perda de tempo. Aqui é indispensável a ideia de que, independentemente da concepção que se tenha sobre justiça e equidade, deve haver a aceitação de uma restrição advinda da integridade das decisões tomadas pelos julgadores.

Para o específico fim da Lei de Improbidade, a necessidade de uma adequada conceituação do que seja um princípio advém do risco de violação da tipicidade estrita e do caráter garantista da normatização, conforme já apontado acima. Para que possamos exercitar o raciocínio inerente aos riscos envolvidos na questão, basta concebermos o conteúdo normativo do princípio da moralidade. Quais condutas são capazes de ensejar uma violação a tal princípio? Tais riscos são afastados pelo próprio art. 11, que traz um rol taxativo de condutas, especificamente com a expressão "caracterizada por uma das seguintes condutas". A partir de tais condutas é que se admite a violação aos Princípios da Administração Pública.

Por isso, a conceituação adequada de princípios, especificamente diante de sua compatibilidade com o Estado Democrático de Direito e com a Constituição obviamente, é que são normas possuidoras de sentido deontológico, ou seja, que encerram a interpretação, lhe dão um sentido final específico, de forma a impedir a abertura de um leque de possibilidades diante do que posto na normatização. A ideia é que, ao invés de se apresentar como elemento permissivo de discricionariedades e decisionismos, ainda aprisionada no esquema sujeito-objeto da filosofia da consciência, mostre-se como constituinte de um esquema que permita o estreitamento da interpretação. Neste, o intérprete não pode manter uma relação de assujeitamento com o ordenamento, que no caso constituir-se-ia como uma abertura do rol de condutas tidas como ímprobas com base em violações dos Princípios da Administração Pública.

Portanto, não há espaço para que os princípios funcionem como ocorria com os princípios gerais do direito, que deveriam resolver as omissões da normatização, necessariamente com o fechamento dado pelo intérprete. Este fechamento acaba configurando uma abertura para que o julgador continue a assujeitar o sentido do ordenamento, exatamente nos moldes do último princípio epocal da modernidade: a vontade de poder. Claro que aqui vai a ressalva da crença moderna de que o indivíduo seria realmente livre para manifestar e exercer sua vontade de forma incondicionada,[42] o que acabou descontruído por Heidegger[43] em sua crítica a Nietzsche.[11]

---

[42] MADALENA, Luis Henrique Braga. **Uma teoria da discricionariedade administrativa**. 2. ed. Salvador: JusPodivm, 2020. p. 182-183.

[43] HEIDEGGER, Martin. **Nietzsche**. Rio de Janeiro: Forense Universitária, 2010. v. II.

Perceba-se que ao se decidir a partir de uma concepção teleológica de princípios, admitindo que estes devem se comportar como mandados de otimização, sendo possível o sopesamento e o cumprimento de um em detrimento de outro, incluindo o afastamento de incidência em razão da ideia de colisão, é o mesmo que criar uma regra *ad hoc* para cada caso enfrentado. Isso, por não se ter a compreensão do conteúdo normativo dos princípios. Ora, a partir da tal colisão, sobrevém uma regra específica de decisão que surge com o resultado do sopesamento realizado pelo intérprete, pelo julgador. Claro que este resultado é guiado pelas concepções individuais deste último, sempre nos moldes filosóficos postos no parágrafo anterior.

No caso que aqui se trata, a evidência é que as condutas que compõem o rol taxativo do art. 11 da LIA trazem o conteúdo normativo dos princípios que se busca proteger com o dispositivo de que se fala. Portanto, esta é a concepção que deve prevalecer, ou seja, dentro de uma concepção teleológica de princípios, há um estreitamento da interpretação de acordo com dois balizamentos muito claros:

a)   as condutas postas no rol taxativo que compõem o art. 11 da LIA concretizam o conteúdo normativo dos princípios que se pretende proteger com o dispositivo;

b)   as condutas constantes do rol do art. 11 necessariamente devem ser praticadas com a intenção de se obter benefício ou proveito indevido, sob pena de não configuração de ato de improbidade.

3. ESPÉCIES DE ATOS QUE CAUSAM LESÃO AO ERÁRIO

3.1 Violação ao dever de sigilo

De acordo com o inciso III do art. 11, constitui ato de improbidade:

> III – revelar fato ou circunstância de que tem ciência em razão das atribuições e que deva permanecer em segredo, propiciando beneficiamento por

---

[44]   Importante anotar que aqui não se lança mão de uma discussão filosófica com intuito de adornar uma matéria que poderia ser considerada eminentemente dogmática. Na verdade, não é. Especificamente a discussão sobre a temática dos princípios possui fundo derivado diretamente da filosofia. Não que o fenômeno jurídico como um todo não tenha raízes na filosofia, mas no ponto que tratamos de princípios, especificamente na tradição jurídica brasileira, há a necessidade de se demonstrar que determinadas concepções são filosoficamente inviáveis por incompatíveis com a contemporânea concepção de Estado Democrático de Direito inserida na Constituição. É algo semelhante a buscarmos a declaração de inconstitucionalidade da lei da gravidade.

informação privilegiada ou colocando em risco a segurança da sociedade e do Estado.

São elementos centrais do ato:

(i) revelar

(ii) fato ou circunstância de que tem ciência em razão das atribuições e que deve permanecer em segredo,

(iii) propiciando beneficiamento por informação privilegiada ou colocando em risco a segurança da sociedade e do Estado.

Inicialmente, antes de comentar a infração prevista no inciso III, vale registrar que os incisos I e II do art. 11 foram revogados pela Lei n. 14.230/2021. O inciso I vedava a prática de ato visando fim ilegal ou fim diverso daquele previsto na regra de competência. O inciso II, por sua vez, estabelecia como improbidade retardar ou deixar de praticar, indevidamente, ato de ofício. Por esse motivo, não serão aqui objeto de comentários.

Fechado esse parêntese, nota-se que o dispositivo em comento contempla a violação ao dever de sigilo por parte do agente público que, depositário de informações que devem permanecer em segredo, revela seu conteúdo. Trata-se, pois, de uma conduta comissiva. Contudo, haja vista o contido no *caput* do art. 11, entendemos que a infração abrange também formas indiretas de revelação (condutas omissivas), a exemplo do agente que não atua de forma responsável na guarda da informação, facilitando a sua descoberta.[45] Seja como for, em qualquer dos casos, requisito indispensável a intenção do agente em revelar as informações (presença de dolo).

No que se refere ao teor da informação, é preciso que ela esteja sob proteção por força de lei ou exista razão de interesse público para a manutenção de seu sigilo. Nesse último caso, importante chamar a atenção para a inclusão da expressão *propiciando beneficiamento por informação privilegiada ou colocando em risco a segurança da sociedade e do Estado*, incluída na redação da norma pela Lei n. 14.230/2021. Essa inclusão nos leva a concluir que não é qualquer quebra de sigilo que justifica a incidência da Lei de Improbidade, mas somente aquela capaz de *(i)* beneficiar de forma indevida quem quer que seja ou *(ii)* gerar risco a segurança da sociedade e do Estado.

---

[45] O Código Penal, ao tratar da violação do sigilo funcional por parte de agente público, criminaliza não só a revelação de informações como também a facilitação de sua descoberta (art. 325).

Questão interessante diz respeito à posse de informações sigilosas em razão de outro motivo que não suas atribuições funcionais. É o caso, por exemplo, de pessoa a quem o agente público sujeito ao dever de sigilo revelou a informação. Esse terceiro, agente público ou não, também está sujeito à incidência da Lei de Improbidade? A nosso ver, não. A LIA foi expressa ao consignar que é necessário que o agente violador tenha acesso à informação em virtude de suas atribuições, o que exclui qualquer outra espécie de agente ou terceiro de ser abarcado pela norma.

Isso não significa, é claro, que essa "segunda classe" de agente ou terceiro está isenta de responsabilização. Isso porque o Código Penal, em seu art. 153, tipifica a conduta de divulgar a alguém, "[...] sem justa causa, conteúdo de documento particular ou de correspondência confidencial, de que é destinatário ou detentor, e cuja divulgação possa produzir dano a outrem". Portanto, mesmo não sujeito à Lei de Improbidade, o agente ou terceiro que revela informação que deveria permanecer em segredo ainda está sujeito à legislação penal.

Por fim, vale lembrar que a consumação da infração não depende nem do enriquecimento ilícito do agente nem da verificação de dano ao erário. Como visto, o art. 11 se preocupa com condutas que violam os princípios da Administração, pouco importando se essa violação gerou ou não prejuízos ao estado ou benefício indevido a quem quer que seja. É dizer, basta que o agente revele a informação ou facilite a sua descoberta com o fim de obter proveito ou benefício indevido para si ou para outrem (dolo específico previsto no § 1º do art. 11, como já foi visto) para que esteja sujeito à penalização.

3.2 Negar publicidade aos atos oficiais

De acordo com o inciso IV do art. 11, constitui ato de improbidade:

> IV – negar publicidade aos atos oficiais, exceto em razão de sua imprescindibilidade para a segurança da sociedade e do Estado ou de outras hipóteses instituídas em lei.

São elementos centrais do ato:

- *(i)* negar
- *(ii)* publicidade aos atos oficiais,
- *(iii)* exceto em razão de sua imprescindibilidade para a segurança da sociedade e do Estado ou
- *(iv)* de outras hipóteses instituídas em lei.

Essa hipótese normativa visa a proteger e concretizar o princípio constitucional da publicidade (art. 37 da Constituição), punindo o agente que dolosamente se nega a conferir publicidade a atos oficiais, estes entendidos como aqueles que representam a vontade da Administração Pública, em qualquer de seus órgãos e entes federativos. Mas, mais que isso. A nosso ver, a infração somente incide nos casos em que a legislação exige a publicidade do ato e o agente, de forma consciente e dolosa, não o faz.

Quanto às exceções incluídas pela Lei n. 14.230/2021 (imprescindibilidade para a segurança da sociedade e do estado e outras hipóteses previstas em lei), vale notar que a primeira delas torna complexa a definição do significado e alcance do tipo infracional. Afinal, quando se pode dizer que negar publicidade a uma determinada informação é imprescindível para a segurança da sociedade e do Estado? Essa definição se torna ainda mais complicada porque, como visto acima, somente a negativa a informações que devem ser públicas nos termos da lei é que se encontra vedada pela Lei de Improbidade. Ora, se é a própria lei que exige a publicação, como se falar em comprometimento da segurança sociedade e do Estado em sua divulgação? Veja-se que há muito mais perguntas do que respostas.

Quanto à segunda exceção, vale registrar que ela é elementar. Se é a própria legislação que estabelece a necessidade de sigilo, a não publicação da informação não configura infração alguma. Em verdade, a divulgação é que configuraria ilícito, pois expressamente proibida em lei. De qualquer forma, a não divulgação de atos oficiais que devem permanecer em sigilo nos termos da lei não é conduta sancionada nos termos da Lei de Improbidade.

3.3   Frustrar o caráter concorrencial de concurso público, chamamento ou licitação

De acordo com o inciso V do art. 11, constitui ato de improbidade:

> V – frustrar, em ofensa à imparcialidade, o caráter concorrencial de concurso público, de chamamento ou de procedimento licitatório, com vistas à obtenção de benefício próprio, direto ou indireto, ou de terceiros.

São elementos centrais do ato:

(i)   frustrar

(ii)   em ofensa à imparcialidade,

(iii)   o caráter concorrencial de concurso público, de chamamento ou de procedimento licitatório,

(iv)   com vistas à obtenção de benefício próprio, direto ou indireto, ou de terceiros.

O inciso VIII do art. 10, como vimos, tipifica a conduta de frustrar a licitude de processo licitatório ou dispensá-lo indevidamente. A infração aqui prevista, ao mesmo tempo em que materialmente menos abrangente, por incluir somente a frustração do caráter competitivo, é subjetivamente mais ampla, por se dirigir não só à licitação, mas aos concursos e chamamentos públicos.

Concurso público é o procedimento administrativo a ser adotado para o acesso a cargos e empregos públicos, nos termos do inciso II do art. 37 da Constituição, ao passo que chamamento público é a modalidade de seleção própria das entidades sem fins lucrativos ou dispensadas da realização de licitação. Em simples termos, trata-se de um procedimento muito mais simples que a licitação e que se destina a selecionar organização da sociedade civil para firmar parceria, por meio de termo de colaboração ou de fomento, com o Poder Público (inciso XII do art. 2º da Lei n. 13.019/2014).

Além de exigir a presença de dolo na conduta do agente, o dispositivo também estabelece que a frustração do concurso, chamamento ou licitação esteja relacionada ao seu caráter concorrencial. Isso é, não é qualquer ato de frustração do procedimento que se enquadra na hipótese normativa, mas tão somente aqueles destinados a frustrar o seu caráter competitivo/concorrencial. E mais: a normatização também previu uma finalidade específica, que é a busca de benefício próprio ou de terceiros. Em suma, a conduta sancionada é a que frustra o caráter concorrencial de concurso, chamamento ou licitação para gerar alguma espécie de benefício, para quem for.

Importante destacar, por fim, que se exige apenas a intenção de gerar o benefício, e não que ele seja efetivamente gerado. Isso porque, como já vimos, os atos previstos no art. 11 se consumam independentemente do enriquecimento ilícito do agente ou de efetiva lesão ao erário. Mais comentários sobre essa questão serão tecidos na sequência, quando da análise do § 1º do art. 11.

3.4   Deixar de prestar contas quando esteja obrigado a fazê-lo

De acordo com o inciso VI do art. 11, constitui ato de improbidade:

> VI – deixar de prestar contas quando esteja obrigado a fazê-lo, desde que disponha das condições para isso, com vistas a ocultar irregularidades.

São elementos centrais do ato:

(i) deixar de

(ii) prestar contas quando esteja obrigado a fazê-lo,

(iii) desde que disponha das condições para isso,

(iv) com vistas a ocultar irregularidades.

Este inciso define como ato ímprobo a conduta do agente que, obrigado a prestar contas e em condições de fazê-lo, não o faz com o objetivo de ocultar irregularidade. Todo aquele que administra dinheiro ou bens públicos é abarcado pela norma, pois possui o dever de prestar contas de forma regular, nos termos do art. 70, parágrafo único, da Constituição.

Em nosso entender, ela diz respeito ao momento em que exigida a prestação de contas. É dizer, se quando exigida a prestação de contas nos termos da lei, o que ocorre quando satisfeitas todas as exigências para tanto, o agente não o fizer, está sujeito à incidência da Lei de Improbidade. Mas não só, já que a finalidade para o descumprimento do dever de prestar contas deve corresponder a uma tentativa de ocultação de irregularidade. Isso é, a consumação da infração exige a presente de dolo específico na conduta do agente, consistente na intenção de ocultar irregularidades presentes em suas contas.

Com efeito, não é qualquer irregularidade na prestação de contas que justifica a responsabilização do agente. Já decidiu o STJ, por exemplo, que a irregularidade consistente no mero atraso da prestação de contas não justifica a penalização do gestor nos termos da Lei de Improbidade (AgInt no REsp n. 1.542.310/RN). A nosso ver, a irregularidade referida no dispositivo é aquela que, em razão de sua importância e/ou gravidade, pode prejudicar o gestor caso venha a ser descoberta, e daí porque sua intenção em ocultá-la através da não prestação de contas.

3.5 Divulgação precoce de teor de medida política ou econômica

De acordo com o inciso VII do art. 11, constitui ato de improbidade:

> VII – revelar ou permitir que chegue ao conhecimento de terceiro, antes da respectiva divulgação oficial, teor de medida política ou econômica capaz de afetar o preço de mercadoria, bem ou serviço.

São elementos centrais do ato:

(i) revelar ou permitir

(ii) que chegue ao conhecimento de terceiro,

(iii) antes da divulgação oficial,

(iv) teor de medida política ou econômica capaz de afetar o preço de mercadoria, bem ou serviço.

A norma contempla a conduta de divulgação antecipada (ou sua permissão) de medida estatal política ou econômica capaz de afetar o mercado. O ato típico é tanto revelar diretamente o teor da medida quanto permitir a sua divulgação, não adotando as medidas necessárias para a manutenção do sigilo. Ademais, é preciso que a informação em questão esteja prevista para ser divulgada em algum momento, haja vista que o que se sanciona é a divulgação antecipada. Em sendo informação sigilosa em absoluto, a infração praticada é a prevista no inciso III do art. 11.

Além disso, não só é necessário que o teor da medida política ou econômica seja passível de divulgação, mas também que ele tenha o potencial de alterar a economia, através da alteração de preços de mercadorias, bens ou serviços. Um exemplo é a divulgação antecipada de redução da alíquota ou da base de cálculo de determinado imposto, levando a alterações no preço do serviço, bem ou mercadoria em que ele incide antes do anúncio oficial da medida, comprometendo, inclusive, a sua efetividade. Em qualquer caso, contudo, exige-se não só o dolo na conduta do agente como também que a medida, uma vez divulgada de forma antecipada, efetivamente gere impactos econômicos. Em outras palavras, medidas com o potencial de impactar a economia, mas que, uma vez divulgadas, não o fazem, não incidem na hipótese infracional ora analisada.

3.6 Descumprimento de normas relativas à celebração, fiscalização e aprovação de contas de parcerias público-privadas

De acordo com o inciso VIII do art. 11, constitui ato de improbidade:

> VIII – descumprir as normas relativas à celebração, fiscalização e aprovação de contas de parcerias firmadas pela administração pública com entidades privadas.

São elementos centrais do ato:

(i) descumprir

(ii) normas relativas à celebração, fiscalização e aprovação de contas de parcerias público-privadas.

A norma tem como objetivo sancionar o agente que de forma dolosa descumpre normas relativas à *(i)* celebração de parcerias público-privadas;

(ii) fiscalização de parcerias público-privadas; *(iii)* aprovação de contas de parcerias público-privadas. Trata-se de infração semelhante àquela prevista no inciso XIX do art. 10, dela se diferenciando principalmente por não exigir a verificação de lesão ao erário para a consumação da infração. No mais, as hipóteses coincidem, motivo pelo qual remetemos o leitor aos comentários já realizados.

3.7 Nepotismo

De acordo com o inciso XI do art. 11, constitui ato de improbidade:

> XI – nomear cônjuge, companheiro ou parente em linha reta, colateral ou por afinidade, até o terceiro grau, inclusive, da autoridade nomeante ou de servidor da mesma pessoa jurídica investido em cargo de direção, chefia ou assessoramento, para o exercício de cargo em comissão ou de confiança ou, ainda, de função gratificada na administração pública direta e indireta em qualquer dos Poderes da União, dos Estados, do Distrito Federal e dos Municípios, compreendido o ajuste mediante designações recíprocas.

São elementos centrais do ato:

(i) nomear

(ii) cônjuge, companheiro ou parente em linha reta, colateral ou por afinidade, até o terceiro grau, da autoridade nomeante ou de servidor da mesma pessoa jurídica investido em cargo de direção, chefia ou assessoramento,

(iii) para o exercício de cargo em comissão ou de confiança ou, ainda, de função gratificada na administração pública direta e indireta em qualquer dos Poderes da União, dos Estados, do Distrito Federal e dos Municípios,

(iv) compreendido o ajuste mediante designações recíprocas.

Inicialmente, antes de comentar a infração prevista no inciso XI, vale registrar que os incisos IX e X do art. 11 foram revogados pela Lei n. 14.230/2021, e por isso não serão objeto de análise. O primeiro vedava o não cumprimento de requisitos de acessibilidade previstos na legislação. O segundo, por sua vez, estabelecia como improbidade transferir recurso a entidade privada, em razão da prestação de serviços na área de saúde sem a prévia celebração de contrato, convênio ou instrumento congênere, nos termos do parágrafo único do art. 24 da Lei n. 8.080/1990.

Fechado esse parêntese, nota-se que o dispositivo sob análise diz respeito ao nepotismo, prática já vedada no ordenamento jurídico brasileiro sobretudo pela Súmula Vinculante n. 13, do Supremo Tribunal Federal:

> A nomeação de cônjuge, companheiro ou parente em linha reta, colateral ou por afinidade, até o terceiro grau, inclusive, da autoridade nomeante ou de servidor da mesma pessoa jurídica investido em cargo de direção, chefia ou assessoramento, para o exercício de cargo em comissão ou de confiança ou, ainda, de função gratificada na administração pública direta e indireta em qualquer dos Poderes da União, dos Estados, do Distrito Federal e dos Municípios, compreendido o ajuste mediante designações recíprocas, viola a Constituição Federal.

Em linhas gerais, a prática consiste no uso de atribuição pública por parte de agente público para beneficiar parentes com nomeações em funções de direção, chefia e assessoramento, que são aquelas de livre nomeação e exoneração – independem de prévio concurso público. Quanto à abrangência do instituto, já decidiu o STF que ele se verifica somente em cargos e funções de confiança de natureza administrativa, não abrangendo os cargos eminentemente políticos, como os Secretários e Ministros de Estado (Rcl n. 31.732/SP). Assim, a jurisprudência do STF, em regra, tem excepcionado a regra sumulada e garantido a permanência de parentes de autoridades públicas em cargos políticos, sob o fundamento de que tal prática não configura nepotismo.

Nessa mesma linha, estabelece o § 5º do art. 11 que não configura improbidade a mera nomeação ou indicação política por parte dos detentores de mandatos eletivos, sendo necessária a aferição de dolo com finalidade ilícita por parte do agente. Isto é, adequando-se à jurisprudência do STF,[46] restou estabelecido que só há improbidade em nomeações feitas por agentes políticos quando evidente a intenção de fraudar a lei.

Quantos aos elementos constitutivos da prática de nepotismo, temos: a) ajuste mediante designações recíprocas, quando inexistente a relação de parentesco entre a autoridade nomeante e o ocupante do cargo de provimento em comissão ou função comissionada; b) relação de parentesco entre a pessoa

---

[46] A título de exemplo, registra-se decisão monocrática proferida pelo Min. Roberto Barroso nos autos da Rcl. n. 29.033/RJ: "[...] as hipóteses de nepotismo cruzado, fraude à lei ou inequívoca falta de razoabilidade da indicação, por manifesta ausência de qualificação técnica ou idoneidade moral do nomeado, vem sendo ressalvadas da aplicação desse entendimento [não aplicabilidade da SV n. 13 aos detentores de mandato eletivo] pela jurisprudência do Supremo Tribunal Federal".

nomeada e a autoridade nomeante; c) relação de parentesco entre a pessoa nomeada e o ocupante de cargo de direção, chefia ou assessoramento a quem estiver subordinada; e d) relação de parentesco entre a pessoa nomeada e a autoridade que exerce ascendência hierárquica ou funcional sobre a autoridade nomeante (STF, Rcl. n. 18.564/SP).

Feitas estas considerações, temos que configura improbidade a prática de nepotismo, ressalvadas as exceções previstas na jurisprudência e legislação pátrias. Em todo e qualquer caso, contudo, exige-se não só o dolo do agente, mas que o parente seja efetivamente nomeado, ainda que não tenha tomado posse. Isto é, a infração se consuma com a publicação do ato de nomeação.

3.8   Promoção pessoal de agentes públicos

De acordo com o inciso XII do art. 11, constitui ato de improbidade:

> XII – praticar, no âmbito da administração pública e com recursos do erário, ato de publicidade que contrarie o disposto no § 1º do art. 37 da Constituição Federal, de forma a promover inequívoco enaltecimento do agente público e personalização de atos, de programas, de obras, de serviços ou de campanhas dos órgãos públicos.

São elementos centrais do ato:

(i)   praticar

(ii)   no âmbito da Administração Pública e com recursos públicos,

(iii)   ato de publicidade que contrarie o disposto no § 1º do art. 37 da Constituição,

(iv)   de forma a promover inequívoco enaltecimento do agente público e personalização de atos, de programas, de obras, de serviços ou de campanhas dos órgãos públicos.

Nos termos do § 1º do art. 37 da Constituição, a publicidade de atos, programas, obras, serviços e campanhas devem possuir caráter educativo, informativo ou de orientação social, vedando-se que da divulgação constem nomes, símbolos ou imagens que caracterizem promoção pessoal de autoridades ou servidores públicos. Trata-se de regra que busca realizar e desenvolver o princípio constitucional da impessoalidade.

Ao tratar do dispositivo, pontua Gilmar Mendes que "A própria atividade administrativa deve ser despersonalizada do ponto de vista da pessoa física que exerce funções públicas. A atuação de órgão ou entidade da administração pública deve ser exteriorizada de maneira impessoal e de modo a não gerar favorecimento pessoal".[47] A previsão constitucional, contudo, é mais ampla do que a prevista na Lei de Improbidade, que veda somente a promoção pessoal custeada com recursos públicos – o § 1º do art. 37 não realiza essa distinção. Portanto, a norma em comento objetiva punir o agente público que faz uso de recursos públicos para realização promoção pessoal.

Assim, por exemplo, a promoção pessoal na publicização de atos, programas, obras e serviços em campanhas oficiais dos órgãos públicos se encontra vedada pela Constituição, tenha ela sido realizada por meio de recursos privados ou públicos. Contudo, somente nesta última hipótese restará caracterizado ato de improbidade administrativa. Isso, claro, se além dos requisitos já expostos estiver presente também o dolo do agente, consistente na vontade consciente de se beneficiar de publicidade institucional para fins pessoais. Exige-se, pois, não só que a publicidade tenha evidente natureza de promoção pessoal (ainda que de forma subliminar), como também que ela envolva o expresso enobrecimento do agente e enaltecimento de suas "virtudes e conquistas" no meio social.

4. DISPOSIÇÕES FINAIS (§§ 1º A 4º)[48]

De acordo com o § 1º do art. 11, somente haverá improbidade administrativa por violação a princípios da Administração quando for comprovado na conduta funcional do agente público o fim específico de obter proveito ou benefício indevido para si ou para outra pessoa ou entidade, conforme estabelece o art. 19 da Convenção das Nações Unidas contra a Corrupção, promulgada pelo Decreto n. 5.687/2006. Aqui temos basicamente a previsão de que a configuração de qualquer dos atos de improbidade depende de dolo específico, que foi objeto de maiores comentários quando da análise do art. 1º.

Isso quer dizer que, para uma conduta ser enquadrada em uma das hipóteses infracionais previstas nos incisos do art. 11, embora não se exija explicita e textualmente a demonstração de enriquecimento ilícito ou lesão ao erário (indispensável para os atos previstos nos arts. 9º e 10, respectivamente), é necessário que o agente público tenha a praticado com a finalidade de obter benefício indevido para si ou para outra pessoa ou entidade. Há aqueles que enxergam nessa disposição uma impropriedade, no sentido de

---

[47]   MENDES, Gilmar Ferreira; BRANCO, Paulo Gustavo Gonet. **Curso de direito constitucional**. 15. ed. rev., e atual. São Paulo: Saraiva Educação, 2020. p. 957.

[48]   O § 5º foi comentado quando da análise do inciso XI do art. 11.

que o requisito nela estabelecido tem vinculação com os arts. 9º e 10, e não com o art. 11,[49] mas não entendemos ser o caso.

Primeiro porque, como vimos, os elementos de enriquecimento ilícito ou lesão patrimonial especificados nos arts. 9º e 10 da Lei têm índole puramente patrimonial, ao passo que a expressão *benefício indevido*, para fins do art. 11, abrange também aqueles de natureza extrapatrimonial. Para confirmar esse entendimento, basta notar a infração prevista no seu inciso XII, acima comentada. Segundo porque se exige que o agente pratique o ato com a intenção de obter o benefício, e não que ele de fato o obtenha – diferenciando-se, novamente, dos arts. 9º e 10, que exigem a efetiva comprovação do enriquecimento e/ou da lesão. Em suma, o § 1º trata da exigência de dolo específico para a configuração de ato de improbidade, que já foi objeto de análise detalhada quando dos comentários aos §§ 1º e 2º da Lei.

O § 2º, por sua vez, apenas amplia a incidência desse § 1º para quaisquer atos de improbidade administrativa tipificados na Lei de Improbidade e em leis especiais e a quaisquer outros tipos especiais de improbidade administrativa instituídos por lei. Isto é, também na hipótese dos arts. 9º e 10 se exige que o agente tenha praticado ato visando benefício próprio. Trata-se, contudo, de uma previsão elementar nesses casos. Afinal, ante a natureza dolosa de todos os atos de improbidade, aqueles que importam enriquecimento ilícito e/ou lesão ao erário somente se consumam se verificada a intenção do agente em enriquecer ou lesar o patrimônio público.

O § 3º estipula que a subsunção do ato às hipóteses infracionais previstas no art. 11 pressupõe a demonstração objetiva da prática de ilegalidade no exercício da função pública, com a indicação das normas constitucionais, legais ou infralegais violadas. Trata-se de uma reafirmação do já contido no inciso I do art. 17-C, segundo o qual a sentença na ação de improbidade deve indicar de modo preciso os fundamentos que demonstram os elementos a que se referem os arts. 9º, 10 e 11 desta Lei, que não podem ser presumidos.

Seja como for, parece muito positiva a determinação legislativa que especifica caber ao autor da ação, além de indicar os elementos probatórios que confirmam a presença dos elementos indispensáveis à configuração de ato de improbidade, indicar com precisão as normas constitucionais, legais ou infralegais violadas. Isso é especialmente relevante na hipótese do art. 11, haja

---

[49]   Nesse sentido, FAVRETO, Rogério; JUNIOR, Luiz Manoel Gomes. Artigo 11. In: GAJARDONI, Fernando da Fonseca; CRUZ, Luana Pedrosa de Figueiredo; JUNIOR, Luiz Manoel Gomes; FAVRETO, Rogério (Coords.). **Comentários à lei de improbidade administrativa**. 5. ed. rev., atual. e ampl. São Paulo, 2021. p. 167.

vista o alto teor de vagueza e abstração que reveste o conteúdo dos princípios da Administração Pública.

Em suma, para a configuração da improbidade não basta a mera suspeita ou denúncia da prática do ato. Há que se comprovar, com amparo em elementos probatórios, a autoria do agente e a materialidade da conduta, além de que é preciso que o ato seja objetivamente aferido e seu enquadramento à Lei de Improbidade, precisamente indicado. No mais, remetemos o leitor aos comentários realizados ao art. 17-C e ao escrito sobre os princípios da Administração no início do presente capítulo.

Por fim, o § 4º estabelece que os atos de improbidade que violam princípios da Administração Pública exigem lesividade relevante ao bem jurídico tutelado para serem passíveis de sancionamento e independem do reconhecimento da produção de danos ao erário e de enriquecimento ilícito dos agentes públicos. A segunda parte do dispositivo já foi objeto de extensos comentários, motivo pelo qual aqui nos ateremos à primeira parte.

O dispositivo, assim como os anteriores, foi adicionado na Lei de Improbidade pela Lei n. 14.230/2021 e veio em boa hora. Ele positiva aquilo que defendemos já há muito tempo: a Lei de Improbidade, especialmente em razão de possuir natureza repressiva e sancionatória, não deve se ocupar de condutas que, embora virtualmente enquadráveis em suas disposições, representam agressões ínfimas ao bem jurídico protegido. O bem jurídico violado ou o nível de agressão da conduta devem ser relevantes sob o ponto de vista sancionatório, sob pena de se impor pena gravosa àquele que não a merece.[50]

Ora, seja em matéria de Direito Penal ou Direito Administrativo Sancionador, a repressão estatal só se encontra justificada quando há uma grave, efetiva e concreta agressão a um bem jurídico socialmente relevante. A conduta que é apenas formalmente subsumida nos termos da Lei não constitui ato de improbidade administrativa por falta de tipicidade material. Isto é, atos que não se mostram materialmente lesivos aos bens e valores tutelados pela Lei de Improbidade não justificam a instauração de investigação preliminar, muito menos o ajuizamento de ação de improbidade.

---

[50] Ver o dito nos comentários ao art. 1º sobre a aplicação dos princípios penais da insignificância e da subsidiariedade ao sistema da improbidade.

Capítulo III
DAS PENAS

por Luis Henrique Braga Madalena

Art. 12. Independentemente do ressarcimento integral do dano patrimonial, se efetivo, e das sanções penais comuns e de responsabilidade, civis e administrativas previstas na legislação específica, está o responsável pelo ato de improbidade sujeito às seguintes cominações, que podem ser aplicadas isolada ou cumulativamente, de acordo com a gravidade do fato:

I – na hipótese do art. 9º desta Lei, perda dos bens ou valores acrescidos ilicitamente ao patrimônio, perda da função pública, suspensão dos direitos políticos até 14 (catorze) anos, pagamento de multa civil equivalente ao valor do acréscimo patrimonial e proibição de contratar com o poder público ou de receber benefícios ou incentivos fiscais ou creditícios, direta ou indiretamente, ainda que por intermédio de pessoa jurídica da qual seja sócio majoritário, pelo prazo não superior a 14 (catorze) anos;

II – na hipótese do art. 10 desta Lei, perda dos bens ou valores acrescidos ilicitamente ao patrimônio, se concorrer esta circunstância, perda da função pública, suspensão dos direitos políticos até 12 (doze) anos, pagamento de multa civil equivalente ao valor do dano e proibição de contratar com o poder público ou de receber benefícios ou incentivos fiscais ou creditícios, direta ou indiretamente, ainda que por intermédio de pessoa jurídica da qual seja sócio majoritário, pelo prazo não superior a 12 (doze) anos;

III – na hipótese do art. 11 desta Lei, pagamento de multa civil de até 24 (vinte e quatro) vezes o valor da remuneração percebida pelo agente e proibição de contratar com o poder público ou de receber benefícios ou incentivos fiscais ou creditícios, direta ou indiretamente, ainda que por intermédio de pessoa jurídica da qual seja sócio majoritário, pelo prazo não superior a 4 (quatro) anos;

IV – (revogado).

Parágrafo único. (Revogado).

§ 1º A sanção de perda da função pública, nas hipóteses dos incisos I e II do *caput* deste artigo, atinge apenas o vínculo de mesma qualidade e natureza que o agente público ou político detinha com o poder público na época do cometimento da infração, podendo o magistrado, na hipótese do inciso I do *caput* deste artigo, e em caráter excepcional, estendê-la aos demais vínculos, consideradas as circunstâncias do caso e a gravidade da infração.

§ 2º A multa pode ser aumentada até o dobro, se o juiz considerar que, em virtude da situação econômica do réu, o valor calculado na forma dos incisos I, II e III do *caput* deste artigo é ineficaz para reprovação e prevenção do ato de improbidade.

§ 3º Na responsabilização da pessoa jurídica, deverão ser considerados os efeitos econômicos e sociais das sanções, de modo a viabilizar a manutenção de suas atividades.

§ 4º Em caráter excepcional e por motivos relevantes devidamente justificados, a sanção de proibição de contratação com o poder público pode extrapolar o ente público lesado pelo ato de improbidade, observados os impactos econômicos e sociais das sanções, de forma a preservar a função social da pessoa jurídica, conforme disposto no § 3º deste artigo.

§ 5º No caso de atos de menor ofensa aos bens jurídicos tutelados por esta Lei, a sanção limitar-se-á à aplicação de multa, sem prejuízo do ressarcimento do dano e da perda dos valores obtidos, quando for o caso, nos termos do *caput* deste artigo.

§ 6º Se ocorrer lesão ao patrimônio público, a reparação do dano a que se refere esta Lei deverá deduzir o ressarcimento ocorrido nas instâncias criminal, civil e administrativa que tiver por objeto os mesmos fatos.

§ 7º As sanções aplicadas a pessoas jurídicas com base nesta Lei e na Lei n. 12.846, de 1º de agosto de 2013, deverão observar o princípio constitucional do *non bis in idem*.

§ 8º A sanção de proibição de contratação com o poder público deverá constar do Cadastro Nacional de Empresas Inidôneas e Suspensas (CEIS) de que trata a Lei n. 12.846, de 1º de agosto de 2013, observadas as limitações territoriais contidas em decisão judicial, conforme disposto no § 4º deste artigo.

§ 9º As sanções previstas neste artigo somente poderão ser executadas após o trânsito em julgado da sentença condenatória.

§ 10. Para efeitos de contagem do prazo da sanção de suspensão dos direitos políticos, computar-se-á retroativamente o intervalo de tempo entre a decisão colegiada e o trânsito em julgado da sentença condenatória.

 COMENTÁRIOS

1. INTRODUÇÃO

Neste ponto temos a temática que talvez seja a mais decisiva de toda a LIA, dado que tratamos das penas advindas das condutas previstas na tal normatização. Exatamente por este apenamento que exsurge o caráter sancionatório da lei, sua gravidade e, consequentemente, a necessidade de reforço das garantias processuais em favor dos acusados.

Ponto importante da previsão dos apenamentos postos no art. 12 é que não há vinculação com o ressarcimento do dano patrimonial causado,[1] da mesma forma que ocorre com o caso das sanções penais comuns e de responsabilidade, civis e administrativas. Em suma, uma coisa é a necessidade de ressarcimento em face dos efeitos do dano causado, outra são as consequências sancionatórias para o perpetrador.

As sanções serão detalhadas pontualmente nas linhas subsequentes. O principal intento destas linhas introdutórias é chamar a atenção para a importância de uma cuidadosa e atenta abordagem do art. 12. Pontos de indisputável atenção são a extrapolação dos efeitos das sanções para além da pessoa que cometeu o ato e a aplicação das sanções sobre pessoas jurídicas. Nestes dois pontos há de se tomar muito cuidado para que não se extrapole o foco da incidência da sanção, que deve ser sobre o agente, não sobre terceiros.

2. ALGUMAS QUESTÕES PRELIMINARES

2.1 A (in)constitucionalidade do art. 12

O fato de o art. 12 da Lei de Improbidade prever sanções outras para além daquelas contidas no § 4º do art. 37 da Constituição[2] levou ao questionamento

---

[1]   Salvo, é claro, quanto a sanção de ressarcimento do dano.

[2]   O art. 37, § 4º, prevê as seguintes sanções: *(i)* suspensão dos direitos políticos, *(ii)* perda da função pública, *(iii)* declaração de indisponibilidade de bens e *(iv)* ressarcimento ao

de sua constitucionalidade por parte da doutrina.[3] Em síntese, o argumento é no sentido de que a norma constitucional em questão é de eficácia limitada e, portanto, em sua regulamentação, a normatização infraconstitucional não poderia ir além daquilo previsto pelo constituinte, prevendo novas espécies sancionatórias.

Ocorre que aqueles que defendem a constitucionalidade do art. 12 partem do argumento da eficácia limitada da norma. No entender de Emerson Garcia e Rogério Pacheco Alves, o art. 37, § 4º, da Constituição veicula norma de eficácia limitada e, portanto, somente produz efeitos após a edição de legislação integrativa. Nesse sentido, entender que a LIA não poderia prever outras sanções que não as contidas "[...] de forma enunciativa em uma norma de natureza programática seria, no mínimo, subverter os fins do texto constitucional, afastando-o do ideal de repressão à desonestidade e de preservação do interesse público que justificaram a sua edição".[4]

Sobre o assunto, em sede jurisprudencial, vale mencionar o posicionamento do STJ no sentido de não existir qualquer incompatibilidade entre o § 4º do art. 37 e o art. 12 da Lei de Improbidade (REsp n. 440.178/SP). O STF, por sua vez, ainda não foi instado a se manifestar especificamente sobre a controvérsia, e as ações atualmente em trâmite perante a Corte questionando a constitucionalidade de alguns dispositivos da Lei de Improbidade também não incluem essa discussão.

Entendemos pertinente a tese da inconstitucionalidade do art. 12. Embora, de fato, adotada a classificação de José Afonso da Silva, o art. 37, § 4º possua eficácia limitada, não podemos ignorar que, com base no pensamento do mesmo constitucionalista, todas as normas constitucionais são dotadas de algum grau de eficácia. No caso das normas de eficácia limitada, uma das facetas dessa eficácia inicial mínima opera como uma amarra à liberdade de

---

erário. Adicionalmente, o art. 12 da Lei de Improbidade previu as sanções de *(v)* perda dos bens ou valores acrescidos ilicitamente ao patrimônio, *(vi)* multa, *(vii)* proibição de contratar com o poder público ou de receber benefícios ou incentivos fiscais ou creditícios.

[3]   A título de exemplo, ver COPOLA, Gina. **A improbidade administrativa no direito brasileiro**. Belo Horizonte: Fórum, 2011; MUDROVITSCH, Rodrigo de Bittencourt; NÓBREGA, Guilherme Pupe da. **Comentários à lei de improbidade administrativa e ao projeto de sua reforma**. Rio de Janeiro: Lumen Juris, 2021; SIMÃO, Calil. **Improbidade administrativa**: teoria e prática. 6. ed. Leme: Mizuno, 2022. p. 638-639.

[4]   GARCIA, Emerson; ALVES, Rogério Pacheco. **Improbidade administrativa**. 9. ed. São Paulo: Saraiva, 2017. p. 618. No mesmo sentido, Walber de Moura Agra pontua que o § 4º do art. 37 é exemplificativo e não proibiu, de forma expressa ou implícita, que lei especial contemplasse novas formas punitivas. Ver AGRA, Walber de Moura. **Comentários sobre a lei de improbidade administrativa**. 3. ed. Belo Horizonte: Fórum, 2022. p. 183.

conformação do legislador que, em sua regulamentação, não pode contrariar aquilo que foi assegurado pelo constituinte.[5]

Nesse sentido, necessário voltar os olhos para a redação da norma constitucional, que é expressa ao estabelecer que os atos de improbidade administrativa *importarão* as sanções ali previstas. Não se pode desconsiderar o verbo. A previsão é de que condutas ímprobas estão sujeitas àquelas e tão somente àquelas sanções. Diante dessa determinação (de eficácia limitada, a partir da adoção da classificação de José Afonso da Silva), o papel da legislação infraconstitucional era regulamentar a aplicabilidade das sanções previstas no texto constitucional, jamais incluir novas, como se constituinte fosse. Por esses motivos, entendemos estar o art. 12 eivado de inconstitucionalidade, eis que a LIA desbordou dos limites permitidos pela norma regulamentada.

2.2 Independência e comunicabilidade das esferas penal, civil e administrativa (*caput*)

O *caput* do art. 12 repete regra já consagrada do Direito Sancionador brasileiro, qual seja a independência entre as esferas penal, civil e administrativa para fins de aplicação de penas, de forma que a aplicação de determinada sanção em uma seara (civil, por exemplo) não impede a aplicação de sanções em outras searas (penal ou administrativa). Isso quer dizer que se um mesmo fato constitui, ao mesmo tempo, um ilícito civil e penal, o indivíduo que o praticou pode ser sancionado em ambas as instâncias.

Com efeito, o sistema de combate à improbidade enseja a incidência concomitante de múltiplos sistemas repressivos.[6] Ressalvadas as críticas que podem ser feitas a essa decisão legislativa,[7] fato é que essa independência não é absoluta. Há exceções. Dentre elas, vale destacar o § 5º do art. 21, segundo o qual sanções aplicadas em outras instâncias devem ser compensadas com as sanções de improbidade administrativa eventualmente aplicadas, e o inciso V do art. 17-C, que estabelece ser dever do juiz considerar na aplicação das sanções a dosimetria das sanções relativas ao mesmo fato já aplicadas ao agente.[8]

Assim, embora haja independência entre as instâncias, também se verifica a comunicabilidade. A extensão varia, podendo ser fraca (como,

---

[5]   SILVA, Afonso José. **Aplicabilidade das normas constitucionais**. São Paulo: Malheiros, 2007. p. 81-83 e 134.

[6]   Para críticas quanto a essa possibilidade, ver os comentários realizados ao art. 1º.

[7]   Sobre o assunto, remetemos o leitor aos primeiros capítulos do livro.

[8]   Para comentários sobre esses dispositivos, remetemos o leitor aos capítulos específicos em que eles foram analisados.

por exemplo, os efeitos de decisões proferidas pelos Tribunais de Contas aprovando contas – inciso II do art. 21) ou forte (como o efeito das sentenças civis e penais que concluírem pela inexistência da conduta ou pela negativa da autoria – § 3º do art. 21).

A razão de ser dessas exceções se encontra, sobretudo, no § 7º do art. 12, que consagra o princípio do *non bis in idem* – expressão latina que significa não repetição do mesmo fato – e veda que uma mesma conduta seja sancionada pelo Estado mais de uma vez. Ao mesmo tempo, todavia, acabamos de ver que a Lei de Improbidade também estatui a independência entre as instâncias de responsabilização, de modo que uma mesma conduta pode ser punida em mais uma de uma esfera. Como compatibilizar esses dois princípios?

A nosso ver, a compatibilização se dá principalmente pela garantia da compensação entre as mesmas sanções aplicadas em diferentes esferas, que está prevista, dentre outras disposições, no § 5º do art. 21 da Lei de Improbidade. Também se dá pelo reconhecimento de que algumas sanções, uma vez aplicadas em uma esfera de responsabilização, não podem ser novamente aplicadas ao mesmo sujeito pelo mesmo fato. Dois grandes exemplos são as sanções de ressarcimento do dano e de perda da função pública. Ora, uma vez realizado ressarcimento do dano ele não mais existe, de modo que ao agente não pode ser imposta uma nova condenação que enseje a mesma consequência. O mesmo ocorre com a perda da função. Se o agente já perdeu sua função, em momento posterior não poderá ser condenado a perder aquilo que já não mais possui. Para além de qualquer definição legal, também se trata de uma questão lógica.

Por fim, merece menção também a compatibilização via cumulação de sanções (art. 18-A) e pelos impactos exercidos por sentenças absolutórias proferidas em outros sistemas de responsabilização pelo mesmo fato. Tais questões, contudo, serão objeto de comentários mais aprofundados quando da análise dos respectivos artigos (arts. 18-A e 21).

2.3 Aplicação e dosagem das sanções, aspectos gerais (*caput*)

Nos termos do *caput* do art. 12, as sanções ali previstas podem ser aplicadas de forma isolada ou cumulativa. Além disso, a aplicação das sanções, até mesmo para a decisão acerca da forma isolada ou cumulativa, deve considerar a gravidade do ato ímprobo cometido.

Nesse sentido, importa notar que um mesmo ato de improbidade está sujeito a diferentes sanções, e entre elas existem notórias diferenças de gravidade. Por exemplo: o agente que pratica ato de improbidade que importa em enriquecimento ilícito (art. 9º) está sujeito a sanções que vão desde o pagamento de multa civil até a suspensão de seus direitos políticos por até 14 anos e/ou a perda de sua função pública. Com efeito, a amplitude das espécies infracionais, as diferenças de gravidade entre as sanções e as múltiplas variações de condutas contempladas pela Lei de Improbidade justificam essa possibilidade de aplicação a certos casos de apenas uma ou algumas das sanções possíveis.

Isso significa que, à luz do *caput* do art. 12, reforçado pelo inciso IV do art. 17, que trata das instruções para a dosimetria da pena, dentre as quais a observância ao princípio da proporcionalidade, cabe ao juiz, avaliando a gravidade do fato e a extensão do dano, decidir pela aplicação isolada ou cumulada de eventual sanção. Inclusive, a nosso ver, o agravamento da dosimetria das sanções depende de uma fundamentação rigorosa por parte do julgador, que deve indicar, considerando as circunstâncias do caso concreto, em especial a extensão do dano e a gravidade da conduta, os elementos que o levaram a decidir pela aplicação de mais de uma sanção.[9] Claro que a dosimetria deve ser definida dentro de parâmetros objetivos e coerentes com o que já praticado pelo Judiciário, sob pena de perda da prognose das decisões e consequente incremento das possibilidades de decisionismo e arbitrariedades.

2.4   A natureza das sanções

O fato de as sanções previstas na Lei de Improbidade serem de aplicação jurisdicional afasta de plano sua classificação como sanção de natureza disciplinar/administrativa, restando, pois, a natureza penal ou civil. Na linha da doutrina majoritária,[10] entendemos pela natureza civil de tais sanções. Primeiro porque, segundo o § 4º do art. 37 da Constituição, as sanções ali previstas serão aplicadas "sem prejuízo da ação penal cabível", a indicar, portanto, que elas não possuem natureza penal. Segundo porque as pessoas jurídicas lesadas são partes integralmente legítimas para o ajuizamento da

---

[9]   Para mais detalhes, remetemos o leitor aos comentários tecidos ao art. 17-C.

[10]   Por todos, citamos GARCIA, Emerson; ALVES, Rogério Pacheco. **Improbidade administrativa**. 9. ed. São Paulo: Saraiva, 2017. p. 621. Merecem menção também PAZZAGLINI FILHO, Marino. **Lei de improbidade administrativa comentada**. 7. ed. São Paulo: Atlas, 2018. p. 163-164; SIMÃO, Calil. **Improbidade administrativa**: teoria e prática. 6. ed. Leme: Mizuno, 2022. p. 654, que classificam as sanções em quatro categorias: política, político-administrativa, administrativa e civil. Por exemplo, a sanção de suspensão dos direitos políticos possui natureza política, ao passo que a sanção de perda da função pública possui natureza administrativa.

ação de improbidade,[11] ao passo que as ações destinadas à aplicação das sanções penais, salvo exceções constitucionais, podem ser ajuizadas somente pelo Ministério Público.

Isso não quer dizer, é claro, que ao sistema da improbidade não se aplicam os princípios constitucionais penais, que exercem um papel relevante no balizamento de qualquer atividade sancionatória do Estado. Inclusive, a própria Lei de Improbidade é expressa ao determinar a sua natureza puramente repressiva e sancionatória (art. 17-D) e que a ela se aplicam os princípios constitucionais do direito administrativo sancionador (§ 4º do art. 1º), de modo que a natureza civil das sanções por ato de improbidade não autoriza a conclusão de que o poder administrativo-sancionador e o direito punitivo-penal ocupam esferas jurídicas totalmente independentes uma da outra.[12]

No fundo, o principal impacto da natureza cível das sanções está na definição do Direito aplicável (Código de Processo Civil, e não Código de Processo Penal) e do órgão jurisdicional competente para julgar o processo, já que alguns dos agentes aptos para a prática de atos ímprobos possuem foro por prerrogativa de função nas causas de natureza criminal – foro esse não oponível às ações de improbidade.[13] Portanto, nos resta concluir que o ilícito de improbidade administrativa ostenta natureza cível,

> [...] resultando em restrições na esfera jurídica do ímprobo a partir de uma metodologia de igual natureza; juiz com competência cível, utilizando o Código de Processo Civil, ressalvadas, obviamente, as singularidades

---

[11] Conforme decidiu o STF nos autos das ADIns n. 7.042/DF e n. 7.043/DF, que serão analisadas com maiores detalhes nos comentários ao art. 17.

[12] Como anota Fábio Medina Osório, "A ausência de equiparação absoluta entre Direito Penal e Direito Administrativo Sancionador não afasta a aplicabilidade dos princípios penais a este último [...]" (**Teoria da improbidade administrativa**: má-gestão pública, corrupção, ineficiência. São Paulo: Thomson Reuters Brasil, 2022. p. 227).

[13] Há aqueles que, com base na severidade das sanções previstas na Lei de Improbidade (que, de fato, possuem forte conteúdo penal), defendem que também a ação de improbidade deve considerar a prerrogativa por foro de função para fins de determinação do órgão julgador competente. Ver WALD, Arnold; MENDES, Gilmar Ferreira. Competência para julgar ação de improbidade administrativa. **Revista de Informação Legislativa**, v. 35, n. 138, abr.-jun. 1998. Disponível em: https://www2. senado.leg.br/bdsf/item/id/378. Acesso em: 27 dez. 2022. Embora reconheçamos a solidez e engenhosidade do argumento, entendemos que a natureza penal de determinada sanção é opção política insculpida em lei, que independe de sua severidade, sendo a competência do órgão julgador definida a partir da natureza jurídica da matéria, independente da gravidade de seu conteúdo.

da Lei n. 8.429/1992, aplica determinadas sanções com observância das garantias prevalecentes nessa seara e com o necessário influxo do direito penal, fonte mor do direito sancionador.[14]

Ainda quanto ao tema, note-se que a Segunda Turma do STJ, nos autos do REsp n. 1.567.713/RN, já decidiu que o foro por prerrogativa de função não se estende ao processamento das ações de improbidade administrativa. De igual modo, o STF já julgou inconstitucional lei que acrescentou dispositivo ao Código de Processo Penal[15] prevendo foro por prerrogativa de função para as ações de improbidade (ADIn n. 2.797/DF), bem como já consignou expressamente que "O foro por prerrogativa de função é previsto pela Constituição Federal apenas para as infrações penais comuns, não podendo ser estendida para ações de improbidade administrativa, que têm natureza civil" (Pet n. 3.240/DF).

Para finalizar, importante registrar que somente nos filiamos ao entendimento de que o foro por prerrogativa de função não se estende às ações de improbidade em razão de ausência de previsão nesse sentido, e pelo fato de a Constituição mencionar expressamente que se trata de instituto aplicável às ações de natureza penal e aos crimes de responsabilidade. Já em termos de opção política defendemos o contrário, na linha dos argumentos defendidos por Gilmar Mendes e Arnoldo Wald.[16] A gravidade das sanções passíveis de aplicação e a submissão dos agentes políticos aos termos da Lei de Improbidade são motivos mais que suficientes para sustentar a necessidade de extensão ao sistema da improbidade das regras relativas à prerrogativa por foro de função.

Não o fazer, para além de uma opção do constituinte que desconsidera a natureza penal incrustada nas ações de improbidade,[17] gera problemas

---

[14]   GARCIA, Emerson; ALVES, Rogério Pacheco. **Improbidade administrativa**. 9. ed. São Paulo: Saraiva, 2017. p. 626-627.

[15]   Adicionou um § 2º ao art. 84, com a seguinte redação: "A ação de improbidade, de que trata a Lei n. 8.429, de 2 de junho de 1992, será proposta perante o tribunal competente para processar e julgar criminalmente o funcionário ou autoridade na hipótese de prerrogativa de foro em razão do exercício de função pública, observado o disposto no § 1º".

[16]   WALD, Arnold; MENDES, Gilmar Ferreira. Competência para julgar ação de improbidade administrativa. **Revista de Informação Legislativa**, v. 35, n. 138, abr.-jun. 1998. Disponível em: https://www2.senado.leg.br/bdsf/item/id/378. Acesso em: 27 dez. 2022.

[17]   "A simples possibilidade de suspensão de direitos políticos, ou a perda da função pública, isoladamente consideradas, seriam suficientes para demonstrar que não se

práticos gravíssimos. Por exemplo, nos força a concluir que ao Presidente da República, embora sujeito à competência do juízo de primeiro grau nas ações de improbidade, não podem ser aplicadas as penas de suspensão dos direitos políticos e perda da função pública, sob pena de usurpação da competência do Senado Federal no que toca aos processos de *impeachment*. Veremos essas questões com mais detalhes adiante.

3. COMINAÇÕES ESPECÍFICAS DA LIA

Da análise do *caput* e dos incisos I, II e III do art. 12, percebe-se que a LIA previu ao todo seis sanções.[18] São elas: *(i)* ressarcimento integral do dano patrimonial, *(ii)* perda dos bens ou valores acrescidos ilicitamente ao patrimônio, *(iii)* perda da função pública, *(iv)* suspensão dos direitos políticos, *(v)* multa civil e *(vi)* proibição de contratar com o Poder Público ou de receber benefícios ou incentivos fiscais ou creditícios. Três delas (*i, v* e *vi*) são comuns a todos os atos e três delas (*iv, v* e *vi*) permitem gradação por parte do juiz a depender da gravidade da conduta e do dano causado.

Conjugando as sanções com os atos de improbidade e as gradações possíveis, temos a seguinte tabela:

	ENRIQUECIMENTO ILÍCITO (ART. 9º)	PREJUÍZO AO ERÁRIO (ART. 10)	VIOLAÇÃO AOS PRINCÍPIOS (ART. 11)
Ressarcimento do dano	✓	✓	✓
Perda dos bens ou valores	✓	✓	✕
Perda da função pública	✓	✓	✕

---

trata de uma ação qualquer, mas de uma "ação civil" de forte conteúdo penal, com incontestáveis aspectos políticos" (WALD, Arnold; MENDES, Gilmar Ferreira. Competência para julgar ação de improbidade administrativa. **Revista de Informação Legislativa**, v. 35, n. 138, abr.-jun. 1998. Disponível em: https://www2.senado.leg.br/bdsf/item/id/378. Acesso em: 27 dez. 2022.

18   A indisponibilidade de bens, prevista no § 4º do art. 37 da Constituição de forma inapropriada como uma sanção, trata-se, em verdade, de um instrumento voltado a garantir a eficácia das sanções, motivo pelo qual foi regulamentada no capítulo relativo ao procedimento administrativo e processo judicial, mais especificamente no art. 16.

	ENRIQUECIMENTO ILÍCITO (ART. 9º)	PREJUÍZO AO ERÁRIO (ART. 10)	VIOLAÇÃO AOS PRINCÍPIOS (ART. 11)
Suspensão dos direitos políticos	Até 14 anos	Até 12 anos	×
Multa civil	Equivalente ao valor do acréscimo patrimonial	Equivalente ao valor do dano	Até 24x o valor da remuneração do agente
Proibição de contratar	Até 14 anos	Até 12 anos	Até 04 anos

3.1 Ressarcimento integral do dano patrimonial

A primeira das sanções previstas na Lei de Improbidade é o ressarcimento integral do dano patrimonial, quando efetivo. Trata-se, contudo, não propriamente de uma sanção, mas de uma previsão atinente ao instituto da responsabilidade civil.[19] Basta lembrar da conhecida máxima "aquele que causar dano a outrem está obrigado a repará-lo", consagrada no sistema jurídico brasileiro no art. 927 do Código Civil.

Até mesmo em razão dessa ausência de caráter punitivo já decidiu o STJ reiteradas vezes que a sanção de ressarcimento não pode ser aplicada de forma isolada, sendo imperioso que venha "[...] acompanhada de pelo menos uma das sanções legais que, efetivamente, visam a reprimir a conduta ímproba e a evitar o cometimento de novas infrações".[20] Em outras palavras, reconhecida a prática de um ato de improbidade administrativa que causou danos ao erário, para além da obrigação de reparar o prejuízo deve obrigatoriamente ser aplicada ao réu alguma outra sanção, sempre conforme previsão normativa.

Já decidiu o STJ também que mesmo quando o ressarcimento do dano é promovido por livre e espontânea vontade do agente ou terceiro, anteriormente ao ajuizamento da ação de improbidade, ainda é possível a aplicação de alguma das outras sanções previstas em lei. Em tal caso, contudo, o ato do agente ou terceiro deve ser considerado para fins de dosimetria.[21]

---

[19]   Nesse sentido, já consignou o STJ que, "Caracterizado o prejuízo ao erário, o ressarcimento não pode ser considerado propriamente uma sanção, mas consequência de reparação do ato ímprobo" (REsp n. 1.529.688/SP).

[20]   REsp n. 1.184.897/PE, Ag no REsp n. 606.352/SP, AgRg no REsp n. 1.366.208/MT, AgRg no AREsp n. 173.860/MS, REsp n. 1.019.055/SP.

[21]   REsp n. 1.450.113/RN e AgInt no REsp n. 1.857.432/CE.

Quanto a este ponto, entendemos que quando o ressarcimento é feito pelo causador do dano sem qualquer influência exógena há um forte indicativo de sua boa-fé e ausência de dolo em sua conduta, de modo que a aplicação de qualquer outra sanção pelo mesmo fato em eventual ação de improbidade é hipótese excepcional que depende não só da demonstração inequívoca de sua vontade em praticar o ato, mas da alta gravidade da conduta e da grave lesão ao bem jurídico protegido. Isto é, cabe ao juiz fundamentar que a gravidade da conduta e a expressiva lesão ao bem jurídico protegido justificam a imposição de sanção mesmo àquele que, por livre e espontânea vontade, reconheceu seu erro e reparou o dano que causou aos cofres públicos. Claro, como já dito, sempre dentro dos parâmetros objetivos já utilizados previamente, como forma de manutenção da coerência da atividade judicante.

Ademais, embora esse dever de reparação seja inerente somente às condutas previstas no art. 10 da Lei, que possuem como elemento central do tipo a existência de prejuízo ao erário, nada impede que a sanção seja aplicada também às hipóteses dos arts. 9º e 11, embora especialmente nas hipóteses do art. 11 essa seja a exceção. Para tanto, basta que da conduta praticada pelo agente ou terceiro se comprove dano patrimonial ao erário. É nesse sentido que, nos termos do *caput* do art. 12, o ressarcimento é "sanção" a ser aplicada sempre que existir dano patrimonial efetivo, independente de qual foi o ato praticado pelo sujeito.

Em suma, o ressarcimento do dano é medida inafastável que deve ser aplicada sempre que comprovada a existência de prejuízo aos cofres públicos, e sua extensão é exatamente a mesma do dano, sob pena de enriquecimento ilícito por parte da Administração. Qualquer valor para além disso deve ser aplicado a título de multa civil, e não de reparação. Nessa mesma linha, também há que se ressaltar a consequência da expressão "se efetivo", adotada no *caput* do art. 12. É dizer, não há o que se falar na condenação do acusado a reparar dano hipotético ou presumido, mas somente o dano efetivamente causado, que deve estar demonstrado documentalmente nos autos.

Quanto aos elementos que devem estar presentes para a configuração do dever de reparar, temos: a) a prática dolosa de ato ímprobo; b) que dessa prática se verifique dano patrimonial ao erário; c) que da conduta surja o dever jurídico de reparar – importante pois, no caso concreto, pode se verificar uma das excludentes de responsabilidade civil. Ademais, há de se notar a possibilidade de que a conduta causadora do prejuízo ao erário não se configure como um ato de improbidade administrativa, seja por lhe faltar adequação às hipóteses legais, seja pela ausência do elemento subjetivo do dolo. Nesses casos ainda poderá haver a responsabilização, mas nos termos dos preceitos gerais de responsabilidade civil previstos no Código Civil.

É de se observar, por fim, que a imposição de ressarcimento integral do dano, assim como a sanção de perda da função pública, representa uma das exceções à regra da independência entre as instâncias penal, civil e administrativa. É dizer, se o acusado já foi condenado a ressarcir o dano cometido ao erário em sede de ação civil pública, por exemplo, o agente não pode ser novamente condenado a fazê-lo em ação de improbidade, sendo perfeitamente aplicável aqui a vedação ao *bis in idem*. Inclusive, tal possibilidade também acaba vedada em razão da ilegalidade de enriquecimento sem causa do ente ressarcido. Confirmando esse raciocínio, estabelece o § 6º do art. 12 que "[...] a reparação do dano a que se refere esta Lei deverá deduzir o ressarcimento ocorrido nas instâncias criminal, civil e administrativa que tiver por objeto os mesmos fatos".

3.1.1　E o dano moral?

Originalmente, a Lei de Improbidade falava em sanção de ressarcimento integral do dano de modo genérico, sem especificar, como faz agora, que é o dano patrimonial. Isso levou a embates quanto à possibilidade ou não de condenação do ímprobo a reparar, para além do dano patrimonial, os danos à imagem sofridos pela pessoa jurídica lesada. Em sentido positivo, afirmam Emerson Garcia e Rogério Pacheco Alves que o direito à imagem e à reputação é inerente à própria personalidade das pessoas jurídicas, sejam elas públicas ou privadas, de modo que temos que atribuir ao sujeito ativo do ato o dever jurídico de respeitar esses direitos e, em caso de descumprimento, o dever de ressarcir integralmente os danos causados.[22]

Em sede jurisprudencial esse também foi o entendimento que prevaleceu, sendo que o STJ admite não só a condenação em danos morais, mas também a condenação em danos morais coletivos,[23] embora, neste último caso, também encontremos decisões em sentido contrário.[24] Em linhas gerais, o entendimento majoritário atualmente vigente vai no sentido de ser cabível a condenação em danos morais coletivos sempre que a repercussão do ato ímprobo ultrapassar os limites da tolerabilidade. Isto é, o dano deve ser grave o suficiente para produzir verdadeiros sofrimentos, intranquilidade social e alterações relevantes na ordem extrapatrimonial coletiva.

---

[22]　GARCIA, Emerson; ALVES, Rogério Pacheco. **Improbidade administrativa**. 9. ed. São Paulo: Saraiva, 2017. p. 658.

[23]　EDv nos EAREsp n. 478.386/DF.

[24]　AREsp n. 478.386/DF.

Sempre nos opusemos a esse entendimento, especialmente com relação à possibilidade de condenação em danos morais coletivos, haja vista que o que a Lei de Improbidade busca resguardar é o patrimônio público e social "[...] dos Poderes Executivo, Legislativo e Judiciário, bem como da administração direta e indireta, no âmbito da União, dos Estados, dos Municípios e do Distrito Federal" (§ 5º do art. 1º), o que exclui de plano a possibilidade de reparação de danos causados não às pessoas jurídicas tuteladas, mas à coletividade.

De qualquer forma, nos parece que a LIA pôs fim à discussão ao especificar no *caput* do art. 12 que o dano a ser reparado é somente aquele de natureza patrimonial. Trata-se de alteração sutil, mas de extrema relevância, já que afasta o entendimento consolidado no âmbito do STJ de ser possível a recomposição de dano extrapatrimonial em sede de ação de improbidade administrativa. Em outras palavras, a lei – de forma louvável, a nosso ver – excluiu do sistema de combate à improbidade qualquer sanção compensatória que tenha por objeto danos extrapatrimoniais sofridos pelas entidades legalmente tuteladas.

3.2   Perda dos bens ou valores acrescidos ilicitamente ao patrimônio

A sanção de perda de bens ou valores possui base constitucional (art. 5º, inciso XLVI, *b*), também encontrando guarida, ainda que implicitamente, no § 4º do art. 37 – afinal, estando prevista a medida de indisponibilidade de bens, detentora de natureza cautelar, pressupõe-se que a perda de bens também é uma das sanções de possível aplicação em sede de ação de improbidade[25] –, e é cabível nas hipóteses dos atos de improbidade que importam enriquecimento ilícito ou que causam danos ao erário (arts. 9º e 10).

A perda se impõe sempre que verificado o enriquecimento ilícito do agente, gerando acréscimo patrimonial em seu favor, e recairá sobre bens ou valores certos e determinados, indicados com precisão na sentença que julgar procedente a ação de improbidade. Tal decisão também deve demonstrar que o acréscimo decorreu de um dos atos de improbidade previstos nos arts. 9º e 10 da Lei. Quanto à materialidade, entendemos que a sanção abarca tanto os bens e valores que foram ilicitamente incorporados pelo sujeito ao seu patrimônio quanto bens adquiridos licitamente, mas a partir de valores desviados do erário.

---

[25]   Em razão disso, entendemos ser essa a única das três sanções que não encontram correspondência no texto constitucional que não está eivada de inconstitucionalidade.

Quanto à sua natureza, há aqueles que não enxergam a perda de bens ou valores como propriamente uma sanção, sob a justificativa de que, em verdade, o agente ou terceiro não é punido com a perda de seus bens ou valores, mas condenado a restituir o que ilicitamente tomou do Estado. Tratar-se-ia, pois, tão somente de restituição do que subtraído ilicitamente do patrimônio público.[26] Contudo, não somos partidários desse entendimento. Enxergamos na sanção em questão natureza punitiva. Seu objetivo principal não é garantir a recomposição do erário – até mesmo porque, como veremos a seguir, pode ser que o dano nem exista –, mas retirar do patrimônio do ímprobo aquilo que foi adquirido indevidamente às expensas do Estado.

Aplicada a sanção, os bens ou valores se reverterão em favor da pessoa jurídica lesada (art. 18 da Lei), esta identificada não somente como aquela que foi efetivamente prejudicada em seu patrimônio, mas também aquela a partir da qual o agente se enriqueceu durante o exercício de seu cargo, emprego ou função, ainda que esse enriquecimento não tenha gerado prejuízo direto aos cofres da entidade. Isto é, a vantagem obtida por meio de prestação negativa também é abarcada pelo dispositivo, sendo um exemplo a utilização de funcionários públicos, durante o expediente legal, para a realização de um determinado serviço, permitindo que o ímprobo economize o valor que eventualmente gastaria na contratação de um profissional autônomo.

Em tais casos, deve o proveito econômico auferido ser detalhadamente estimado em sentença, permitindo assim a condenação do ímprobo a restituir à pessoa jurídica exatamente aquilo que efetivamente economizou com sua ação ilícita. Em suma, a ocorrência de prejuízos diretos ao patrimônio da pessoa jurídica não é requisito essencial para a aplicação da sanção. O que se exige é a ocorrência de acréscimo patrimonial efetivo. Nas palavras de Francisco Prado,

> [...] a aplicação da sanção independe da efetiva ocorrência de dano ao patrimônio público (art. 21, I), e na maioria das hipóteses do art. 9º o ilícito se consuma mediante a percepção de vantagem indevida advinda de fontes estranhas ao patrimônio da entidade pública ou assemelhada.[27]

---

[26]   FERRARESI, Eurico. **Improbidade administrativa**: Lei 8.429/1992 comentada artigo por artigo. São Paulo: Método, 2011. p. 139; PAZZAGLINI FILHO, Marino. **Lei de improbidade administrativa comentada**. 7. ed. São Paulo: Atlas, 2018. p. 174.

[27]   PRADO, Francisco Octavio de Almeida. **Improbidade administrativa**. São Paulo: Malheiros, 2001. p. 145-146.

Ademais, tratando-se de bens fungíveis ou bens que, embora infungíveis, não se encontram mais sob a responsabilidade do acusado, o perdimento deverá incidir sobre bem ou valor equivalente. Entender diferente significa reconhecer que basta a venda do bem a terceiro de boa-fé ou a circulação do dinheiro subtraído para se inviabilizar a aplicação da sanção, o que não se pode admitir.

Adotadas todas essas premissas, podemos reduzir a três os requisitos autorizadores da aplicação da sanção de perda de bens ou valores: a) a demonstração do enriquecimento ilícito do agente mediante ação dolosa; b) a demonstração de que esse enriquecimento ilícito refletiu em danos ao patrimônio público, ainda que não se verifique dano patrimonial direto ao ente ao qual ele está vinculado – hipótese da vantagem obtida através de prestação negativa; c) que seja possível individualizar os bens que representam o enriquecimento ilícito.

Ainda, importante não confundir a sanção de perdimento com a sanção de ressarcimento do dano. No primeiro caso, o que está em discussão não é o prejuízo causado aos cofres públicos, mas o enriquecimento ilícito do agente, até mesmo porque, como visto, o ato que gerou o enriquecimento ilícito não necessariamente causa dano patrimonial ao Estado. Já no caso do ressarcimento a existência de prejuízo ao Poder Público é elemento central.

Seja como for, fato é que em certos casos a aplicação de uma ou outra sanção leva ao mesmo resultado (exemplo: na hipótese do agente que se apropria de numerário pertence à Administração, tanto a sanção de perdimento quanto a de ressarcimento tem como efeito a condenação do agente a recompor o patrimônio público), e por isso a aplicação conjunta de ambas somente é admissível quando diverso for o seu suporte fático, sob pena de *bis in idem*. Emerson Garcia e Rogério Pacheco Alves apresentam exemplo esclarecedor. Imagine um agente que se apropria clandestinamente de veículo pertencente ao Poder Público, que então adquire um outro para que ele desempenhe suas atividades. Nesse caso, o agente será condenado à perda do veículo (ou valor equivalente) e ao ressarcimento dos valores gastos pelo Estado com a locação do novo veículo.[28]

Nos casos em que houver a necessidade de liquidação do dano, seja por se tratar de bem fungível deteriorado ou que não mais se encontra sob o patrimônio do agente, seja por se tratar de bem infungível, estabelece o § 1º do art. 18 da Lei que é papel da pessoa jurídica lesada realizar essa liquidação e dar início aos procedimentos relativos ao cumprimento da sentença. Caso ela não o faça no prazo de seis meses, contados do trânsito em julgado

---

[28] GARCIA, Emerson; ALVES, Rogério Pacheco. **Improbidade administrativa**. 9. ed. São Paulo: Saraiva, 2017. p. 646.

da sentença, cabe ao Ministério Público fazê-lo, sem prejuízo de eventual responsabilização pela omissão verificada (§ 2º do art. 18).[29]

É de se notar, por fim, que não há que se falar propriamente em reversão quando os bens ou valores ilicitamente subtraídos pelo sujeito ativo do ato tenham origem no patrimônio de terceiros (é o caso da vantagem indevida obtida por prestação negativa). Afinal, bens ou valores não podem ser revertidos a um lugar em que nunca estiveram. Trata-se de uma questão técnica. Ao fim e ao cabo, os bens e valores acrescidos ilicitamente ao patrimônio do agente devem ser incorporados aos cofres da pessoa jurídica lesada ainda que a ele não tenham pertencido originariamente.

3.3   Perda da função pública

A perda da função pública consiste no rompimento definitivo do vínculo que liga o agente público à entidade em que ele exerce suas atividades. Por isso, trata-se de sanção passível de aplicação somente ao agente público e àqueles que exerçam, ainda que temporariamente, com ou sem remuneração, mandato, cargo, emprego ou função pública em uma das entidades tuteladas pela Lei de Improbidade. Definir o conceito de função pública, todavia, não é tarefa fácil. Aqui, nos filiamos à posição também sustentada por Marino Pazzaglini Filho, para quem função pública consiste em

> [...] toda atividade exercida por pessoa física, ainda que transitoriamente e sem remuneração, investida na categoria de agente público por eleição, nomeação, contratação ou qualquer outra forma de investidura ou vínculo, mandato, cargo, emprego ou função, na administração pública direta, indireta, autárquica ou fundacional dos entes da Federação e dos poderes estatais, em empresas incorporadas ao patrimônio público ou em entidades para cuja criação ou custeio o Erário haja concorrido ou concorra com mais de 50% do patrimônio ou da receita.[30]

Trata-se, pois, de conceito abrangente que compreende multiplicidade[31] de espécies de vínculos jurídicos entre o agente público, em sentido *lato sensu*,

---

[29]   Mais comentários sobre o art. 18 serão feitos em momento oportuno.

[30]   FILHO, Marino Pazzaglini. **Lei de improbidade administrativa comentada**. 7. ed. São Paulo: Atlas, 2018. p. 163 e 167.

[31]   Emerson Garcia e Rogério Pacheco Alves entendem que o conceito abarca também aqueles que desenvolvem determinada atividade pública em razão de concessão, permissão, autorização, entre outros. Nesse caso, a aplicação da sanção originaria a

e a Administração, conforme já consignou também o STJ no julgamento do MS n. 21.757/DF.

Em conjunto com a suspensão dos direitos políticos, a perda da função pública é a mais grave das sanções previstas na Lei de Improbidade,[32] orientando o STJ temperança e motivação exauriente para a sua aplicação: "[...] a perda de função pública é sanção por demais acentuada, que deve ser reservada a casos graves, nos quais se demonstrar que a conduta é revestida de má-fé e direcionada ao locupletamento ilícito ou malbaratamento da coisa pública [...]".[33]

É exatamente em razão da gravidade de tal sanção que, nos termos do *caput* do art. 20, ela somente pode ser aplicada após o trânsito em julgado da sentença condenatória, admitindo-se em sede cautelar tão somente o afastamento do agente do seu cargo por até 90 dias, prorrogáveis uma vez por igual período, mediante decisão motivada, quando verificar que tal medida for necessária "[...] à instrução processual ou para evitar a iminente prática de novos ilícitos" (§§ 1º e 2º).[34] De qualquer forma, trata-se o contido no *caput* de mera repetição do previsto no § 9º do art. 12, segundo o qual as sanções de improbidade somente poderão ser executadas após o trânsito em julgado da sentença condenatória.

De se notar, ademais, que se trata de pena personalíssima (não transmissível aos herdeiros) e que, uma vez imposta, não impede o apenado de reingressar em outra função pública caso esteja em pleno gozo de seus direitos políticos, nem sequer existindo um período mínimo de impedimento. Com efeito, embora a imposição da sanção dissolva por completo o vínculo jurídico até então existente entre o agente e o Estado, nada impede que ele venha a readquiri-lo através de nova investidura. Nesse sentido, não podemos confundir a perda da função com a inabilitação para o exercício de cargo público, a qual consiste na obstrução (temporária) do indivíduo do acesso a funções estatais.

---

extinção do contrato. Ver GARCIA, Emerson; ALVES, Rogério Pacheco. **Improbidade administrativa**. 9. ed. São Paulo: Saraiva, 2017. p. 674.

[32] "As sanções de perda do cargo e/ou função pública, assim como a de suspensão dos direitos políticos constituem as mais drásticas das penalidades estabelecidas na Lei de Improbidade Administrativa, devendo, por isso, serem aplicadas apenas em casos graves, sempre levando em conta a extensão do dano" (AREsp 1.013.434/MG).

[33] REsp n. 1.788.833/MG.

[34] Os comentários ao art. 20 serão feitos com detalhes em momento oportuno.

3.3.1 A controvérsia em torno da extensão e alcance da sanção

Antes da reforma, discussão candente dizia respeito ao alcance da sanção: o agente público perde somente função que exercia na época em que praticou o ato ímprobo ou a pena alcança todo vínculo laboral entre o agente e a Administração? A relevância da controvérsia é clara: como a pena em questão só se efetiva com o trânsito em julgado da sentença condenatória, o que tende a ocorrer muitos anos após a prática do ato ímprobo, pode ser que no momento de sua aplicação o agente não mais ocupe a função que exercia, seja porque não exerce mais função nenhuma, seja porque exerce outra função ou se aposentou.

No primeiro caso, maiores problemas não são verificados. Afinal, não há como se perder aquilo que não se tem. Nos outros dois, a discussão que se trava é se a sanção da perda da função pública alcança função pública sem relação com o ato de improbidade praticado pelo sujeito. Emerson Garcia e Rogério Pacheco Alves, por exemplo, partindo do pressuposto que o objetivo da sanção é fulminar da vida pública aquele que demonstrou não ter dignidade para exercê-la, sustentam que a sanção alcança todo e qualquer vínculo laboral existente junto ao Poder Público.[35] Marino Pazzaglini Filho, por outro lado, entende que a sanção fulmina tão somente a função pública que o agente exercia a época em que praticou o ato.[36]

A falta de consenso quanto ao assunto se reproduziu no Judiciário. A Segunda Turma do STJ possui jurisprudência firmada no sentido de que a sanção acarreta não só a perda da função do agente, seja ela qual for e ainda que distinta daquela em que ocupava o agente quando cometeu o ilícito,[37] como também a cassação de aposentadoria do servidor aposentado no curso da ação de improbidade.[38] A Primeira Turma, por sua vez, rechaça por com-

---

[35] GARCIA, Emerson; ALVES, Rogério Pacheco. **Improbidade administrativa**. 9. ed. São Paulo: Saraiva, 2017. p. 681-682.

[36] PAZZAGLINI FILHO, Marino. **Lei de improbidade administrativa comentada**. 7. ed. São Paulo: Atlas, 2018. p. 167. No mesmo sentido, ver FAZZIO JÚNIOR, Waldo. **Improbidade administrativa e crimes perfeitos**. São Paulo: Atlas, 2001. p. 304; MUDROVITSCH, Rodrigo de Bittencourt; NÓBREGA, Guilherme Pupe da. **Comentários à lei de improbidade administrativa e ao projeto de sua reforma**. Rio de Janeiro: Lumen Juris, 2021. p. 168-169.

[37] REsp n. 1.297.021/PR e AgInt no REsp n. 1.701.967/RS.

[38] EDcl no REsp n. 1.682.961/RN e AgInt no REsp n. 1.781.874/DF.

pleto a possibilidade de a sanção alcançar função diferente daquela exercida pelo agente quando da prática do ato.[39]

Recentemente, contudo, a Primeira Seção da Corte pôs fim à discussão nos embargos de divergência opostos nos autos do REsp n. 1.701.967/RS, quando assentou o entendimento de que o vínculo a ser atingido pela sanção é o atual, ainda que seja ele diferente daquele ocupado pelo agente quando praticou o ato ímprobo. Quanto à possibilidade de cassação de aposentadoria, por outro lado, a mesma Primeira Seção firmou o entendimento contrário, no sentido de se tratar de pena não prevista no art. 12 e que, portanto, não pode ser aplicada como consequência da sanção de perda da função pública.[40]

Quanto à nossa posição, sempre defendemos que a sanção da perda da função pública deve alcançar somente a função ocupada pelo agente no momento da prática do ato, haja vista que a punição diz respeito ao vínculo exercido pelo agente, e não ao agente em si considerado. Com efeito, entendemos que não há como a sanção alcançar um vínculo que não tenha relação com o cometimento do ato ímprobo, muito menos se converter em cassação de aposentadoria sem qualquer autorização legal nesse sentido.[41]

Seja como for, é importante notar que toda essa divergência floresceu antes da entrada em vigor da Lei n. 14.230/2021, que tomou partido na discussão, prevendo no § 1º do art. 12 que a sanção de perda de função pública "[...] atinge apenas o vínculo de mesma qualidade e natureza que o agente público ou político detinha com o poder público na época do cometimento da infração, podendo o magistrado, na hipótese do inciso I do *caput* deste artigo, e em caráter excepcional, estendê-la aos demais vínculos, consideradas as circunstâncias do caso e a gravidade da infração".

Isto é, a LIA buscou um meio-termo, encampando o entendimento aqui adotado de que a sanção alcança somente a função ligada ao cometimento do ato de improbidade como regra, mas admitindo, em caráter excepcional, e somente na hipótese de enriquecimento ilícito, o alargamento do alcance da sanção para atingir também os demais vínculos existentes entre o agente e o Estado. A ver, pois, como se pronunciarão os Tribunais a respeito. Especificamente quanto à possibilidade de cassação de aposentadoria, nada falou

---

[39]   REsp n. 1.766.149/RJ e REsp n. 1.564.682/RO.

[40]   EREsp n. 1.496.374/ES.

[41]   No sentido de ser possível a cassação da aposentadoria, salvo se decorrente de cargo não relacionado ao cometimento do ilícito, ver AGRA, Walber de Moura. **Comentários sobre a lei de improbidade**. 3. ed. Belo Horizonte: Fórum, 2022. p. 176.

a normatização, de modo que continua vigente o entendimento (correto) do STJ no sentido de sua impossibilidade.

3.3.2   A solução encontrada pela LIA: (in)constitucionalidade e requisitos (§ 1º)

Indo direto ao ponto: entendemos que o entendimento adotado pelo STJ e pela Lei n. 14.230/2021, quanto à possibilidade de que a sanção da perda de função pública atinja vínculos que não aquele ligado ao cometimento do ato de improbidade, padece de grave inconstitucionalidade por violação ao princípio da anterioridade da lei penal previsto no inciso XXXIX do art. 5º da Constituição.[42] Enquanto norma veiculadora de punição, o art. 37, § 4º, da Constituição deve sempre ser interpretado restritivamente[43] e, em caso de dúvidas, a interpretação a ser adotada é aquela que beneficia o acusado.

A partir dessas premissas, só podemos concluir que a interpretação correta a ser dada a expressão "perda da função pública" é aquela que restringe o alcance da sanção ao vínculo jurídico tido pelo agente junto ao Estado na época da prática do ato de improbidade. A existência de um nexo de causalidade entre o ato ímprobo e a sanção é elemento indispensável para a sua aplicação, não sendo possível o rompimento de um vínculo sem qualquer relação com o ato que se pretende sancionar. Em outras palavras, como lembra Calil Simão, o nexo de causalidade "[...] constitui uma garantia fundamental do jurisdicionado, e, por outro lado, uma limitação do poder punitivo do Estado".[44]

Com efeito, entendemos que o § 1º do art. 12 da Lei de Improbidade, ao admitir, mesmo que de forma excepcional, que a perda da função pública é sanção que alcança função diferente daquela exercida pelo agente quando da prática do ato ímprobo, é inconstitucional por violar o § 4º do art. 37 e o inciso XXXIX do art. 5º, ambos da Constituição. Como bem pontua Gilmar Mendes, os princípios da anterioridade e legalidade em matéria penal impõem que qualquer intervenção no âmbito das liberdades individuais há de lastrear-se em lei.[45]

---

[42]   Aplicável ao sistema de combate à improbidade por força do art. 1º, § 4º, da Lei n. 8.429/1992.

[43]   Outro motivo que nos leva a concluir pela inconstitucionalidade do art. 12 quando prevê sanções outras que não aquelas contidas no texto constitucional.

[44]   SIMÃO, Calil. **Improbidade administrativa**: teoria e prática. 6. ed. Leme: Mizuno, 2022. p. 817-818.

[45]   MENDES, Gilmar Ferreira; BRANCO, Paulo Gustavo Gonet. **Curso de direito constitucional**. 15. ed. rev., e atual. São Paulo: Saraiva Educação, 2020. p. 534.

Isso significa que se a Constituição, que é o diploma normativo competente para a previsão das sanções cabíveis pela prática de ato de improbidade (§ 4º do art. 37), previu tão somente a função de perda da função pública, sem especificar que essa função pode ser qualquer uma, ainda que sem relação com o cometimento do ato de improbidade, não poderia a normatização infraconstitucional fazê-lo. Ampliar dessa forma o alcance da sanção sem qualquer autorização constitucional é o mesmo que criar uma nova sanção via interpretação *in malam partem,* o que contraria frontalmente o texto constitucional.

Nas palavras de Gilmar Mendes, o princípio da anterioridade da lei penal proíbe o uso de analogia para tipificar determinada conduta como crime ou agravar o seu tratamento pela legislação.[46] Dessa forma, se toda a construção constitucional nos indica que a função pública a ser pedida é a que possui um nexo com o ato ímprobo praticado pelo agente, que deu origem à improbidade, não pode a LIA ampliar demasiadamente esse alcance da sanção para abranger toda e qualquer função pública exercida pelo agente.

De todo modo, e passando ao largo das discussões em torno da inconstitucionalidade do dispositivo, somente nos resta analisar os requisitos que deverão ser preenchidos para a extensão da aplicação da sanção a vínculos que não aquele tido pelo agente no momento do cometimento da infração:

a. o ato de improbidade praticado necessariamente deve corresponder a algum daqueles previstos nos incisos do art. 9º (atos que importam em enriquecimento ilícito);

b. o agente não deve mais possuir o vínculo jurídico que possuía com o Estado à época do cometimento do ilícito. Inclusive, se o agente já teve vínculo extinto por sanção aplicada em outra esfera (civil, administrativa ou penal), não há o que se falar em rompimento de outro vínculo pelo mesmo fato;

c. trata-se de medida excepcional, que só deve ser adotada quando a natureza e a gravidade da infração cometida assim exijam. Neste ponto, a nosso ver, um requisito essencial é que a atual função ocupada pelo agente lhe permita a prática de eventuais atos equivalentes, semelhantes ou equiparados àquele que motivou a perda da função. Exemplo: se o agente cometeu o ilícito enquanto exercia função em um departamento de licitações, e hoje ocupa cargo de

---

[46] MENDES, Gilmar Ferreira; BRANCO, Paulo Gustavo Gonet. **Curso de direito constitucional**. 15. ed. rev., e atual. São Paulo: Saraiva Educação, 2020. p. 536.

professor municipal de educação básica, a extinção deste último vínculo é manifestamente inadequada para fins de punição;[47]

d. o vínculo que está sendo rompido deve estar individualizado na sentença. A decisão não pode se referir a todo e qualquer vínculo de forma abstrata e genérica, devendo o juiz indicar de forma fundamentada, à luz das circunstâncias do caso concreto, qual(is) vínculo(s) está(ão) sendo rompido(s) e por quê;

e. a gravidade da infração deve ser assim considerada não com base nas opiniões pessoais do julgador, mas à luz de uma interpretação sistemática de todo o sistema brasileiro de combate à corrupção e à improbidade e, claro, dentro de uma lógica judicante de coerência e integridade;

f. a fundamentação da sentença necessariamente deve conter, de forma detalhada, os motivos e elementos retirados do caso concreto que levaram o magistrado a concluir que a extinção do vínculo que não apresenta relação com a prática do ato de improbidade é a medida mais adequada a ser tomada para a punição do agente.

Para finalizar, impende destacar que a eficácia do § 1º do art. 12 da Lei de Improbidade foi suspensa por decisão do Min. Alexandre de Moraes nos autos da ADIn n. 7.236/DF. No entendimento do Ministro, a defesa da probidade administrativa impõe a perda da função pública independentemente do cargo ocupado no momento da condenação. Ele considerou também que, na prática, o dispositivo pode eximir determinados agentes da sanção por meio da troca de função ou no caso de demora no julgamento da causa. A ver como se pronunciarão os demais Ministros da Corte. Até lá, enquanto vigente a suspensão do dispositivo continua a valer o entendimento do STJ de que o vínculo a ser extinto é o atual, ainda que sem relação com o cometimento do ato ímprobo.

3.3.3 A perda da função pública e o caso do Presidente da República e dos Deputados e Senadores

A nosso ver, como a perda do mandato presidencial só é possível em razão de cometimento de crime de responsabilidade, e mediante processo de *impeachment* (arts. 85 e 86 da Constituição), descabe a aplicação da san-

---

[47] Na mesma linha, SIMÃO, Calil. **Improbidade administrativa**: teoria e prática. 6. ed. Leme: Mizuno, 2022. p. 829-830.

ção de perda da função pública ao presidente da República.[48] Isso não quer dizer que o presidente está imune à incidência da Lei de Improbidade, mas que eventual condenação deve limitar-se às sanções civis comuns, que não possuem reflexos políticos.[49]

O mesmo raciocínio se aplica aos deputados e senadores federais, estaduais e distritais, na medida em que as hipóteses de perda do mandato parlamentar estão previstas taxativamente nos incisos I a VI do art. 55 da Constituição,[50] e a perda da função pública por sentença condenatória transitada em julgado em sede de ação de improbidade não está entre elas. Entretanto, como a condenação por ato de improbidade, a depender do caso, pode configurar violação ao decoro (hipótese de perda do mandato contemplada no inciso II do art. 55), entendemos que nada impede que os autos do processo sejam encaminhados à Casa Legislativa a que pertence o parlamentar para que ela decida ou não ser caso de quebra do decoro e, consequentemente, hipótese de cassação do mandato (§ 2º do art. 55).

3.4   Suspensão dos direitos políticos

A suspensão dos direitos políticos, como visto, é das penas mais severas previstas pela Lei de Improbidade, haja vista que, com sua imposição, o acusado fica impedido de exercer uma das facetas mais importantes dos direitos fundamentais do cidadão. Dentre os direitos que somente podem ser exercidos por aquele em pleno gozo dos direitos políticos, destaca-se: o direito de votar e ser votado (art. 14 da Constituição), o direito de criar e integrar partidos políticos (art. 16 da Lei n. 9.096/1995) e o direito de integrar cargos públicos (art. 5º, II, da Lei n. 8.112/1990) e certos cargos políticos, como o cargo de ministro de Estado (art. 87 da Constituição). Com efeito, identificada e punida a prática de improbidade com a sanção de suspensão dos direitos políticos, a cidadania do

---

[48]   Nesse mesmo sentido, PAZZAGLINI FILHO, Marino. **Lei de improbidade administrativa comentada**. 7. ed. São Paulo: Atlas, 2018. p. 170; SIMÃO, Calil. **Improbidade administrativa**: teoria e prática. 6. ed. Leme: Mizuno, 2022. p. 813. Em sentido contrário, GARCIA, Emerson; ALVES, Rogério Pacheco. **Improbidade administrativa**. 9. ed. São Paulo: Saraiva, 2017. p. 683-687.

[49]   O mesmo entendimento se aplica, por simetria, aos governadores, prefeitos e às autoridades sujeitas ao cometimento de crimes de responsabilidade, a exemplo do vice-presidente da República, dos ministros do Supremo Tribunal Federal e das demais autoridades previstas nos incisos I e II do art. 52 da Constituição.

[50]   Extensível aos Deputados Estaduais e Distritais por força do arts. 27, § 1º, e 32, § 3º, ambos da Constituição.

ímprobo será restringida temporariamente, estando ele impedido de exercer todo e qualquer direito que pressuponha a condição de cidadão.

É importante diferenciar a suspensão dos direitos políticos decorrente de sentença criminal condenatória transitada em julgado, que é automática (inciso III do art. 15 da Constituição), daquela decorrente de processo de improbidade, que depende de previsão expressa por parte do magistrado. Isso porque, como já vimos, não necessariamente a um ato de improbidade deve se aplicar todas as sanções previstas no art. 12, de modo que silente a sentença nesse ponto, não há o que se falar em suspensão dos direitos políticos do agente.

Transitada em julgado a sentença condenatória, cabe ao magistrado comunicar tal fato à Justiça Eleitoral da circunscrição em que o apenado mantém seu domicílio eleitoral para que seja instaurado processo de cancelamento de alistamento (arts. 71 e ss. do Código Eleitoral), sendo que enquanto não efetivada a sua exclusão, ele poderá votar normalmente[51] (art. 72 do Código Eleitoral), mas não ser votado (art. 14, § 3º, II, da Constituição). Ademais, o eleitor apenado não pode participar de atividades partidárias, inclusive comícios e atos de propaganda em recintos fechados ou abertos, sob pena de detenção por até seis meses e pagamento de 90 a 120 dias-multa (art. 337 do Código Eleitoral).

Por fim, questão controversa diz respeito aos agentes políticos e aos servidores públicos: sancionados com a suspensão de seus direitos políticos pela prática de ato de improbidade, eles perdem automaticamente seus cargos? Quanto aos servidores públicos, a resposta é negativa. Embora o pleno gozo dos direitos políticos seja condição de possibilidade para a investidura em cargo público, não o é para continuar exercendo-o, haja vista que o vínculo mantido pelo servidor junto ao Estado é de natureza profissional, e não po-

---

[51]   Entendem Emerson Garcia e Rogério Pacheco Alves que, mesmo podendo votar enquanto não determinada a sua exclusão, caso assim o faça o apenado poderá ser responsabilizado penalmente nos termos do art. 359 do Código Penal, que estabelece ser crime "Exercer função, atividade, direito, autoridade ou múnus, de que foi suspenso ou privado por decisão judicial" (GARCIA, Emerson; ALVES, Rogério Pacheco. **Improbidade administrativa**. 9. ed. São Paulo: Saraiva, 2017. p. 683-687). A nosso ver, contudo, trata-se esse de entendimento equivocado, já que o Código Eleitoral é claro ao admitir o voto daquele que ainda não foi excluído do cadastro de eleitores, e não é crime o ato praticado em fiel observância à legislação específica que o regula.

lítica.[52] Ademais, se a Constituição e a Lei de Improbidade preveem como sanção autônoma a perda da função pública, não faz sentido sustentar que se trata essa de consequência automática de outra sanção.

Em outras palavras, existem duas sanções autônomas, com efeitos diferentes: a perda da função pública e a suspensão dos direitos políticos. Se a aplicação da segunda gerasse automaticamente o efeito gerado pela aplicação da primeira, não só o conteúdo desta restaria esvaziado como também seria impossível a aplicação cumulativa das duas penas. Em suma, estar no gozo dos direitos políticos é requisito de investidura em cargo, emprego ou função pública, não de permanência.

Quanto aos agentes políticos, é de se notar que a Constituição prevê que os deputados e senadores, estaduais e federais, perderão seus mandatos caso sancionados com a suspensão de seus direitos políticos caso assim decida a respectiva Casa Legislativa (arts. 55, § 2º e 27, § 1º). A perda do mandato deve ser declarada pela Mesa da Casa Legislativa, não havendo qualquer espaço para decisão em sentido contrário. Isto é, aplicada a sanção, compete à Mesa tão somente declarar a extinção do mandato, sendo a eficácia de sua decisão meramente declaratória (§ 3º do art. 55). Qualquer entendimento diverso levaria a uma afronta à autoridade do Poder Judiciário e, consequentemente, a uma violação ao princípio da separação dos Poderes.[53]

Por outro lado, a suspensão de direitos políticos em ação de improbidade também não acarreta a perda dos mandatos daqueles sujeitos à jurisdição do Senado Federal por cometimento de crime de responsabilidade (incisos I e II do art. 52). Há aqueles agentes políticos, contudo, cuja suspensão dos direitos políticos acarreta automaticamente a perda do mandato. São aqueles a quem a Constituição exigiu o pleno gozo dos direitos políticos para o exercício do cargo, a exemplo de ministros e secretários de Estado (*caput* do art. 87). Isso se deve ao fato de que, ao contrário da investidura administrativa, atinente aos servidores públicos, que possui natureza profissional, a investidura política é condicionada tão somente à plenitude dos direitos políticos.[54]

---

[52]   No mesmo sentido, SIMÃO, Calil. **Improbidade administrativa**: teoria e prática. 6. ed. Leme: Mizuno, 2022. p. 817-818. Em sentido contrário, SARMENTO, George. **Improbidade administrativa**. Porto Alegre: Síntese, 2002. p. 202.

[53]   STRECK, Lenio Luiz; OLIVEIRA, Marcelo Andrade Cattoni de; NUNES, Dierle; SILVA, Diogo Bacha e. Art. 55. In: CANOTILHO, J. J. Gomes; MENDES, Gilmar Ferreira; SARLET, Ingo Wolfgang; STRECK, Lenio Luiz (Coords.). **Comentários à Constituição do Brasil**. 2. ed. São Paulo: Saraiva Educação, 2018. p. 1.160.

[54]   Nas palavras de Teori Albino Zavascki, seria um verdadeiro contrassenso admitir que esses agentes permanecessem no cargo mesmo com seus direitos políticos suspensos,

3.5   Multa civil

A multa civil é sanção de natureza coercitiva. Seu objetivo é penalizar pecuniariamente aquele que pratica algum dos atos de improbidade previstos nos arts. 9º, 10 e 11 da LIA. Por isso, imprescindível não a confundir com as sanções que objetivam ressarcir eventuais prejuízos causados aos cofres públicos (ressarcimento do dano e perda de bens ou valores). Isso porque sua aplicação independe da ocorrência de dano efetivo ao erário – nesse sentido, basta notar que se trata de sanção passível de ser aplicada na hipótese dos atos previstos no art. 11 da Lei.

A Lei de Improbidade estabelece as bases a serem utilizadas no cálculo da multa. Na hipótese dos atos previstos nos arts. 9º e 10, o valor deve ser equivalente ao acréscimo patrimonial ilícito e ao dano verificado, respectivamente. Já na hipótese dos atos que violam princípios da Administração (art. 11), a multa deve ser aplicada com base na remuneração percebida pelo agente, no limite de 24 (vinte e quatro) vezes. Adicionalmente, caso identifique o magistrado que, considerando a situação econômica do réu, o valor calculado na forma da regra geral se mostrará ineficaz para a reprovação e prevenção da conduta, os valores podem ser aumentados até o dobro (§ 2º do art. 12). Neste caso, a multa passaria a ser o dobro do acréscimo patrimonial (art. 12, I), o dobro do dano efetivo (art. 12, II) e até 48 (quarenta e oito) vezes o valor da remuneração percebida pelo agente (art. 12, III).

Importante notar, ademais, que esses valores não necessariamente devem ser aplicados integralmente em todo em qualquer caso. É dizer, a multa não necessariamente deve corresponder exatamente ao valor (ou ao dobro) do acréscimo patrimonial ou do dano, ou ser aplicada sempre no importe de 24 (vinte e quatro) vezes (ou 48 vezes) o salário percebido pelo agente. Tais valores são os limites máximos, e não os mínimos. Dessa forma, nada impede, por exemplo, que na hipótese do art. 9º a multa seja aplicada no importe do 70% do valor do acréscimo patrimonial, ou que na hipótese do art. 11 ela seja aplicada no valor correspondente a 10 vezes a remuneração percebida pelo agente.

---

afinal, o vínculo que eles possuem com o Estado é de natureza puramente política. "O que os qualifica para o exercício das correspondentes funções não é a habilitação profissional, a aptidão técnica, mas a qualidade de cidadãos, de membros da *civitas* [...]" (ZAVASCKI, Teori Albino. Direitos políticos: perda, suspensão e controle jurisdicional. **Revista de Informação Legislativa**, v. 31, n. 123, p. 177-183, jul.-set. 1994. Disponível em: https://www2.senado.leg.br/bdsf/handle/id/176217. Acesso em: 30 dez. 2022).

Importante observar que na hipótese do art. 11 a base de cálculo prevista pela LIA pode ensejar situações absurdas. Ora, e se o infrator exercer suas funções a título gratuito? Embora o STJ já tenha proferido decisão validando o uso do salário-mínimo para o cálculo da multa nesses casos,[55] trata-se de decisão não só isolada como também equivocada. Se, dado o exercício da função a título gratuito pelo agente o multiplicador previsto em lei incidir sobre zero (afinal, ele não recebe remuneração), não pode o intérprete-juiz simplesmente substituir o valor-base por outro a seu bel-prazer. Como já visto, em matéria de direito sancionador a interpretação/analogia *in malan partem*, em prejuízo ao réu, é opção não disponível para a legislação infra-constitucional ou ao juiz.[56] Embora soe inadequado isentar o agente de multa nessa hipótese, essa foi a decisão da LIA.

Para finalizar, é importante analisar quatro aspectos relacionados à sanção e que se mostram relevantes para sua correta aplicação pelo Judiciário. Em primeiro lugar, na hipótese do art. 11 a remuneração a ser considerada é aquela percebida pelo agente no momento da prática do ato. Então, por exemplo, se na prática do ato o agente recebia um determinado valor e no momento da aplicação da multa ele está recebendo o dobro, a multa deve ser calculada com base na remuneração original. De igual modo, se quando praticou o ato ele laborava gratuitamente e no momento da aplicação passou a receber um valor qualquer, não há o que se falar na aplicação de qualquer valor a título de multa.

Em segundo lugar, nos termos do art. 8º da Lei,[57] o valor aplicado a título de multa ao agente não se estende aos seus herdeiros ou sucessores, que são responsáveis somente por ressarcir os danos causados ao erário. Trata-se de redação diferente da original, que era genérica ao estabelecer a responsa-bilidade dos sucessores e herdeiros pelas cominações da lei. Inclusive, com base nessa redação original o STJ firmou o entendimento de ser possível a transmissão aos herdeiros dos valores aplicados a título de multa civil nas hipóteses dos arts. 9º e 10.[58]

Isto é, na Lei de Reforma optou-se por adotar entendimento diverso, estabelecendo dois limites à responsabilidade dos sucessores e herdeiros: a)

---

[55]   REsp n. 1.216.190/RS.

[56]   Ver SIMÃO, Calil. **Improbidade administrativa**: teoria e prática. 6. ed. Leme: Mizuno, 2022. p. 839; GARCIA, Emerson; ALVES, Rogério Pacheco. **Improbidade administrativa**. 9. ed. São Paulo: Saraiva, 2017. p. 712.

[57]   O sucessor ou o herdeiro daquele que causar dano ao erário ou que se enriquecer ilicitamente estão sujeitos apenas à obrigação de repará-lo até o limite do valor da herança ou do patrimônio transferido.

[58]   EDcl no AgInt no AREsp n. 1.264.005/MG.

deve se limitar ao valor do patrimônio da herança; b) alcança somente as sanções de ressarcimento do dano e perda de bens ou valores.

Em terceiro lugar, houve também uma modificação quanto à possibilidade de a medida de indisponibilidade de bens prevista no art. 16 da Lei incidir sobre valores aplicados a título de multa. Antes da Reforma, entendia o STJ que sim.[59] O § 10 do art. 16, por outro lado, prevê que a indisponibilidade deve alcançar somente tantos bens quanto forem suficientes para garantir o integral ressarcimento do dano causado ao erário, sendo vedada a sua incidência "[...] sobre os valores a serem eventualmente aplicados a título de multa civil ou sobre acréscimo patrimonial decorrente de atividade lícita".[60]

Por fim, necessário chamar a atenção para o previsto no § 5º do art. 12, segundo o qual nos casos de menor potencial ofensivo aos bens jurídicos tutelador a sanção deve limitar-se à aplicação de multa, sem prejuízo do ressarcimento do dano e da perda de bens ou valor, quando for o caso. Embora a redação do dispositivo seja clara, sendo nula a sentença que não o observar, é preciso notar o alto grau de abstração e vagueza que ronda a expressão "menor ofensa".

Ora, o que exatamente seria um ato de improbidade de menor potencial ofensivo? Qual é o fator diferencial entre uma infração de menor e de maior potencial ofensivo? Seria a existência ou não de danos aos cofres públicos? O valor do prejuízo causado, se existente? Enfim, os parâmetros de avaliação que podem ser utilizados são inúmeros, nem sequer sendo possível a definição de um critério objetivo como a pena máxima a que está sujeita a infração como faz a Lei n. 9.099/1995, afinal, a Lei de Improbidade não prevê pena de prisão/detenção.

Aqui, em nosso entendimento, diante do advento da nova LIA, que certamente trará desenvolvimento jurisprudencial próprio, a via mais acertada é observar este caminhar e a coerência que daí deverá advir. Claro que sempre dentro de parâmetros objetivos, respeitadores da normatização e seus limites semânticos e hermenêuticos. Obviamente que não estamos a sugerir que simplesmente se observe e coadune com qualquer desenvolvimento das decisões judiciais, mas que este seja observado dentro de determinados limites, sempre como mecanismo de proteção dos direitos e garantias constitucionais.

---

[59]   Tema Repetitivo n. 1.055: "É possível a inclusão do valor de eventual multa civil na medida de indisponibilidade de bens decretada na ação de improbidade administrativa, inclusive naquelas demandas ajuizadas com esteio na alegada prática de conduta prevista no art. 11 da Lei n. 8.429/1992, tipificador da ofensa aos princípios nucleares administrativos".

[60]   Mais comentários quanto a essa modificação foram feitos quando da análise do art. 16.

Um outro aspecto relacionado a esses atos de menor potencial ofensivo diz respeito aos casos em que o infrator não recebe remuneração. Ora, tendo em vista que os agentes que não recebem remuneração não estão sujeitos ao pagamento de multa, como já foi visto, somos obrigados a concluir que quando esses agentes praticam ato de menor potencial ofensivo eles não podem ser sancionados nos termos da Lei de Improbidade (salvo, claro, as sanções de ressarcimento). O seguinte raciocínio silogístico demonstra a nossa linha de argumentação:

(i) **premissa maior:** agentes que laboram a título gratuito não estão sujeitos à sanção de multa;

(ii) **premissa menor:** infrações de menor potencial ofensivo somente estão sujeitas à sanção de multa;

(iii) **conclusão:** agentes que laboram a título gratuito e praticam ato de menor potencial ofensivo não estão sujeitos à penalização nos termos da Lei de Improbidade.

Embora, mais uma vez, tenhamos um caso de possível impropriedade legislativa (o que mencionamos com todo o cuidado que a questão merece, conforme já ressaltado em momentos anteriores), fato é que essa é a consequência prevista pela LIA, cabendo ao Judiciário somente aplicá-la. Eventuais correções devem vir através da reforma da lei via Poder Legislativo, e não a partir de interpretações analógicas por parte do Judiciário, especialmente em se tratando de normas sancionatórias.

3.6 Proibição de contratar com o Poder Público ou de receber benefícios ou incentivos fiscais ou creditícios

A última das penalidades previstas na Lei de Improbidade é a proibição de contratar com o Poder Público ou de receber benefícios ou incentivos fiscais ou creditícios, que pode ser aplicada em qualquer das espécies de atos ímprobos positivados nos arts. 9º, 10 e 11. Como se trata mais propriamente de duas sanções autônomas (proibição de contratação e proibição de receber benefícios ou incentivos),[61] as analisaremos separadamente.

---

[61] Em sentido contrário, entende Calil Simão que não se tratam de duas sanções, mas apenas uma, de forma que elas não podem ser aplicadas em separado. Ver SIMÃO, Calil. **Improbidade administrativa**: teoria e prática. 6. ed. Leme: Mizuno, 2022, p. 847.

3.6.1 Proibição de contratar com o Poder Público

A proibição de contratar com o Poder Público possui natureza puramente punitiva e, assim como a suspensão dos direitos políticos, é uma sanção temporária. Aplicada a sanção, a consequência é a ausência de legitimidade do apenado para celebrar qualquer espécie de contrato com o Poder Público.

Uma outra questão relevante se relaciona com a abrangência espacial da sanção. Ela se dirige a todos os entes públicos, de todos os níveis da federação, ou somente abrange a esfera federativa em que for praticado o ato? O § 4º do art. 12 nos traz a resposta ao especificar que somente em casos excepcionais a sanção em questão pode extrapolar o ente público lesado pelo ato de improbidade. É dizer, a sanção de proibição de contratar vale, via de regra, apenas com relação ao ente estatal lesado.[62] Inclusive, mesmo antes da Reforma já era o entendimento dominante no STJ de que, a bem de preservar a empresa, a sanção de proibição de contratar com o Poder Público deve se restringir em regra à esfera em que praticado o ato.[63]

Quanto aos requisitos que deverão ser preenchidos para a ampliação dos efeitos da sanção, prevê o mesmo § 4º somente que são necessários motivos relevantes devidamente justificados e, em qualquer caso, devem ser considerados os impactos econômicos e sociais das sanções, de forma a preservar a função social da pessoa jurídica. A nosso ver, a LIA depositou alta margem de conformação ao juiz para decidir os casos em que se justifica a extrapolação dos efeitos da sanção para além do ente público lesado, o que nem sempre é o mais adequado, mas andou bem ao especificar que necessariamente, na fundamentação, o juiz deve preservar a função social da empresa. Aqui temos um norte interpretativo, sob um aspecto deontológico, que vincula a atuação do julgador, especialmente diante da prática reiterada da jurisprudência e de sua adequação com as garantias constitucionais e decorrentes.

Há que se observar, ainda, a particularidade prevista no § 8º do art. 12, no sentido de que a proibição de contratação com o Poder Público deve constar do Cadastro Nacional de Empresas Inidôneas e Suspensas (CEIS),[64] regulado pela Lei n. 12.846/2013. Em poucas palavras, o objetivo do CEIS é consolidar a relação das empresas e pessoas físicas que sofreram sanções

---

[62] Em sentido contrário, SIMÃO, Calil. **Improbidade administrativa**: teoria e prática. 6. ed. Leme: Mizuno, 2022. p. 841.

[63] REsp n. 1.888.289/SP, AgInt no REsp n. 1.589.661/SP, REsp n. 1.003.179/RO e AgInt no REsp n. 1.300.198/SP.

[64] O fato de o § 8º fazer menção somente à sanção de proibição de contratação reforça o nosso argumento de que se tratam de sanções distintas e autônomas.

que restringiram o direito de participar de licitações ou de celebrar contratos com a Administração Pública.

Importa notar também que a sanção produz somente efeitos *pro futuro*, não atingindo contratos já firmados pelo réu com o Poder Público. Entender o contrário, à míngua de disposição legal expressa nesse sentido, implicaria retroação "[...] dos efeitos da condenação e extensão de sua vigência, afetando atos jurídicos perfeitos em prejuízo à segurança jurídica."[65]

Para finalizar, necessário abordar polêmica a respeito da extensão dos efeitos da sanção[66] para toda e qualquer pessoa jurídica da qual seja sócio majoritário o condenado. A nosso ver, a generalidade dessa extensão leva à sua inconstitucionalidade por violação à regra insculpida no inciso XLV do art. 5º da Constituição, segundo a qual nenhuma pena passará da pessoa do condenado. Um grande problema surge, por exemplo, quando observamos os efeitos dessa sanção nas companhias de capital aberto. Tais empresas possuem centenas, quando não milhares, de sócios e cotistas fazendo com que a proibição de contratar ou receber benefícios ou incentivos prejudique a sociedade empresária, de forma direta, e todos os sócios e cotistas, de forma indireta.

Com efeito, a sanção atinge não só a figura do apenado, mas outras pessoas autônomas, notadamente a sociedade da qual ele figura como sócio majoritário e os demais sócios e cotistas que dela fazem parte, violando assim frontalmente a regra constitucional da personificação da pena. Inclusive, as únicas exceções à responsabilidade pessoal do infrator quanto à pena estão previstas no próprio inciso XLV do art. 5º, e dizem respeito exclusivamente às sanções de reparação de dano e perda de bens. Fora dessas duas hipóteses, a legislação infraconstitucional não está autorizada a disciplinar ou limitar a norma constitucional em qualquer medida,[67] o que, por óbvio, inclui a vedação

---

[65] MARRARA, Thiago. A proibição de contratar com o Poder Público na Lei de Improbidade: o que mudou com a Lei n. 14.230/2021? In: DAL POZZO, Augusto Neves; OLIVEIRA, José Roberto Pimenta (Coords.). **Lei de improbidade administrativa reformada**. São Paulo: Thomson Reuters Brasil, 2022. p. 407. No mesmo sentido, SIMÃO, Calil. **Improbidade administrativa**: teoria e prática. 6. ed. Leme: Mizuno, 2022. p. 845-846; GARCIA, Emerson; ALVES, Rogério Pacheco. **Improbidade administrativa**. 9. ed. São Paulo: Saraiva, 2017. p. 713.

[66] Tanto da sanção de proibição de contratar quanto a sanção de proibição de receber benefícios ou incentivos.

[67] Como pontua Gilmar Mendes, "Não há autorização para que o legislador discipline ou limite o princípio da responsabilidade pessoal do agente quanto à pena. Todavia, nos expressos termos da Constituição, cabe ao legislador ordinário fixar os parâmetros da responsabilidade civil e definir eventual perdimento de bens" (MENDES, Gilmar

para a extensão dos efeitos da pena de proibição de contratar para além da figura daquele que praticou a improbidade. Minimamente, em casos como este, o extrapolamento narrado não pode ser levado a cabo, para o que serviria o mecanismo da declaração de inconstitucionalidade sem redução de texto (a grosso modo, trata-se da inconstitucionalidade de determinada interpretação de um dispositivo normativo que conserva sua constitucionalidade),[68] diante da ausência de uma declaração formal de inconstitucionalidade do dispositivo.

Por esses motivos, nada obstante o que posto no parágrafo anterior, entendemos que as sanções de proibição de contratar e receber benefícios ou incentivos devem incidir somente sobre o condenado; é ele, e somente ele, que praticou ato incompatível com a celebração de contratos com o Poder Público. Quando muito, as sanções poderiam ser estendidas à sociedade quando o infrator for seu administrador, que é o responsável por materializar juridicamente os atos empresariais, mas jamais ao sócio majoritário, que muitas vezes nem participa direta e ativamente das decisões da empresa.[69]

3.6.2   *Proibição de receber benefícios ou incentivos fiscais ou creditícios, direta ou indiretamente*

Inicialmente, por incentivos fiscais ou creditícios entendam-se aqueles que têm por objetivo movimentar a economia. Várias são as suas espécies, a exemplo da isenção (arts. 176 a 179 do Código Tributário Nacional), da redução de alíquota de determinado tributo e da redução das taxas de juros. A sanção sob análise, nesse sentido, impede o apenado de receber tempora-

---

Ferreira; BRANCO, Paulo Gustavo Gonet. **Curso de direito constitucional**. 15. ed. rev., e atual. São Paulo: Saraiva Educação, 2020. p. 548-549).

[68]   Explica Lenio Streck por meio do mecanismo da inconstitucionalidade parcial sem redução de texto há a exclusão, por inconstitucionalidade, de determinada(s) hipótese(s) de aplicação da norma sem que se produza alteração no seu texto. Ver STRECK, Lenio. **Jurisdição constitucional**. 5. ed. rev., atual. e ampl. Rio de Janeiro: Forense, 2018. p. 376-381. No mesmo sentido, MENDES, Gilmar. **Jurisdição constitucional**. São Paulo: Saraiva, 1998. p. 275.

[69]   No mesmo sentido, SIMÃO, Calil. **Improbidade administrativa:** teoria e prática. 6. ed. Leme: Mizuno, 2022. p. 663-665. Em sentido contrário, entende Thiago Marrara que a sanção deve atingir não só a sociedade da qual o apenado participa como sócio majoritário, mas também aquelas em que ele figura como acionista minoritário. Ver MARRARA, Thiago. A proibição de contratar com o Poder Público na Lei de Improbidade: o que mudou com a Lei n. 14.230/2021? In: DAL POZZO, Augusto Neves; OLIVEIRA, José Roberto Pimenta (Coords.). **Lei de improbidade administrativa reformada**. São Paulo: Thomson Reuters Brasil, 2022. p. 407.

riamente quaisquer exonerações tributárias previstas em legislação infracons-titucional. O foco, aqui, está na expressão "infraconstitucional", isso porque as imunidades constitucionais, como aquelas previstas nas alíneas do inciso VI do art. 150, não são atingidas pela sanção.

Ademais, na linha de Emerson Garcia e Rogério Pacheco Alves, en-tendemos que a sanção atinge somente os incentivos e benefícios de caráter condicionado, onde se verifica uma relação direta entre o indivíduo e o Estado. Em se tratando de benefícios e incentivos incondicionados, cuja concessão prescinde de qualquer espécie de requisito especial a ser preenchido pelo beneficiado, destinando-se a toda a coletividade, não há o que se falar em interdição temporária de fruição.[70] Um exemplo é a isenção do imposto de renda àqueles que auferem anualmente montante inferior à faixa mínima tributável. Mesmo que apenado com a sanção em questão, não há o que se falar em pagamento de imposto de renda por aquele que se encontra abaixo do piso patrimonial anual previsto em lei.

4. DISPOSIÇÕES FINAIS (§§ 3º E 10)

Os §§ 1º, 2º, 4º, 5º, 6º, 8º, 9º e 10 já foram comentados quando da aná-lise das sanções previstas no art. 12 da Lei de Improbidade, de modo que o presente capítulo se destina a examinar os §§ 3º e 7º da Lei.

O primeiro deles consagra a preservação da função social da empresa como regra a ser observada na aplicação das sanções previstas no art. 12. Isso quer dizer que na dosimetria das sanções o magistrado jamais pode ignorar o fato de que a atividade empresarial é uma das principais forças motrizes de desenvolvimento nacional, de forma que o princípio da preservação da empresa deve sempre ser considerado na gradação das sanções, de modo a impedir que a rigidez sancionatória inviabilize por completo a atividade das empresas. Conforme já decidiu o STJ:

> A moralidade administrativa e a razoabilidade no atuar da Administração e do sancionamento das condutas ímprobas reclamam exemplaridade que encontra limite na exasperação a qual, a pretexto de interditar participação em licitações, impõe um espectro tão extenso à punição, que inviabiliza as atividades empresariais, resultando na morte civil da empresa, fato que implica a redução da parte inoficiosa da sanção.[71]

---

[70] GARCIA, Emerson; ALVES, Rogério Pacheco. **Improbidade administrativa**. 9. ed. São Paulo: Saraiva, 2017. p. 715-716.

[71] REsp n. 827.445/SP.

Com efeito, sanções que impactam de forma profunda a atuação das pessoas jurídicas, notadamente as de proibição de contratar com o Poder Público ou dele receber benefícios ou incentivos, devem ser aplicadas com parcimônia, sob pena de se causar prejuízos não só ao acusado, mas também a toda a sociedade. Nesse sentido, privilegiar a função social da empresa, muito além de satisfazer os interesses de seus sócios e dirigentes, garante "[...] a preservação dos empregos, da arrecadação tributária, da fonte produtiva nacional e da ampla concorrência, tudo com vistas ao atingimento do bem comum e de um sistema sancionatório funcional."[72]

Em uma palavra final, na aplicação de sanções às pessoas jurídicas capazes de prejudicar a sua atividade econômica o juiz deve considerar e sopesar todas as externalidades negativas que serão geradas, sob pena de desvirtuamento do sistema punitivo consagrado na Lei de Improbidade. Afinal, uma sanção que produz mais custos à sociedade do que benefícios é, para dizer o mínimo, uma sanção ineficiente.

Já o § 10 determina que, "Para efeitos de contagem do prazo da sanção de suspensão dos direitos políticos, computar-se-á retroativamente o intervalo de tempo entre a decisão colegiada e o trânsito em julgado da sentença condenatória." Trata-se de disposição que pode ser mais bem compreendida a partir de um exemplo concreto. Imagine que em sentença condenatória em sede de ação de improbidade o agente foi condenado à suspensão dos seus direitos políticos pelo prazo de dez anos. Interposto recurso, foi proferido acórdão pelo Tribunal respectivo mantendo inalterada a sentença condenatória em fevereiro de 2021.[73]

O processo seguiu seu curso e a possibilidade de interposição de novos recursos se esgotou somente em fevereiro de 2024, momento em que se confirmou o trânsito em julgado da sentença. Pois bem, o que o § 10º estabelece é que o tempo decorrido entre a primeira decisão colegiada proferida no processo e o trânsito em julgado da sentença condenatória deve ser descontado do tempo de duração da suspensão dos direitos políticos. No exemplo fornecido, isso significa que o agente terá seus direitos políticos suspensos por sete anos, não dez.

---

[72]   LIMA, Guilherme Corona Rodrigues. As sanções na Lei de Improbidade Administrativa reformada e o princípio da função social da empresa. In: DAL POZZO, Augusto Neves; OLIVEIRA, José Roberto Pimenta (Coords.). **Lei de improbidade administrativa reformada**. São Paulo: Thomson Reuters Brasil, 2022. p. 364.

[73]   Para fins de didática, desconsideramos os dias na contagem, contabilizando somente os meses e os anos.

Por fim, impende notar que tal dispositivo teve sua eficácia suspensa por decisão proferida pelo Ministro do Supremo Tribunal Federal Alexandre de Moraes nos autos da ADIn n. 7.236/DF. Considerou o Ministro que os efeitos dessa alteração podem afetar a inelegibilidade prevista na Lei de Inelegibilidade (Lei Complementar n. 64/1990). Em suas palavras "[...] não se afigura constitucionalmente aceitável a redução do prazo legal de inelegibilidade em razão do período de incapacidade eleitoral decorrente de improbidade administrativa".

por Jordão Violin

> Art. 13. A posse e o exercício de agente público ficam condicionados à apresentação de declaração de imposto de renda e proventos de qualquer natureza, que tenha sido apresentada à Secretaria Especial da Receita Federal do Brasil, a fim de ser arquivada no serviço de pessoal competente.
>
> § 1º (*Revogado*).
>
> § 2º A declaração de bens a que se refere o *caput* deste artigo será atualizada anualmente e na data em que o agente público deixar o exercício do mandato, do cargo, do emprego ou da função.
>
> § 3º Será apenado com a pena de demissão, sem prejuízo de outras sanções cabíveis, o agente público que se recusar a prestar a declaração dos bens a que se refere o *caput* deste artigo dentro do prazo determinado ou que prestar declaração falsa.
>
> § 4º (*Revogado*).

 COMENTÁRIOS

1. DECLARAÇÃO DE IMPOSTO DE RENDA E PROVEITOS DE QUALQUER NATUREZA (*CAPUT*)

A Lei n. 14.230/2021 passou a exigir que a declaração de bens seja realizada mediante apresentação de declaração de imposto de renda e proventos de qualquer natureza, que tenha sido apresentada à Secretaria Especial da Receita Federal. Até então, a declaração de bens e valores era feita em formulário próprio, o que permitia inconsistências entre os bens declarados à Administração e os bens declarados à Receita Federal.

A Lei não prevê documento substituto. A declaração de imposto de renda é, agora, o único documento aceitável para a posse e exercício de cargo público. Essa exigência é uma mitigação da privacidade justificada pelo regime jurídico a que se sujeitam os servidores públicos: aqueles remunerados pelos cofres públicos devem demonstrar que sua evolução patrimonial é compatível com sua remuneração.

A exigência da declaração de bens tem como finalidade possibilitar a identificação de eventual enriquecimento ilícito do servidor público, em caso de incompatibilidade entre a sua evolução patrimonial e a remuneração por ele percebida.[1] Não há nesse requisito qualquer inconstitucionalidade. O sigilo fiscal permanece resguardado, embora compartilhado com outros órgãos que não somente a Secretaria da Receita Federal. A Administração Pública tem o dever de manter esses dados em sigilo, sob pena de responsabilização.

2.   MOMENTO DA APRESENTAÇÃO DA DECLARAÇÃO DE BENS (*CAPUT* E § 2°)

O servidor público deverá apresentar a declaração de imposto de renda por ocasião da posse e atualizá-la *(i)* anualmente e *(ii)* quando deixar o mandato, o cargo, o emprego ou a função. A norma é aplicável a todos os agentes públicos, independentemente de terem tomado posse antes ou depois da entrada em vigor da Lei n. 14.230/2021. Isso porque ela condiciona não apenas a posse, mas o próprio exercício do cargo, mandato, emprego ou função, à apresentação anual da declaração, alterando assim o regime jurídico dos agentes públicos. E, na linha da jurisprudência pacífica e reiterada do STF, não há direito adquirido a regime jurídico. Ou seja, desde que não haja redução de vencimentos ou subsídios, a garantia prevista no art. 5°, XXXVI, da Constituição não protege agentes públicos contra leis que modifiquem as condições para o exercício de sua função.[2]

3.   SANÇÃO EM CASO DE DESCUMPRIMENTO DO ART. 13 (§ 3°)

A apresentação da declaração de imposto de renda é requisito tanto para a posse quanto para a manutenção do vínculo funcional. Se, no momento da posse, não for apresentada a declaração, o ato não será realizado. E, se realizado, será nulo, conforme determina o art. 3°, *caput*, da Lei n. 8.730/1993.

---

[1]   CRUZ, Luana Pedroso de Figueiredo, Artigo 13. In: GAJARDONI, Fernando da Fonseca; CRUZ, Luana Pedrosa de Figueiredo; GOMES JUNIOR, Luis Manoel; FAVRETO, Rogério. **Comentários à nova lei de improbidade administrativa**: Lei 8429/1992, com as alterações da Lei 14.230/2021. 5. ed. rev., atual. e ampl. São Paulo: Thomson Reuters, 2021. p. 226.

[2]   V., por todos, RE n. 563.965, Rel. Min. Cármen Lúcia, j. em 11.02.2009, paradigma do tema 41.

A nulidade poderá ser declarada de ofício pela própria Administração Pública, no exercício de seu poder de autotutela. O desfazimento do ato, entretanto, deve ser precedido de processo administrativo, no qual se oportunize ao agente público o exercício do contraditório e da ampla defesa. Isso porque a posse gera efeitos concretos: o *status* de agente público e seu regime jurídico iniciam com a posse e não dependem do efetivo início do exercício da função. E, de acordo com o STF, o desfazimento de atos administrativos dos quais decorram efeitos concretos exige a prévia instauração de processo administrativo.[3]

Se, já empossado, o agente público não cumpre o dever de atualização anual da declaração, a pena será de demissão. Por não cumprimento entenda-se tanto a ausência de apresentação da declaração quanto a prestação de declaração falsa. Neste caso, mais uma vez, a aplicação da pena deve ser precedida de processo administrativo.

4.   A REVOGAÇÃO DOS §§ 1º E 4º

A revogação dos §§ 1º e 4º é uma consequência lógica da alteração feita no *caput* do art. 13 pela Lei n. 14.230/2021. O § 1º estabelecia o que deveria constar da declaração de bens. O § 4º, por sua vez, previa que a atualização anual da declaração poderia ser suprida pela entrega de cópia da declaração anual de bens apresentada à Delegacia da Receita Federal na conformidade da legislação do Imposto sobre a Renda e proventos de qualquer natureza, com as necessárias atualizações. Com a obrigatoriedade de apresentação da declaração de imposto de renda e proventos de qualquer natureza, esses dispositivos tornaram-se desnecessários, uma vez que a declaração de imposto de renda possui regulamentação específica.

---

[3]   Cf. tese de repercussão geral definida no RE 594.296, Rel. Min. Dias Toffoli, P., j. 21.09.2011, *DJe* 30 de 13.02.2012, Tema 138: "Ao Estado é facultada a revogação [*rectius*, invalidação] de atos que repute ilegalmente praticados; porém, se de tais atos já tiverem decorrido efeitos concretos, seu desfazimento deve ser precedido de regular processo administrativo".

Capítulo V
DO PROCEDIMENTO ADMINISTRATIVO E DO PROCESSO JUDICIAL

por Jordão Violin

> Art. 14. Qualquer pessoa poderá representar à autoridade administrativa competente para que seja instaurada investigação destinada a apurar a prática de ato de improbidade.
>
> § 1º A representação, que será escrita ou reduzida a termo e assinada, conterá a qualificação do representante, as informações sobre o fato e sua autoria e a indicação das provas de que tenha conhecimento.
>
> § 2º A autoridade administrativa rejeitará a representação, em despacho fundamentado, se esta não contiver as formalidades estabelecidas no § 1º deste artigo. A rejeição não impede a representação ao Ministério Público, nos termos do art. 22 desta lei.
>
> § 3º Atendidos os requisitos da representação, a autoridade determinará a imediata apuração dos fatos, observada a legislação que regula o processo administrativo disciplinar aplicável ao agente.

 COMENTÁRIOS

1. REPRESENTAÇÃO À AUTORIDADE ADMINISTRATIVA COMPETENTE

Toda pessoa física ou jurídica pode apresentar representação por ato de improbidade à autoridade administrativa competente. A legitimidade, portanto, é ampla, concorrente e disjuntiva.

A representação deve narrar o fato supostamente ímprobo, imputar a autoria e indicar provas. Não é necessário apresentar as provas, basta indicá-las, informando à autoridade de que modo é possível a sua obtenção.

Além desses requisitos mínimos, o § 1º elenca ainda duas formalidades: a representação deve ter forma escrita e ser assinada pelo noticiante. A apresentação em forma diversa da escrita, contudo, é mera irregularidade. Ela pode ser superada com sua redução a termo – solução cogitada expressamente pelo § 1º. Mais importante é a exigência de qualificação do representante. Implicitamente, a norma proíbe notícia de fato apócrifa.

De acordo com a Lei, ausentes os requisitos do § 1º, a representação será rejeitada pela autoridade administrativa (§ 2º). Mas a rejeição não acontecerá somente na hipótese de ausência dos requisitos. Mais do que meramente informar o fato, é preciso que a conduta narrada configure, em abstrato, ato de improbidade; e que a pretensão não esteja prescrita. Não é necessário, nesta fase, demonstrar justa causa – no sentido de haver elementos probatórios mínimos. Esses elementos serão apurados a partir da representação. Mas é preciso que, ao menos em tese, a conduta a ser investigada caracterize um fato punível com a imputação de improbidade.

Caso não sejam preenchidos os requisitos legais, a representação será desde logo rejeitada. Essa rejeição, porém, não impede que a representação seja levada ao Ministério Público. A norma permite a coexistência de duas instâncias investigativas. Esse arranjo normativo policêntrico dificulta o acobertamento de condutas ímprobas.

Vincent Ostrom, Charles Tiebout e Robert Warren, em 1961, definiram policentrismo como "muitos centros de decisão formalmente independentes uns dos outros", cujas interações podem ser competitivas ou cooperativas.[1] É exatamente o que acontece com a possibilidade de investigação do mesmo fato pela administração e pelo Ministério Público. No caso de duplicidade de procedimentos, os atos processuais podem ser aproveitados e, as provas, compartilhadas. A interação é cooperativa. Já no caso de rejeição da representação pela Administração, o Ministério Público poderá, ainda assim, analisar a notícia de fato e dar-lhe seguimento, se for o caso. A interação, aqui, é competitiva.

Preenchidos os requisitos, será instaurado processo administrativo disciplinar (PAD) para a apuração dos fatos (§ 3º), que deverá observar a legislação aplicável ao agente público.[2] Embora a Lei não mencione, caso haja dúvidas quanto à autoria, nada impede a instauração de sindicância.

---

[1] OSTROM, Vincent; TIEBOUT, Charles; WARREN, Robert. The organization of government in metropolitan areas: a theoretical inquiry. **American Political Science Review**, v. 55, n. 4, dez. 1961, p. 831-842.

[2] Nesse sentido, ver: NEVES, Daniel Amorim Assumpção; OLIVEIRA, Rafael Carvalho Rezende. **Comentários à reforma da lei de improbidade administrativa**: Lei 14.230, de 25.10.2021 comentada artigo por artigo. Rio de Janeiro: Forense, 2022. p. 54.

Se o representante imputar ato de improbidade a agente público ou terceiro beneficiário que sabe ser inocente, incorrerá no crime previsto no art. 19 da Lei. Por fim, o disposto nesse dispositivo também se aplica à representação formulada diretamente ao Ministério Público, nos termos do art. 22 da Lei de Improbidade.

> Art. 15. A comissão processante dará conhecimento ao Ministério Público e ao Tribunal ou Conselho de Contas da existência de procedimento administrativo para apurar a prática de ato de improbidade.
>
> Parágrafo único. O Ministério Público ou Tribunal ou Conselho de Contas poderá, a requerimento, designar representante para acompanhar o procedimento administrativo.

 COMENTÁRIOS

1. COMUNICAÇÃO AO MINISTÉRIO PÚBLICO E AO TRIBUNAL OU CONSELHO DE CONTAS

A Lei n. 14.230/2021 em nada alterou a redação do art. 15. Instaurado o procedimento administrativo, de ofício ou mediante representação, a comissão processante deve comunicá-lo ao Ministério Público e ao Tribunal ou Conselho de Contas, para fiscalizar e acompanhar o PAD. A medida também promove economia processual, pois torna desnecessária a reiteração de atos postulatórios e instrutórios.

A Corte de Contas acompanhará o processo administrativo em razão de seu poder-dever de fiscalizar e sancionar os atos lesivos ao erário. Em outras palavras, ao Tribunal de Contas não importa a improbidade em si, mas eventual lesão ao erário decorrente da conduta ímproba. Nada impede, portanto, a instauração de tomada de contas e utilização de prova emprestada do PAD, desde que resguardado o direito de defesa.

O Ministério Público, por sua vez, além de designar representante para acompanhar o procedimento administrativo, pode instaurar inquérito civil, nos termos do art. 22 da Lei.

> Art. 16. Na ação por improbidade administrativa poderá ser formulado, em caráter antecedente ou incidente, pedido de indisponibilidade de bens dos réus, a fim de garantir a integral recomposição do erário ou do acréscimo patrimonial resultante de enriquecimento ilícito.
>
> § 1º (Revogado).

§ 1º-A. O pedido de indisponibilidade de bens a que se refere o *caput* deste artigo poderá ser formulado independentemente da representação de que trata o art. 7º desta Lei.

§ 2º Quando for o caso, o pedido de indisponibilidade de bens a que se refere o *caput* deste artigo incluirá a investigação, o exame e o bloqueio de bens, contas bancárias e aplicações financeiras mantidas pelo indiciado no exterior, nos termos da lei e dos tratados internacionais.

§ 3º O pedido de indisponibilidade de bens a que se refere o *caput* deste artigo apenas será deferido mediante a demonstração no caso concreto de perigo de dano irreparável ou de risco ao resultado útil do processo, desde que o juiz se convença da probabilidade da ocorrência dos atos descritos na petição inicial com fundamento nos respectivos elementos de instrução, após a oitiva do réu em 5 (cinco) dias.

§ 4º A indisponibilidade de bens poderá ser decretada sem a oitiva prévia do réu, sempre que o contraditório prévio puder comprovadamente frustrar a efetividade da medida ou houver outras circunstâncias que recomendem a proteção liminar, não podendo a urgência ser presumida.

§ 5º Se houver mais de um réu na ação, a somatória dos valores declarados indisponíveis não poderá superar o montante indicado na petição inicial como dano ao erário ou como enriquecimento ilícito.

§ 6º O valor da indisponibilidade considerará a estimativa de dano indicada na petição inicial, permitida a sua substituição por caução idônea, por fiança bancária ou por seguro-garantia judicial, a requerimento do réu, bem como a sua readequação durante a instrução do processo.

§ 7º A indisponibilidade de bens de terceiro dependerá da demonstração da sua efetiva concorrência para os atos ilícitos apurados ou, quando se tratar de pessoa jurídica, da instauração de incidente de desconsideração da personalidade jurídica, a ser processado na forma da lei processual.

§ 8º Aplica-se à indisponibilidade de bens regida por esta Lei, no que for cabível, o regime da tutela provisória de urgência da Lei n. 13.105, de 16 de março de 2015 (Código de Processo Civil).

§ 9º Da decisão que deferir ou indeferir a medida relativa à indisponibilidade de bens caberá agravo de instrumento, nos termos da Lei n. 13.105, de 16 de março de 2015 (Código de Processo Civil).

§ 10. A indisponibilidade recairá sobre bens que assegurem exclusivamente o integral ressarcimento do dano ao erário, sem incidir sobre os valores a serem eventualmente aplicados a título de multa civil ou sobre acréscimo patrimonial decorrente de atividade lícita.

§ 11. A ordem de indisponibilidade de bens deverá priorizar veículos de via terrestre, bens imóveis, bens móveis em geral, semoventes, navios e aeronaves, ações e quotas de sociedades simples e empresárias,

> pedras e metais preciosos e, apenas na inexistência desses, o bloqueio de contas bancárias, de forma a garantir a subsistência do acusado e a manutenção da atividade empresária ao longo do processo.
>
> § 12. O juiz, ao apreciar o pedido de indisponibilidade de bens do réu a que se refere o *caput* deste artigo, observará os efeitos práticos da decisão, vedada a adoção de medida capaz de acarretar prejuízo à prestação de serviços públicos.
>
> § 13. É vedada a decretação de indisponibilidade da quantia de até 40 (quarenta) salários mínimos depositados em caderneta de poupança, em outras aplicações financeiras ou em conta-corrente.
>
> § 14. É vedada a decretação de indisponibilidade do bem de família do réu, salvo se comprovado que o imóvel seja fruto de vantagem patrimonial indevida, conforme descrito no art. 9º desta Lei.

 COMENTÁRIOS

1. A INDISPONIBILIDADE DE BENS E SUA NATUREZA CAUTELAR (*CAPUT*)

Os arts. 14 e 15 tratam do processo administrativo. O art. 16 inaugura as disposições sobre o processo judicial.

Essa organização pode passar a impressão de que a indisponibilidade de bens só pode ser decretada em processo judicial. O STF, entretanto, entende que os Tribunais de Contas, no exercício de suas funções, podem decretar medidas cautelares diversas – dentre elas, a indisponibilidade de bens de agentes públicos e particulares.[3] O poder de cautela dos Tribunais de Contas, entretanto, visa à neutralização de atos lesivos ao erário, atuais ou iminentes.[4] É um poder mais restrito, portanto, que o poder geral de cautela jurisdicional, pois está confinado às funções institucionais das Cortes de Contas, que não exercem função propriamente jurisdicional. O termo "julgar", utilizado pelo art. 71 da Constituição, deve ser compreendido no sentido de "examinar", "apreciar" as contas públicas.[5] A imputação de ato de improbidade, por sua vez, só pode ser feita pela via jurisdicional.

---

[3]   Cf. art. 44, § 2º, da Lei n. 8.443/1992. V., ainda, MS 35.506/DF, Plenário, Rel. Min. Marco Aurélio, Redator para o acórdão Min. Ricardo Lewandowski, *DJe* 14.12.2022.

[4]   Cf. MS 24.510/DF, Plenário, Rel. Min. Ellen Gracie, *DJe* 27.11.2003.

[5]   Cf. STF, RE 636.886, Plenário, Rel. Min. Alexandre de Moraes, *DJe* 08.09.2021. *Leading case* do Tema 899: "É prescritível a pretensão de ressarcimento ao erário fundada em decisão de Tribunal de Contas".

Essas competências devem ser consideradas no caso de conflito entre cautelares jurisdicional e administrativa: embora haja independência entre as esferas, um mesmo ato não pode ser simultaneamente tido por aparentemente ímprobo e não ímprobo.

A decretação da indisponibilidade de bens objetiva garantir que, ao final do processo, caso tenha sido praticado ato de improbidade, o agente ou beneficiário tenha patrimônio suficiente para ressarcir o erário ou devolver o que obteve ilicitamente. É seguro dizer que se trata de medida de urgência de natureza cautelar, semelhante à prevista nos arts. 305 a 310 do Código de Processo Civil, que se aplicam supletivamente à Lei de Improbidade Administrativa (§ 8º, *infra*). Afinal, assegurar a possibilidade de ressarcimento do erário ou de devolução do enriquecimento ilícito é, no caso da ação por improbidade administrativa, assegurar o resultado útil do processo.

O que difere a natureza antecipada da cautelar é a satisfazibilidade. E a indisponibilidade de bens é, sem dúvidas, não satisfativa. Isso porque, mesmo indisponíveis, os bens ainda integram o patrimônio do réu. Ou seja, a decretação de indisponibilidade não recompõe o erário e nem o enriquecimento ilícito, de forma que jamais será, por si só, o objeto principal da ação por improbidade administrativa. Por esse motivo, a decisão que decreta a indisponibilidade de bens é necessariamente provisória e não está sujeita à estabilização.

2.   QUANDO PODE SER PEDIDA A INDISPONIBILIDADE DE BENS? *(CAPUT)*

O pedido de indisponibilidade pode ser formulado a qualquer tempo. Se formulado como tópico da petição inicial da ação de improbidade, ou no curso do processo, terá caráter incidental. Se o processo for iniciado com petição cujo pedido seja restrito à indisponibilidade de bens, terá caráter antecedente. O pedido de indisponibilidade de bens poderá ser feito em caráter antecedente quando a urgência da medida for tamanha ao ponto de não ser possível aguardar o ajuizamento da demanda principal.[6]

Dizer que a indisponibilidade pode ser pleiteada a qualquer tempo é dizer que não se submete à preclusão temporal, nem à preclusão consumativa. Isso não significa, contudo, que fatos passados possam ser utilizados para justificar uma urgência presente. Significa apenas que não há um momento processual único para formulação do pedido de tutela cautelar. Desde que haja novos fatos e novos

---

[6]   GAJARDONI, Fernando da Fonseca. Artigo 16. In: GAJARDONI, Fernando da Fonseca; CRUZ, Luana Pedrosa de Figueiredo; GOMES JUNIOR, Luis Manoel; FAVRETO, Rogério. **Comentários à nova lei de improbidade administrativa**: Lei 8429/1992, com as alterações da Lei 14.230/2021. 5. ed. rev., atual. e ampl. São Paulo: Thomson Reuters, 2021. p. 273-274.

elementos probatórios, contemporâneos ao pedido, é possível requerer a tutela de urgência – mesmo que ela já tenha sido requerida e indeferida anteriormente.

A preclusão lógica, contudo, persiste. Se o Ministério Público pratica ato processual incompatível com a indisponibilidade de bens, o pedido cautelar só poderá ser formulado com base em fatos supervenientes ao ato praticado. Se, por exemplo, o Ministério Público sabe que o réu movimenta ativos financeiros vultosos, mas considera que as movimentações são normais, regulares, e não requer a indisponibilidade cautelar, não poderá formular esse pedido posteriormente com base em simples mudança de entendimento. Será necessário demonstrar alteração fática – por exemplo, que as movimentações, antes regulares, agora trazem o risco de dilapidação patrimonial: um risco até então inexistente.

Em qualquer caso, o que não se admite é a decretação de indisponibilidade cautelar de bens com base em condutas passadas, desde sempre conhecidas pelo Ministério Público, mas nunca alegadas em tempo contemporâneo aos fatos, para justificar suposta urgência presente.

3.   A DECRETAÇÃO DE INDISPONIBILIDADE DE BENS NA HIPÓTESE DE VIOLAÇÃO AOS PRINCÍPIOS DA ADMINISTRAÇÃO PÚBLICA

O *caput* do art. 16 da Lei de Improbidade Administrativa estabelece que a medida de indisponibilidade de bens serve para "[...] garantir a integral recomposição do erário ou do acréscimo patrimonial resultante do enriquecimento ilícito". A redação sugere que a cautelar de indisponibilidade só pode ser decretada em caso de dano ao erário ou de enriquecimento ilícito. A *contrario sensu*, a norma indica a impossibilidade de se deferir bloqueio cautelar de bens caso a imputação de improbidade decorra de violação aos princípios da Administração Pública – espécie de ato ímprobo que não exige dano ao erário, tampouco enriquecimento do agente.

Pode ser deferida cautelar de indisponibilidade de bens nas hipóteses do art. 11 da Lei de Improbidade Administrativa? Caso a violação aos princípios cause prejuízo ao erário, maiores dificuldades não existem, sendo possível a decretação da indisponibilidade de tantos bens quantos forem necessários para a recomposição integral da lesão patrimonial. Mas e se da conduta não resultar lesão ao patrimônio público, mas tão somente afronta dolosa aos "[...] deveres de honestidade, de imparcialidade e de legalidade [...]"?

Sob a égide da lei anterior, o STJ firmou o entendimento de que sim, a indisponibilidade cautelar de bens era possível mesmo sem dano ao erário.[7]

---

[7]   Portanto, em que pese o silêncio do art. 7º da Lei n. 8.429/1992, uma interpretação sistemática que leva em consideração o poder geral de cautela do magistrado induz

Mas essa linha decisória tinha como premissa a possibilidade da decretação da medida de indisponibilidade de bens para garantir o integral pagamento do valor imposto a título multa civil como sanção autônoma. Hoje, a Lei (§ 10 do art. 16) proíbe essa possibilidade. Esse entendimento, portanto, deve ser revisto.

Os valores a serem aplicados a título de multa civil ou sobre o acréscimo patrimonial decorrente da atividade ilícita imputada ao agente não podem ser contabilizados para fins de decretação de indisponibilidade de bens. Dessa forma, quando a conduta do agente não causar lesão ao erário ou gerar enriquecimento ilícito, não é possível ao juiz decretar a indisponibilidade de seus bens, ainda que a ele seja aplicada a multa civil prevista no inciso III do art. 12, inserido na Lei de Improbidade Administrativa pela Lei n. 14.230/2021.

4. REFLEXO PROCESSUAL DA NATUREZA CAUTELAR DA INDISPONIBILIDADE (§§ 8° E 9°)

O § 8° do art. 16 prevê que será aplicável, no que couber, à indisponibilidade de bens, o regime de tutela de urgência previsto no CPC. Analisando conjuntamente os itens anteriores, percebe-se que o legislador poderia ter sido mais específico na redação do parágrafo.

A tutela de urgência é gênero do qual são espécies a tutela antecipada e a cautelar. E isso é relevante por dois motivos: *(i)* a tutela antecipada, se requerida em caráter antecedente, está sujeita à estabilização (art. 304 do CPC), o que não ocorre com a cautelar; *(ii)* a tutela antecipada pode ser concedida sem urgência, com base em simples evidência, com fundamento no art. 311 do CPC, como técnica de redistribuição do ônus do tempo do processo. Isso também não ocorre com a cautelar (v. § 3°, *infra*). Disso decorrem duas importantes conclusões.

A decisão que decreta a indisponibilidade de bens requerida em caráter antecedente, mesmo se não recorrida pelo réu, não está sujeita à estabilização. Por mais que a Lei não atribua expressamente à indisponibilidade a natureza cautelar, ela será sempre cautelar. A indisponibilidade não é satisfativa. É medida meramente assecuratória. Por conseguinte, o pedido de indisponibilidade de bens formulado em caráter antecedente deverá seguir o regime previsto nos arts. 305 a 310 do CPC.

---

a concluir que a medida cautelar de indisponibilidade dos bens também pode ser aplicada aos atos de improbidade administrativa que impliquem violação dos princípios da administração pública, mormente para assegurar o integral ressarcimento de eventual prejuízo ao erário, se houver, e ainda a multa civil prevista no art. 12, inciso III, da Lei n. 8.429/1992 (AgRg no REsp n. 1.311.013/RO, 2ª Turma, Rel. Min. Humberto Martins, j. 04.12.2012, *DJe* 13.12.2012).

Além disso, a indisponibilidade de bens sempre pressuporá urgência – ou, mais especificamente, risco ao resultado útil do processo, como exige o próprio § 3º do art. 16. Por esse motivo, essa medida não pode ser decretada com base em simples aparência. Será sempre necessário demonstrar, tanto no pedido quanto na decisão, quais fatos demonstram a necessidade de bloqueio cautelar de bens.

Isso não significa que na ação por improbidade só possa ser requerida ou concedida tutela de urgência de natureza cautelar. Significa apenas que a indisponibilidade de bens, em específico, é medida indiscutivelmente cautelar. É plenamente possível que na ação por improbidade administrativa seja formulado pedido de tutela de urgência de natureza satisfativa e, portanto, antecipada – por exemplo, o afastamento provisório do agente público, que antecipa um dos efeitos da condenação por improbidade.

5. A INDISPONIBILIDADE ENQUANTO TUTELA DE URGÊNCIA (§§ 1º-A E 3º)

A Lei estabelece dois requisitos para a decretação da indisponibilidade de bens: *(i)* a demonstração de perigo de dano irreparável ou risco ao resultado útil do processo e *(ii)* a probabilidade da ocorrência dos atos descritos na inicial. São os mesmos requisitos previstos no art. 300 do CPC, que trata da tutela de urgência.

Sob a vigência da lei revogada, o Superior Tribunal de Justiça firmou o entendimento de que a medida de indisponibilidade de bens possuía natureza de tutela de evidência. Isso porque a Lei n. 8.429/1992, ao dispor sobre o instituto, em nenhum momento exigiu, em seu entender, "[...] o requisito da urgência, reclamando, apenas, para o cabimento da medida, a demonstração, numa cognição sumária, de que o ato de improbidade causou lesão ao patrimônio público ou ensejou enriquecimento ilícito".[8]

É dizer, a mera imputação de ato de improbidade autorizava uma presunção de *periculum in mora*: uma vez citado, o réu dilapidaria seu patrimônio. Isso porque, sendo ímprobo, o réu seria dado às práticas ilícitas. A improbidade, contudo, era meramente presumida com base na simples imputação, pois a comprovação viria apenas na fase de instrução. Esse entendimento foi pacificado por meio do Tema Repetitivo n. 701, no qual se firmou a seguinte tese:

> É possível a decretação da "indisponibilidade de bens do promovido em Ação Civil Pública por Ato de Improbidade Administrativa, quando

---

[8]   Conforme Tema Repetitivo n. 701 do Superior Tribunal de Justiça.

ausente (ou não demonstrada) a prática de atos (ou a sua tentativa) que induzam a conclusão de risco de alienação, oneração ou dilapidação patrimonial de bens do acionado, dificultando ou impossibilitando o eventual ressarcimento futuro".

Esse entendimento tornava mais graves as medidas cautelares na ação de improbidade que na ação penal. No processo penal, jamais se admitiu que a decretação ou manutenção de prisão cautelar fosse baseada na gravidade, em abstrato, do crime. Devem-se apontar elementos concretos, baseados em indícios materiais. No processo civil, por outro lado, a mera imputação, em abstrato, de ato de improbidade, autorizava a presunção de futura dilapidação patrimonial.

A Lei n. 14.230/2021 não encampou esse entendimento e tratou a medida cautelar de indisponibilidade de bens como espécie típica de tutela de urgência. Além da natureza cautelar da indisponibilidade de bens (e lembre-se que, sem urgência, nada há a ser acautelado), duas normas expressas sustentam essa premissa.

Primeiro, o § 3º do art. 16, segundo o qual o pedido de indisponibilidade de bens somente pode ser deferido mediante a demonstração no caso concreto de perigo de dano irreparável ou de risco ao resultado útil do processo, e desde que o juiz se convença da probabilidade do direito alegado pelo Ministério Público. Ou seja, exige-se simultaneamente que *(i)* o *periculum in mora* seja demonstrado por provas, com base em elementos concretos, que demonstrem indícios de dilapidação patrimonial ou da intenção de fazê-lo; e que *(ii)* o *fumus boni juris*, ou seja, a provável prática de ato de improbidade, seja analisado de maneira individualizada.

Além disso, o § 8º estabelece expressamente que se aplica ao instituto, naquilo que for cabível, o regime de tutela provisória de urgência. É dizer, não se admite a decretação de indisponibilidade de bens sem demonstração, por meio de provas, de perigo de dano irreparável ou risco ao resultado útil do processo.

O *periculum in mora*, que antes era presumido, agora deve ser comprovado pelo proponente da ação. Inclusive, considerando a gravidade das sanções a serem aplicadas, que restringem gravemente direitos fundamentais dos acusados, é exigível demonstração robusta dos requisitos autorizadores da medida se comparada com aquela realizada em processos que seguem o rito comum do CPC. Como lembra Marçal Justen Filho, é indispensável que a petição inicial seja acompanhada por farta documentação quanto à probabilidade do direito e de perigo de dano ou risco ao resultado útil do processo:

> [...] não se admite a decretação da indisponibilidade como uma providência sancionatória antecipada, tal como se a imputação da prática de

improbidade implicasse, de modo automático, uma presunção de culpa do acusado. A indisponibilidade patrimonial não é um instrumento para impor sofrimento ao acusado.[9]

A partir da vigência da Lei n. 14.230/2021, portanto, somente é lícito decretar a indisponibilidade de bens caso o autor da ação comprove a presença simultânea dos requisitos inerentes à tutela de urgência: risco ao resultado útil do processo e probabilidade (evidência) do direito. Cabe ao STJ, em deferência ao decidido pelo legislador, superar o entendimento firmado no Tema Repetitivo n. 701.

6. REQUISITOS PARA A DECRETAÇÃO DE INDISPONIBILIDADE (§§ 1º-A E 3º)

O perigo de dano irreparável ou o risco ao resultado útil do processo referem-se à possibilidade de dilapidação patrimonial pelo réu. São requisitos alternativos, englobados pelo rótulo *periculum in mora*. Na prática, é necessário demonstrar que, se não decretada a indisponibilidade de bens, o ressarcimento ao erário ou a recomposição do enriquecimento ilícito serão inviáveis ao final do processo.

O perigo de dano irreparável é um requisito próprio à concessão da tutela de urgência antecipada. Já o risco ao resultado útil do processo é um requisito específico para a concessão da tutela de urgência cautelar. Embora a praxe forense venha utilizando essas duas expressões de maneira intercambiável, entendemos que a menção a "perigo de dano irreparável" poderia ser suprimida da redação do dispositivo sem qualquer prejuízo. A indisponibilidade de bens sempre buscará assegurar o resultado útil do processo, pois seu objetivo é garantir que, condenado o réu pela prática de ato ímprobo, haja bens suficientes para ressarcir o erário ou recompor o ilícito. Aliás, o próprio *caput* do art. 16 prevê que o pedido de indisponibilidade será formulado "a fim de garantir a integral recomposição do erário ou acréscimo patrimonial resultante de enriquecimento ilícito".

O segundo requisito é a probabilidade de ocorrência dos atos descritos na inicial. Não basta convencer o juiz de que os atos descritos na inicial provavelmente ocorreram. Os elementos de prova devem ser suficientes para, em cognição sumária, demonstrar ao juiz que: *(i)* o ato ímprobo provavelmente ocorreu; *(ii)* provavelmente foi o acusado quem o praticou; *(iii)* provavelmente

---

[9] MARÇAL, Justen Filho. **Reforma da lei de improbidade administrativa comentada e comparada**: Lei 14.230, de 25 de outubro de 2021. Rio de Janeiro: Forense, 2022. p. 172.

houve dano ao erário ou enriquecimento ilícito, que exigirá a recomposição do dano; *(iv)* há uma estimativa da provável extensão do valor a ser recomposto.

Tanto a probabilidade quanto o perigo de dano devem ser justificados pelos elementos cognitivos presentes nos autos. Trata-se de uma restrição ao uso de presunções para fundamentar a decretação de indisponibilidade.

Nos termos do § 3º do art. 16, a regra é que a indisponibilidade de bens somente seja decretada após a oitiva do réu em 5 (cinco dias). A exceção a essa regra se encontra no parágrafo seguinte, segundo o qual é possível a decretação da medida sem prévio contraditório caso se comprove que ela possa "[...] frustrar a efetividade da medida ou houver outras circunstâncias que recomendem a proteção liminar, não podendo a urgência ser presumida".

Trata-se esse de mais um reflexo do reconhecimento da natureza da urgência da medida cautelar de indisponibilidade de bens. Em sendo a demonstração do *periculum in mora* requisito indispensável, via de regra, a indisponibilidade de bens só pode ser autorizada após contraditório. Cabe ao autor da ação comprovar que a espera pela oitiva do réu poderá prejudicar de alguma forma a efetividade da medida (*periculum in mora*) caso queira a sua concessão antes de prévio contraditório.

7.   CONCESSÃO LIMINAR (SEM A OITIVA DO RÉU) DA INDISPONIBILIDADE (§§ 3º E 4º)

A parte final do § 3º do art. 16 institui como regra a oitiva do réu antes da decretação da indisponibilidade. A exceção vem logo na sequência (§ 4º), instituindo que a oitiva do réu poderá ser postergada quando o contraditório prévio puder frustrar a efetividade da medida. Em outras palavras, poderá ser diferido o contraditório quando a urgência for superior à comumente exigida.

Caberá ao autor demonstrar que a dilapidação patrimonial é provável e iminente, a ponto de exigir a decretação imediata da indisponibilidade. Não basta alegar, é preciso demonstrar a alegação com base em provas. Essa urgência, conforme expressa o final do § 4º, jamais pode ser presumida.

O juiz, por sua vez, deverá fundamentar explicitamente a necessidade da concessão liminar da medida. Esse dever decorre da vedação de presunção da urgência, na parte final do § 4º.[10]

A concessão liminar da medida não está limitada à decretação de indisponibilidade requerida em caráter antecedente. Pode ser que tanto o risco

---

[10]   No mesmo sentido, ver: SIMÃO, Calil. **Improbidade administrativa**: teoria e prática. 6. ed. rev., atual. e ampl. São Paulo: Mizuno, 2022. p. 512-513.

ao resultado útil do processo quanto a iminência de dilapidação patrimonial (urgência extrema) surjam já no curso do processo. Nesse caso, mesmo citado, o réu não será intimado para se manifestar sobre o pedido de decretação de indisponibilidade de bens antes da decisão do juiz.

Trata-se apenas de diferimento do contraditório, e não de supressão. O réu ainda poderá se manifestar sobre os requisitos autorizadores da medida e o fundamento da sua decretação, porém, em momento posterior.

8. LIMITES DA INDISPONIBILIDADE DE BENS (§§ 5º, 6º, 7º, 10, 12, 13 E 14)

8.1 Quanto ao valor (§§ 5º, 6º e 10)

Há duas limitações ao valor que pode ser alcançado pela indisponibilidade de bens. O primeiro (§ 6º, primeira parte) é que o valor da indisponibilidade deve considerar a estimativa de danos ao erário e/ou enriquecimento ilícito indicada na inicial.[11] Trata-se, portanto, de um limite estabelecido pelo princípio da demanda.

Essa norma é complementada pelo § 10, que é claro em estabelecer que os valores a serem aplicados a título de multa civil ou sobre o acréscimo patrimonial decorrente da atividade ilícita imputada ao agente não podem ser contabilizados para fins de decretação de indisponibilidade de bens. A indisponibilidade recairá somente sobre bens em montante suficiente para o ressarcimento integral do dano causado ao erário, que deve estar indicado, ainda que de forma aproximada, na inicial.

Essa é mais uma norma que supera entendimento do STJ. Antes da promulgação da Lei n. 14.230/2021, a Corte entendia que, na ação de improbidade, a decretação de indisponibilidade de bens poderia englobar o valor de possível multa civil como sanção autônoma, bem como valores licitamente percebidos pelo réu. Agora, é expressamente vedado levar em consideração, na decretação da indisponibilidade de bens, eventual multa civil a ser aplicada, bem como os valores licitamente percebidos pelo réu.[12]

---

[11]   NEVES, Daniel Amorim Assumpção; OLIVEIRA, Rafael Carvalho Rezende. **Comentários à reforma da lei de improbidade administrativa**: Lei 14.230, de 25.10.2021 comentada artigo por artigo. Rio de Janeiro: Forense, 2022. p. 63-64.

[12]   DAL POZZO, Antonio Araldo Ferraz; DORNA, Mário Henrique de Barros. A indisponibilidade de bens na lei de improbidade administrativa reformada. In: DAL POZZO, Augusto Neves; OLIVEIRA, José Roberto Pimenta (Coords.). **Lei de improbidade administrativa reformada**. São Paulo: Thomson, 2022. p. 454-455.

Isso significa que a medida acautelatória acautela apenas a efetividade da tutela reparatória da ação por improbidade, e não a sancionatória. A mudança é bem-vinda. A decretação de indisponibilidade geralmente é feita *in limine litis*, num momento em que sequer é possível estimar com precisão o valor da multa. Autorizar o bloqueio cautelar de montantes ainda não quantificados expunha o réu em ação de improbidade a uma constrição injustificável em fase tão inicial do processo.

O segundo limite é a vedação da solidariedade entre os réus, imposta pelo § 5º. De acordo com essa norma, em havendo litisconsórcio passivo, a "[...] somatória dos valores declarados indisponíveis não poderá superar o montante indicado na petição inicial como dano ao erário ou como enriquecimento ilícito".

Não se trata de uma inovação propriamente dita. Sob a vigência da antiga lei, o Superior Tribunal de Justiça, embora reconhecesse a existência de solidariedade entre os réus até a instrução final do processo, vedava a constrição nas contas de cada um deles do valor integral do dano a ser ressarcido.[13] Muitas vezes, entretanto, esse entendimento era reconhecido tardiamente, somente quando da chegada do recurso aos tribunais superiores, o que acabava por gerar demasiado prejuízo ao réu.

A Lei é omissa quanto à distribuição dessa indisponibilidade entre os réus. Porém, analisado o § 5º do art. 16 em conjunto com o art. 17-C, § 2º, e o art. 17, § 6º, inciso I, pode-se concluir que os bens de cada réu deverão ser bloqueados na mesma proporção da sua responsabilidade: caberá ao autor individualizar a conduta e os benefícios diretos de cada réu, salvo impossibilidade justificada. É vedada em qualquer caso a decretação de indisponibilidade individual em valor superior ao valor total.

Considerando a natureza provisória e acautelatória da indisponibilidade de bens, a medida poderá ser readequada durante a instrução do processo (§ 6º, parte final). Se o dano ao erário ou o enriquecimento ilícito se mostrarem maiores do que originariamente estimado, novos bens poderão ser declarados indisponíveis. O reforço da medida deverá ser fundamentado e sua necessidade, demonstrada. Se, diversamente, o valor acautelado se mostrar exagerado no decorrer do processo, deverá haver levantamento parcial da indisponibilidade.

---

[13] Ver, por todos, o decidido no REsp n. 1.919.700/BA, julgado pela Segunda Turma da Corte.

8.2 Quanto ao objeto (§§ 13 e 14)

Determinados bens são considerados legalmente impenhoráveis. Não podem ser declarados indisponíveis: *(i)* a quantia de até 40 (quarenta) salários-mínimos depositados em caderneta de poupança, em outras aplicações financeiras ou em conta-corrente; *(ii)* o bem de família do réu, salvo se comprovado que o imóvel seja fruto de vantagem patrimonial indevida.

Quanto à impenhorabilidade da quantia de até 40 salários-mínimos, a previsão é semelhante ao disposto no inciso X do art. 833 do Código de Processo Civil, com a diferença de que este limita a impenhorabilidade somente aos valores depositados em caderneta de poupança. A Lei n. 14.230/2021 foi além e estendeu a vedação da indisponibilidade também para os valores depositados em conta corrente ou em outras aplicações financeiras.

Se a impenhorabilidade de valores até 40 salários mínimos é corolário da dignidade da pessoa humana, então o bloqueio cautelar de bens, mesmo em ação de improbidade, também deve respeitar esse mínimo que visa à subsistência, à segurança alimentícia ou à previdência pessoal e familiar do devedor.[14]

A semelhança entre os dois atos normativos pode ser interpretada como uma via de mão dupla. Por um lado, o dispositivo da lei especial pode ser utilizado como fonte de integração do procedimento comum.[15] Ou seja, a proteção que a lei de improbidade dá aos investimentos depositados em caderneta de poupança, em outras aplicações financeiras ou em conta-corrente deve ser estendida à impenhorabilidade prevista no procedimento comum. A lei especial deve ser lida de modo a suplementar a previsão do CPC, que dispõe apenas sobre caderneta de poupança.

Por outro lado, os limites impostos à norma, no procedimento comum, podem ser estendidos à norma prevista no procedimento especial: as mesmas ressalvas que a jurisprudência dos tribunais superiores faz à impenhorabilidade da caderneta de poupança são aplicáveis, por simetria, à proibição de indisponibilidade.

O STJ possui decisões reiteradas no sentido de que a impenhorabilidade salarial ou remuneratória não é absoluta. É lícito o afastamento dessa garantia em determinadas hipóteses, como aquela em que os valores depositados sob

---

14 V. REsp n. 1.191.195, Rel. Min. Nancy Andrighi, *DJe* 26.03.2013.

15 Cf. DIDIER JR., Fredie; CABRAL, Antonio do Passo; CUNHA, Leonardo Carneiro da. **Por uma nova teoria dos procedimentos especiais**: dos procedimentos às técnicas. Salvador: JusPodivm, 2018. p. 90.

o título de remuneração ou salário perdem sua natureza alimentar por não terem sido efetivamente empregados no espaço de tempo situado entre um e outro depósito mensal. Admite-se, igualmente, o excepcionamento da regra de impenhorabilidade quanto aos valores que excederem o teto remuneratório constitucional.[16] Essas limitações parecem ser em tudo aplicáveis à proibição de indisponibilidade prevista na lei de improbidade administrativa.

Por fim, a lei veda a decretação de indisponibilidade de bem de família, salvo se o proponente da ação comprovar que tal imóvel é fruto de vantagem patrimonial indevida (§ 14). Mais uma vez, a lei supera entendimento firmado pelo Superior Tribunal de Justiça sob a vigência da lei anterior.[17]

Com a nova lei, a decretação de indisponibilidade de bem de família do réu exige comprovação de que o imóvel tenha sido adquirido com valores oriundos de vantagem patrimonial indevida. Ou seja, a nova legislação impõe ao autor da ação o ônus de comprovar a prática de ato ilícito pelo réu. Embora a Lei preveja somente essas duas hipóteses de vedação, entendemos que isso não prejudica a aplicação supletiva do art. 833 do CPC, de forma a preservar os demais bens nele previstos como impenhoráveis – salvo se adquiridos como produto do ato ímprobo.

8.3   Quanto aos efeitos (§ 12)

O § 12 do art. 16 impõe ao juiz o dever de analisar prospectivamente as consequências da medida acautelatória a ser deferida e o impede de adotar aquela que for capaz de prejudicar a prestação de serviços públicos. Ou seja, não pode ser declarado indisponível bem essencial à prestação do serviço público.

O legislador seguiu a tendência do direito brasileiro de exigir do juiz a consideração das consequências práticas de suas decisões, iniciada com a edição da Lei n. 13.655/2018, que incluiu na Lei de Introdução às Normas de Direito Brasileiro um art. 20 com a seguinte redação: "Nas esferas administrativa, controladora e judicial, não se decidirá com base em valores jurídicos abstratos sem que sejam consideradas as consequências práticas da decisão".

Reconhecendo os efeitos deletérios da indisponibilidade de bens que servem à prestação de serviço público, tal dispositivo estabeleceu a necessidade de o juiz observar e analisar as consequências de sua decisão, sendo vedada, em qualquer caso, a adoção de medida capaz de acarretar prejuízo à

---

[16] AgRg na CauInomCrim 6/DF, Rel. Min. Paulo de Tarso Sanseverino, *DJe* 18.12.2019.

[17] Por todos, ver o REsp n. 1.670.672/RJ, julgado pela Primeira Turma da Corte.

coletividade. A invocação pura e simples de valores jurídicos abstratos para a condenação, como o recurso retórico vazio ao princípio da supremacia do interesse público, sem a avaliação de como a eventual indisponibilidade dialoga com a realidade da Administração Pública brasileira, muitas vezes deficiente e sucateada, não é suficiente para justificar a decretação da indisponibilidade de bens.

8.4 Quanto à pessoa (§ 7º)

O § 7º condiciona a decretação de indisponibilidade de bem de terceiro (pessoa física) à demonstração de que ele concorreu dolosamente para a prática dos atos ilícitos apurados. Ou seja, é preciso demonstrar que esse terceiro contribuiu com os danos causados pelo réu. Na sistemática da nova lei, portanto, terceiros somente podem ter seus bens indisponibilizados caso exista comprovação de que eles de alguma forma concorreram para a prática do ato tido como ímprobo. Em sendo esse terceiro sócio ou dirigente de pessoa jurídica à qual foi imputada o ato, das duas uma: a) ou ele comporá o polo passivo da ação, e para isso deve ser demonstrada a sua concorrência para a prática do ato, na forma do § 1º do art. 3º; b) ou seus bens somente poderão ser atingidos por uma eventual decretação de indisponibilidade caso previamente ocorra a desconsideração da personalidade jurídica.

9. ORDEM DA INDISPONIBILIDADE (§ 11)

O § 11 do art. 16 da Lei institui a ordem dos bens a serem declarados indisponíveis: 1) veículos terrestres; 2) bens imóveis; 3) bens móveis; 4) semoventes; 5) navios e aeronaves; 6) ações e quotas de sociedades simples e empresárias; 7) pedras e metais preciosos; 8) e, na inexistência de quaisquer dos bens mencionados, o bloqueio de contas bancárias, respeitado o limite já estudado de 40 salários-mínimos, de forma a garantir a subsistência do acusado e a manutenção da atividade empresária ao longo do processo.

Com a devida vênia ao legislador, que nitidamente buscou atribuir critérios mais concretos à ordem da indisponibilidade, a hierarquia inverte a lógica do art. 835 do Código de Processo Civil ao criar uma preferência de decretação de indisponibilidade de bens menos líquidos, como veículos e bens imóveis, em detrimento de bens mais líquidos, como valores depositados em contas bancárias.

Na ordem de penhora do CPC, o dinheiro é absoluta prioridade; na ação por improbidade administrativa, o bloqueio de ativos é residual. O dispositivo condiciona o bloqueio de contas bancárias à inexistência de quaisquer outros bens relacionados.

Entendemos, contudo, que essa *inexistência* deve ser interpretada como *insuficiência*. Presentes os requisitos autorizadores da decretação da indisponibilidade, e havendo estimativa concreta do dano ao erário ou do enriquecimento ilícito, é possível o bloqueio de contas bancárias se, existentes os demais bens previstos no art. 16, § 11, estes não sejam suficientes para garantir a totalidade do ressarcimento do dano ou da recomposição do enriquecimento ilícito.

A ordem legal não é fixa. Ela pode ser operada validamente pelo juiz, à luz do caso concreto. A utilização do verbo "priorizar" pelo legislador permite inferir uma consequência prática relevante: a exemplo do que ocorre na interpretação do art. 835 do Código de Processo Civil, cujos incisos estabelecem uma lista de preferência para a penhora, nada impede que o juiz, no caso concreto, inverta a ordem preferencial estabelecida pelo legislador. Mas sua modificação pelo juiz deve ser devidamente justificada. Ou seja, a ordem de prioridades estabelecida em lei é uma norma excepcionável, desde que superado o ônus argumentativo de demonstrar sua inadequação para o caso concreto.

Nesse sentido, o STJ já reconheceu a possibilidade de inversão da ordem de preferência de penhora prevista no CPC, ressaltando, contudo, que ela somente pode ser alterada em situação excepcionalíssima, devendo a análise do caso concreto estar pautada em dois princípios aparentemente conflitantes: a) o da menor onerosidade do executado; b) o da maior efetividade da execução.[18] Esses dois requisitos também regem o cumprimento de sentença de improbidade administrativa. A mesma lógica, portanto, é aplicável a eventual modificação da ordem de preferência prevista pela Lei de Improbidade.

10. RECURSO CABÍVEL (§ 9º)

O recurso cabível contra a decisão que defere ou indefere a indisponibilidade de bens é, conforme previsto no § 9º, o agravo de instrumento. Essa previsão expressa é bem-vinda, mas não necessária. Ainda que não fosse especificado, seria incontestável o cabimento do agravo de instrumento, tendo em vista a aplicação subsidiária do CPC e a previsão de aplicação do procedimento comum à ação por improbidade administrativa no art. 17, *caput*, da Lei. O fundamento legal do cabimento do agravo de instrumento seria, então, o art. 1.015, I, por ser a decretação da indisponibilidade de bens decisão interlocutória que versa sobre tutela provisória.

---

[18]   AgInt no AREsp n. 1.650.911/SP, julgado pela Quarta Turma da Corte.

Art. 17. A ação para a aplicação das sanções de que trata esta Lei será proposta pelo Ministério Público e seguirá o procedimento comum previsto na Lei n. 13.105, de 16 de março de 2015 (Código de Processo Civil), salvo o disposto nesta Lei.

§ 1º (*Revogado*).

§ 2º (*Revogado*).

§ 3º (*Revogado*).

§ 4º (*Revogado*).

§ 4º-A A ação a que se refere o *caput* deste artigo deverá ser proposta perante o foro do local onde ocorrer o dano ou da pessoa jurídica prejudicada.

§ 5º A propositura da ação a que se refere o *caput* deste artigo prevenirá a competência do juízo para todas as ações posteriormente intentadas que possuam a mesma causa de pedir ou o mesmo objeto.

§ 6º A petição inicial observará o seguinte:

I – deverá individualizar a conduta do réu e apontar os elementos probatórios mínimos que demonstrem a ocorrência das hipóteses dos arts. 9º, 10 e 11 desta Lei e de sua autoria, salvo impossibilidade devidamente fundamentada;

II – será instruída com documentos ou justificação que contenham indícios suficientes da veracidade dos fatos e do dolo imputado ou com razões fundamentadas da impossibilidade de apresentação de qualquer dessas provas, observada a legislação vigente, inclusive as disposições constantes dos arts. 77 e 80 da Lei n. 13.105, de 16 de março de 2015 (Código de Processo Civil).

§ 6º-A O Ministério Público poderá requerer as tutelas provisórias adequadas e necessárias, nos termos dos arts. 294 a 310 da Lei n. 13.105, de 16 de março de 2015 (Código de Processo Civil).

§ 6º-B A petição inicial será rejeitada nos casos do art. 330 da Lei n. 13.105, de 16 de março de 2015 (Código de Processo Civil), bem como quando não preenchidos os requisitos a que se referem os incisos I e II do § 6º deste artigo, ou ainda quando manifestamente inexistente o ato de improbidade imputado.

§ 7º Se a petição inicial estiver em devida forma, o juiz mandará autuá-la e ordenará a citação dos requeridos para que a contestem no prazo comum de 30 (trinta) dias, iniciado o prazo na forma do art. 231 da Lei n. 13.105, de 16 de março de 2015 (Código de Processo Civil).

§ 8º (*Revogado*).

§ 9º (*Revogado*).

§ 9º-A Da decisão que rejeitar questões preliminares suscitadas pelo réu em sua contestação caberá agravo de instrumento.

§ 10 (*Revogado*).

§ 10-A. Havendo a possibilidade de solução consensual, poderão as partes requerer ao juiz a interrupção do prazo para a contestação, por prazo não superior a 90 (noventa) dias.

§ 10-B. Oferecida a contestação e, se for o caso, ouvido o autor, o juiz:

I – procederá ao julgamento conforme o estado do processo, observada a eventual inexistência manifesta do ato de improbidade;

II – poderá desmembrar o litisconsórcio, com vistas a otimizar a instrução processual.

§ 10-C. Após a réplica do Ministério Público, o juiz proferirá decisão na qual indicará com precisão a tipificação do ato de improbidade administrativa imputável ao réu, sendo-lhe vedado modificar o fato principal e a capitulação legal apresentada pelo autor.

§ 10-D. Para cada ato de improbidade administrativa, deverá necessariamente ser indicado apenas um tipo dentre aqueles previstos nos arts. 9º, 10 e 11 desta Lei.

§ 10-E. Proferida a decisão referida no § 10-C deste artigo, as partes serão intimadas a especificar as provas que pretendem produzir.

§ 10-F. Será nula a decisão de mérito total ou parcial da ação de improbidade administrativa que:

I – condenar o requerido por tipo diverso daquele definido na petição inicial;

II – condenar o requerido sem a produção das provas por ele tempestivamente especificadas.

§ 11. Em qualquer momento do processo, verificada a inexistência do ato de improbidade, o juiz julgará a demanda improcedente.

§ 12 (*Revogado*).

§ 13 (*Revogado*).

§ 14. Sem prejuízo da citação dos réus, a pessoa jurídica interessada será intimada para, caso queira, intervir no processo.

§ 15. Se a imputação envolver a desconsideração de pessoa jurídica, serão observadas as regras previstas nos arts. 133, 134, 135, 136 e 137 da Lei n. 13.105, de 16 de março de 2015 (Código de Processo Civil).

§ 16. A qualquer momento, se o magistrado identificar a existência de ilegalidades ou de irregularidades administrativas a serem sanadas sem que estejam presentes todos os requisitos para a imposição das sanções aos agentes incluídos no polo passivo da demanda, poderá, em decisão motivada, converter a ação de improbidade administrativa em ação civil pública, regulada pela Lei n. 7.347, de 24 de julho de 1985.

§ 17. Da decisão que converter a ação de improbidade em ação civil pública caberá agravo de instrumento.

§ 18. Ao réu será assegurado o direito de ser interrogado sobre os fatos de que trata a ação, e a sua recusa ou o seu silêncio não implicarão confissão.

§ 19. Não se aplicam na ação de improbidade administrativa:

I – a presunção de veracidade dos fatos alegados pelo autor em caso de revelia;

II – a imposição de ônus da prova ao réu, na forma dos §§ 1º e 2º do art. 373 da Lei n. 13.105, de 16 de março de 2015 (Código de Processo Civil);

III – o ajuizamento de mais de uma ação de improbidade administrativa pelo mesmo fato, competindo ao Conselho Nacional do Ministério Público dirimir conflitos de atribuições entre membros de Ministérios Públicos distintos;

IV – o reexame obrigatório da sentença de improcedência ou de extinção sem resolução de mérito.

§ 20. A assessoria jurídica que emitiu o parecer atestando a legalidade prévia dos atos administrativos praticados pelo administrador público ficará obrigada a defendê-lo judicialmente, caso este venha a responder ação por improbidade administrativa, até que a decisão transite em julgado.

§ 21. Das decisões interlocutórias caberá agravo de instrumento, inclusive da decisão que rejeitar questões preliminares suscitadas pelo réu em sua contestação.

 COMENTÁRIOS

1. CONSIDERAÇÕES SOBRE O PROCEDIMENTO

A ação de improbidade é ação civil repressiva, de caráter sancionatório, que segue procedimento especial destinado à aplicação de sanções de caráter pessoal. Seu objeto é fundamental para compreender suas especificidades procedimentais.

Algumas das principais características do procedimento especial da ação de improbidade são: *(i)* a legitimidade ativa restrita; *(ii)* a regra especial de competência; *(iii)* o prazo de 30 dias para o oferecimento de contestação; *(iv)* a não obrigatoriedade de designação de audiência de conciliação e mediação; *(v)* a exigência, em regra, de comprovação mínima dos fatos e do dolo imputado ao réu na inicial, através de prova pré-constituída; *(vi)* existência de decisão interlocutória específica, de indicação precisa da tipificação da conduta imputada ao réu; *(vii)* hipóteses específicas de nulidade da decisão total ou parcial de mérito; *(viii)* possibilidade de conversão da ação de improbidade em ação civil pública; *(ix)* inaplicabilidade de presunção da veracidade dos fatos alegados pelo autor, em caso de revelia; *(x)* impossibilidade de distribuição dinâmica do ônus da prova por decisão judicial, em prejuízo do réu; *(xi)* espécie mais restritiva de litispendência, cujo único requisito é a identidade de fatos, entre outros.

O *caput* do art. 17 da Lei prevê que se aplica à ação de improbidade, subsidiária e supletivamente, o procedimento comum do CPC. Na hipótese de lacuna da lei específica, o procedimento comum do CPC servirá como fonte normativa sempre que não for excepcionado expressa ou implicitamente, por incompatibilidade lógica, pela Lei de Improbidade Administrativa.

2. LEGIMIDADE ATIVA PARA A PROPOSITURA DA AÇÃO POR IMPROBIDADE (*CAPUT*)

Segundo a Lei, o Ministério Público é o único legitimado para propor ação por improbidade administrativa. Contudo, foi declarada pelo STF, no julgamento da ADIn n. 7042, a inconstitucionalidade parcial do *caput* do art. 17 da Lei, sem redução de texto, restabelecendo a competência concorrente e disjuntiva entre o MP e a pessoa jurídica interessada. Por maioria de votos, o Plenário declarou inválidos os dispositivos da Lei n. 14.230/2021 que conferiam ao Ministério Público (MP) legitimidade exclusiva para a propositura das ações por improbidade.

De acordo com a decisão, portanto, tanto o MP quanto a pessoa jurídica interessada podem propor ação por improbidade administrativa. Podem, inclusive, figurar em conjunto no polo ativo da ação, em litisconsórcio facultativo.

3. COMPETÊNCIA (§ 4°-A)

O foro competente para julgamento da ação por improbidade administrativa será o do local do dano ou o da pessoa jurídica prejudicada.

A opção do legislador pelo foro do local onde ocorrer o dano é uma consagração de prática já adotada anteriormente. Antes de ser classificada como uma ação própria, a pretensão de responsabilização por ato de improbidade administrativa era veiculada por meio de Ação Civil Pública, regulada pela Lei n. 7.347/1985. Esta Lei, em seu art. 2°, prevê que:

> Art. 2° As ações previstas nesta Lei serão propostas no foro do local onde ocorrer o dano, cujo juízo terá competência funcional para processar e julgar a causa.

Parágrafo único A propositura da ação prevenirá a jurisdição do juízo para todas as ações posteriormente intentadas que possuam a mesma causa de pedir ou o mesmo objeto.

Boa parte da doutrina tem se posicionado no sentido de que a competência prevista no art. 17, § 4º-A, da Lei de Improbidade, embora territorial, é absoluta.[19] Esse posicionamento parece se basear na coerência com a praxe já estabelecida.

É preciso lembrar, contudo, que a ação por improbidade administrativa é repressiva, de caráter sancionatório, destinada à aplicação de sanções de caráter pessoal, não para a tutela do patrimônio público e de outros direitos de grupo (art. 17-D). O objeto da ação por improbidade não se confunde com o objeto de eventual ação civil pública para controle de legalidade de políticas públicas ou para recomposição do patrimônio público.

Andou mal o legislador, portanto, quando estabeleceu que a ação por improbidade será proposta no foro do local do dano. Esse critério é adequado à ação civil pública, não necessariamente à ação por improbidade. O foro mais adequado ao ajuizamento da ação de improbidade é o foro onde foi praticado o ato supostamente ímprobo. Isso porque a propositura da ação no local dos fatos tende a facilitar a produção de provas – e, por conseguinte, o exercício tanto da pretensão sancionatória quanto do direito de defesa.[20] Trata-se de aplicação do princípio da competência adequada.[21] Nesse sentido decidiu a 1ª Seção do STJ, em 27.05.2009 – antes da reforma, portanto:

> [...] No caso em análise, embora haja ilícitos praticados nos Estados do Paraná, São Paulo e Sergipe, o que poderia, a princípio, caracterizar a

---

[19]   No mesmo sentido cf. GOMES JUNIOR, Luiz Manoel Gomes; FAVRETO, Rogerio. Artigo 17. In: GAJARDONI, Fernando da Fonseca; CRUZ, Luana Pedrosa de Figueiredo; GOMES JUNIOR, Luis Manoel; FAVRETO, Rogério. **Comentários à nova Lei de Improbidade Administrativa**: Lei 8429/1992, com as alterações da Lei 14.230/2021. 5. ed. rev., atual. e ampl. São Paulo: Thomson Reuters, 2021. p. 435-439; NEVES, Daniel Amorim Assumpção; OLIVEIRA, Rafael Carvalho Rezende. **Comentários à reforma da lei de improbidade administrativa**: Lei 14.230, de 25.10.2021 comentada artigo por artigo. Rio de Janeiro: Forense, 2022. p. 90; COSTA, Rafael de Oliveira; BARBOSA, Renato Kim. **Nova lei de improbidade administrativa**: atualizada de acordo com a Lei n. 14.230/2021. São Paulo: Almedina, 2022. p. 210-211.

[20]   NEVES, Daniel Amorim Assumpção; OLIVEIRA, Rafael Carvalho Rezende. **Improbidade administrativa**: direito material e processual. 9. ed. rev. e atual. Rio de Janeiro: Forense, 2022. p. 212-213.

[21]   Sobre o princípio da competência adequada em outro contexto, v. DIDIER JR., Fredie; ZANETI JR., Hermes. **Curso de direito processual civil**: processo coletivo. Salvador: JusPodivm, 2017. v. 4, p. 131.

abrangência nacional do dano, deve prevalecer, na hipótese, a informação fornecida pelo próprio autor da demanda de que a maior parte dos elementos probatórios da ação de improbidade encontra-se situada em São Paulo. Ressalte-se, ainda, ser tal localidade alvo da maioria dos atos ímprobos praticados e sede dos locais de trabalho dos servidores públicos envolvidos [...] (CC n. 97.351/SP, Rel. Min. Castro Meira, Primeira Seção, j. 27.05.2009, *DJe* 10.06.2009).

O acerto desse entendimento é ainda mais evidente após a reforma. Estabelecido o prazo de prescrição intercorrente de 4 anos, pelo art. 23, § 5º, da Lei de Improbidade, é imprescindível prezar pela facilitação da instrução e consequente abreviamento do trâmite processual. Além disso, o ajuizamento da ação no local dos fatos evita a difícil discussão (inevitável na ação civil pública) quanto à extensão regional ou nacional do dano, que pode alterar a competência para a capital do Estado ou para o Distrito Federal.

Por foro de local do dano na ação de improbidade, portanto, deve-se entender o foro onde o dano foi produzido, não onde ele repercutiu. Essa competência deve ser tida por relativa. Na falta de disposição legal afirmando ser ela absoluta, não se pode utilizar, nem mesmo por analogia, a regra da ação civil pública, pois as ações visam a finalidades diversas.

Por fim, é importante lembrar que, por falta de previsão constitucional, não há foro por prerrogativa de função em casos de improbidade administrativa. Esse é o entendimento consolidado no Supremo Tribunal Federal, com o qual concordamos.[22]

4.   PREVENÇÃO E CONEXÃO (§ 5º)

O foro onde for proposta a ação por improbidade administrativa será prevento para julgar as ações supervenientes que possuam a mesma causa de pedir ou o mesmo objeto. Por causas que possuam a mesma causa de pedir ou o mesmo objeto entendam-se causas conexas, nos moldes do art. 54 do CPC.

Pode ser que essa norma perpetue um erro do legitimado ativo. Se uma ação por improbidade administrativa for proposta pelo legitimado ativo em

---

[22]   "[...] O Supremo Tribunal Federal tem advertido que, tratando-se de ação civil por improbidade administrativa (Lei n. 8.429/92), mostra-se irrelevante, para efeito de definição da competência originária dos Tribunais, que se cuide de ocupante de cargo público ou de titular de mandato eletivo ainda no exercício das respectivas funções, pois a ação civil em questão deverá ser ajuizada perante magistrado de primeiro grau. Precedentes" (STF, Rcl 2.766 AgR-RN, Min. Celso de Mello, j. 27.02.2014, *DJe* 09.04.2014). Para mais comentários sobre esse assunto, ver o exposto quando da análise da natureza das sanções de improbidade.

foro que não tenha as melhores condições para conduzir e julgar a casa, ainda assim ele estará prevento para conduzir e julgar as ações conexas supervenientes.

5. REQUISITOS DA PETIÇÃO INICIAL (§ 6°)

O art. 17, § 6°, acrescenta à petição inicial da ação por improbidade três requisitos, além daqueles previstos no art. 319 do CPC.

O primeiro é o da individualização da(s) conduta(s) do(s) réu(s). Se um ou mais atos de improbidade forem imputados a mais de um réu, deverá a petição inicial especificar qual foi a participação de cada um dos réus na ocorrência desses atos.

O segundo é o de apontar elementos probatórios mínimos capazes de demonstrar a ocorrência do ato de improbidade e a autoria do réu – se for mais de um réu, elementos que demonstrem a autoria de cada um. O requisito se assemelha à justa causa, condição típica para o exercício da ação penal.

Esses dois primeiros requisitos podem ser dispensados caso seja impossível ao autor da ação por improbidade administrativa individualizar as condutas dos réus ou apresentar elementos probatórios suficientes. Mas essa exceção apenas impede a petição inicial de ser rejeitada com base no art. 17, § 6°, inciso I. A impossibilidade de individualizar as condutas ou de apontar elementos probatórios mínimos jamais poderá fundamentar a decretação da indisponibilidade de bens sem os requisitos previstos no art. 16, § 3°, da Lei de Improbidade.

Nota-se que se tratam de elementos probatórios mínimos, e não de elementos probatórios *suficientes para a condenação do acusado*. Portanto, se essa deficiência permanecer mesmo após a instrução processual, a consequência não será a mera absolvição do agente (ou a improcedência da ação por improbidade), mas a extinção da ação, com resolução do mérito, por inexistência do ato de improbidade.

O terceiro requisito é o de instruir a petição inicial com documentos que corroborem com os fatos alegados na inicial e com o dolo imputado ao réu. Também poderão ser dispensados esses documentos caso haja fundamentada impossibilidade de apresentá-los.

A positivação desses requisitos traduz a preocupação do legislador com a proliferação de ações temerárias. É uma preocupação correta e fundamentada.[23] A ação por improbidade administrativa traz sérias consequências para a pessoa que integra seu polo passivo. Antes da reforma, a situação era muito

---

[23]   Em sentido contrário, ver: NEVES, Daniel Amorim Assumpção; OLIVEIRA, Rafael Carvalho Rezende. **Comentários à reforma da lei de improbidade administrativa**: Lei 14.230, de 25.10.2021 comentada artigo por artigo. Rio de Janeiro: Forense, 2022. p. 80-81.

mais grave. Bastava imputar ato de improbidade à pessoa, sem individualizar sua conduta e sem demonstrar o risco ao resultado útil do processo, que suas contas bancárias poderiam ser bloqueadas.

Com a nova lei, por outro lado, o cenário passou a ser equilibrado: a princípio, protege-se a pessoa das consequências da propositura temerária da ação por improbidade, ao exigir a individualização da sua conduta com base em elementos probatórios mínimos; mas, o interesse público em ver respeitados os princípios da Administração Pública e o patrimônio público permanece à vista, pois a lei possibilita ao legitimado ativo a propositura da ação sem a individualização da conduta e sem apresentação de provas mínimas, desde que fundamentada a impossibilidade de atender tais requisitos.

6. REJEIÇÃO (INDEFERIMENTO OU IMPROCEDÊNCIA LIMINAR) DA PETIÇÃO INICIAL (§ 6°-B)

Se a petição inicial não individualizar as condutas do(s) réu(s) e não comprovar a impossibilidade de fazê-lo, será rejeitada. Se a petição inicial não for instruída com provas mínimas da veracidade dos fatos e do dolo do réu, e o autor não comprovar a impossibilidade de obtenção dessas provas, será rejeitada. Também será rejeitada a inicial em quaisquer das hipóteses previstas no art. 330 do CPC.

A rejeição da inicial, nesses casos, equivale ao indeferimento da inicial previsto no art. 330 do CPC. A decisão é terminativa, ou seja, não resolve o mérito e, por isso, não faz coisa julgada material.

Já se a decisão considerar que o ato de improbidade administrativa imputado pelo autor é manifestamente inexistente, ou que a conduta narrada não configura ato de improbidade, a rejeição da inicial equivalerá à improcedência liminar. Embora a lei não mencione, é possível que a rejeição da inicial ocorra também com fundamento no art. 332 do CPC.

Nesses casos, a decisão resolverá o mérito e a decisão fará coisa julgada material.

Tanto no caso de indeferimento da inicial quanto no caso de improcedência liminar (chamados genericamente de rejeição da petição inicial pela Lei), o recurso cabível será a apelação, desde que a decisão extinga o procedimento.

Por aplicação subsidiária dos arts. 331 e 332, § 3º, ambos do CPC, interposta a apelação, poderá o juiz que rejeitou a petição inicial da ação por improbidade administrativa retratar-se, no prazo de 5 dias.

Embora a Lei não cogite esta hipótese, é possível que, havendo mais de um réu, o juiz entenda que o ato de improbidade é inexistente apenas em relação a um ou alguns deles. Por exemplo, se a inicial imputa ato de improbidade a um grupo de pessoas, mas não narra conduta alguma de uma delas, o juiz poderá então rejeitar parte da petição inicial. Nesse caso, a decisão, por não extinguir o procedimento em sua totalidade, será recorrível por agravo de instrumento.

7. TUTELA PROVISÓRIA (§ 6º-A)

Dispõe o § 6º-A que o autor[24] poderá requerer as tutelas provisórias adequadas e necessárias, nos termos dos arts. 294 a 310 do CPC.

O dispositivo reforça que se aplicam às tutelas provisórias na ação por improbidade administrativa as regras dos arts. 294 a 310 do CPC. Aqui, todavia, ao contrário do art. 16, § 8º, da Lei de Improbidade Administrativa, faz sentido tratar da tutela de urgência como gênero, englobando tanto as de natureza antecipada quanto cautelar.

8. CITAÇÃO (§ 7º)

Segundo a redação do § 7º do art. 17, não sendo caso de rejeição da inicial, o juiz ordenará a citação do(s) réu(s). Presume-se, pois, que não haverá designação obrigatória de audiência de mediação e conciliação.[25] Isso porque, além de ser norma específica, o § 7º é norma posterior ao CPC.

Não havendo previsão na Lei de Improbidade sobre como se dará a citação, aplicam-se as disposições do livro IV, Título II, Capítulo II, do CPC.

9. CONTESTAÇÃO (§§ 7º, 9º-A E 10-A)

O réu será citado para contestar a ação por improbidade administrativa. O verbo utilizado é contestar. Não há mais defesa prévia.[26]

---

[24] A Lei menciona apenas o Ministério Público. Contudo, devem ser incluídas as pessoas jurídicas interessadas, em razão da declaração parcial de inconstitucionalidade, sem redução de texto, nas ADIs 7.042 e 7.043.

[25] NEVES, Daniel Amorim Assumpção; OLIVEIRA, Rafael Carvalho Rezende. **Comentários à reforma da lei de improbidade administrativa**: Lei 14.230, de 25.10.2021 comentada artigo por artigo. Rio de Janeiro: Forense, 2022. p. 83.

[26] GOMES JUNIOR, Luiz Manoel Gomes; FAVRETO, Rogerio. Artigo 17. In: GAJARDONI, Fernando da Fonseca; CRUZ, Luana Pedrosa de Figueiredo; GOMES JUNIOR, Luis Manoel; FAVRETO, Rogério. **Comentários à nova lei de improbidade administrativa**: Lei 8429/1992, com as alterações da Lei 14.230/2021. 5. ed. rev., atual. e ampl. São Paulo: Thomson Reuters, 2021. p. 345-347.

O prazo para a contestação é de 30 dias (§ 7º) e será contado em dias úteis, por aplicação subsidiária do art. 219 do CPC. O termo inicial da contagem será definido conforme art. 231 do CPC.

O prazo para contestar poderá ser interrompido por requerimento das partes, caso haja possibilidade de solução consensual (§ 10-A).[27] O dispositivo é mais importante por seu aspecto material que processual. Ele deixa explícita a possibilidade de acordo em ação de improbidade – possibilidade que por muitos anos foi vedada pela legislação.

Quanto ao procedimento, o dispositivo é lacônico e não esclarece se o juiz deverá, sempre, conceder o pedido de interrupção do prazo; se o autor precisa concordar com o pedido do réu para ser interrompido o prazo; se é necessário demonstrar ao juízo a possibilidade de solução consensual que fundamenta o pedido de interrupção.

Na ausência de regulação específica, parece claro que *(i)* se houver concordância, o pedido deverá ser deferido; *(ii)* se o autor discordar da interrupção por entender que inexiste possibilidade de solução consensual, o pedido deverá ser indeferido; *(iii)* se discordar por qualquer outro motivo, o magistrado deverá analisar os fundamentos do pedido e analisar se é caso de deferimento ou indeferimento. Não cabe ao magistrado indeferir o pedido se ambas as partes estiverem dispostas a obter uma solução consensual.

Note-se que a lei fala em interrupção. Ou seja, o prazo para o oferecimento da contestação será devolvido por inteiro ao réu após o término do período máximo de 90 dias.

Na contestação, o réu poderá alegar quaisquer das preliminares previstas no art. 337 do CPC. Ademais, a contestação da ação por improbidade administrativa também se sujeita ao princípio da eventualidade, devendo o réu alegar toda a matéria de defesa.

Uma importantíssima diferença processual entre a ação de improbidade e o procedimento comum do CPC é o recurso cabível contra a decisão que rejeita as preliminares arguidas em contestação. No Código de Processo Civil, por falta de previsão específica no rol de decisões agraváveis, o recurso cabível, em regra, é a apelação: rejeitada a preliminar, o réu terá que aguardar até a prolação da sentença para interpor apelação e rediscutir, no Tribunal,

---

[27] GOMES JUNIOR, Luiz Manoel Gomes; FAVRETO, Rogerio. Artigo 17. In: GAJARDONI, Fernando da Fonseca; CRUZ, Luana Pedrosa de Figueiredo; GOMES JUNIOR, Luis Manoel; FAVRETO, Rogério. **Comentários à nova lei de improbidade administrativa**: Lei 8.429/1992, com as alterações da Lei 14.230/2021. 5. ed. rev., atual. e ampl. São Paulo: Thomson Reuters, 2021. p. 355-356.

as preliminares arguidas. Exceto, é claro, nos casos em que for demonstrada a inutilidade do julgamento da questão no julgamento da apelação – ou seja, a urgência da apreciação da questão.[28]

Agora, na ação de improbidade administrativa, o recurso cabível contra a decisão é o agravo de instrumento. A recorribilidade da decisão, portanto, é imediata.

A norma é inteligente e adequada às especificidades da ação por improbidade. Embora não se trate de imputação penal, a acusação por ato de improbidade é, por si só, um mal capaz de causar dissabores e dificultar o exercício de atos da vida civil. Se há preliminares capazes de evitar o processamento da imputação, elas devem ser analisadas imediatamente. E, se consideradas improcedentes em primeiro grau, estão sujeitas a recurso também imediato.

10. JULGAMENTO CONFORME O ESTADO DO PROCESSO E DESMEMBRAMENTO DO LITISCONSÓRCIO (§ 10-B)

Oferecida a contestação, se o juiz entender manifestamente inexistente o ato de improbidade, proferirá julgamento conforme o estado do processo.[29] Tal qual o juiz pode rejeitar parte da inicial, poderá também proferir julgamento antecipado parcial do mérito, caso entenda que o ato de improbidade é inexistente em relação a um ou alguns dos réus e independe de instrução.

O juiz também poderá desmembrar o litisconsórcio (passivo) para facilitar a instrução. Nada impede, porém, que o juiz faça ambas as coisas: supondo que sejam cinco os réus, o juiz poderá julgar parcialmente o mérito em relação a dois deles e desmembrar o feito em relação aos outros três.

O desmembramento é medida de conveniência processual. Ele multiplica o número de demandas, mas tende a simplificar as questões fáticas discutidas em cada uma delas. Ao juiz compete analisar a relação custo-benefício. Não é obrigatório, portanto, que, antes de proceder ao desmembramento, o juiz determine a oitiva do autor, embora a medida possa contribuir para que se tenha clareza quanto à conveniência do desmembramento.

O julgamento antecipado parcial do mérito também não exige a prévia oitiva do autor. Compete ao juiz decidir se a causa está madura para julga-

---

[28] Com base no Tema 988 do STJ, em que a Corte Especial considerou que o rol do artigo 1.015 do Código de Processo Civil é de taxatividade mitigada.

[29] SIMÃO, Calil. **Improbidade administrativa**: teoria e prática. 6. ed. rev., atual. e ampl. São Paulo: Mizuno, 2022. p. 556.

mento, com base nas provas acostadas aos autos na fase postulatória e no requerimento de provas feito na inicial e na contestação. Ainda assim, o autor pode ser consultado antes de se proceder ao julgamento antecipado parcial do mérito, especialmente para lhe oportunizar a especificação de alguma prova em tese apta a alterar esse convencimento, nos termos do § 10-E (*infra*), como medida de cooperação processual.

11. RÉPLICA (§ 10-C)

Esse dispositivo prevê réplica do Ministério Público após a contestação. A norma foi declarada parcialmente inconstitucional pelo STF, no julgamento das ADIs 7042 e 7043, sem redução de texto. Em suma, onde está escrito "Ministério Público", leia-se "autor".

A oportunização de réplica não é um direito potestativo do autor, sob pena de violação à paridade de armas. A réplica somente poderá ser oferecida nas mesmas situações da impugnação à contestação conforme o CPC. Ou seja, caso o réu, em contestação: *(i)* alegue as matérias preliminares previstas no art. 337 do CPC; *(ii)* alegue fato impeditivo, modificativo ou extintivo do direito do autor (art. 350 do CPC); *(iii)* junte documentos aos autos (art. 437 do CPC).

12. INDICAÇÃO DA TIPIFICAÇÃO DO ATO DE IMPROBIDADE ADMINISTRATIVA (§§ 10-C E 10-D)

Apresentada a réplica pelo autor, o juiz decidirá a tipificação do ato de improbidade imputado ao réu. Como tipificação deve-se entender que, dentro das diversas condutas e elementos previstos em cada um dos tipos constantes dos arts. 9º, 10 e 11, o magistrado indicará precisamente quais estão sendo imputados ao réu.

O limite imposto ao juiz é a proibição de modificar o fato principal e a capitulação legal apresentada pelo autor. Isto é, se o autor imputa ao réu a prática do ato de improbidade previsto no art. 10, inciso V, o juiz deverá precisar qual das condutas previstas nesse artigo se aplicam no caso concreto. Não será possível, contudo, definir outra conduta ou eleger outra capitulação. Um exemplo pode ilustrar melhor essa questão. Imagine que foi imputado ao autor a prática do ato de improbidade previsto no inciso V do art. 10, que possui a seguinte redação:

> V – permitir ou facilitar a aquisição, permuta ou locação de bem ou serviço por preço superior ao de mercado;

Nessa hipótese, ao proferir a decisão do § 10-C, o magistrado deverá precisar: *(i)* se o réu responderá por ter permitido ou facilitado; *(ii)* se houve aquisição, ou permuta, ou locação *(iii)* de bem ou de serviço. Um exemplo de tipificação precisa de ato de improbidade previsto no art. 10, V, é: permitir a aquisição de bem por preço superior ao de mercado. Precisar a tipificação é, pois, eliminar as variáveis do tipo legal para aplicá-lo no caso concreto.

Isso é essencial para delimitar a defesa e as provas que o réu precisará produzir para provar sua inocência. Afinal, a prova de que não houve permissão ou que não houve facilitação são coisas distintas. Por isso, entendemos que a decisão de que trata o § 10-C foi alocada legislativamente no momento processual errado. Podendo repercutir na defesa do réu, seria lógico que a precisão do ato de improbidade fosse realizada antes mesmo da citação.

Pode ser que, o autor, na inicial, afirme que o réu facilitou a aquisição de serviço por preço superior ao de mercado. Na contestação, ato no qual o réu deve apresentar toda a matéria de defesa, o réu alega que jamais facilitou a tal aquisição. Mas, o juiz, após a réplica do autor e da fase de produção de provas, com base nos mesmos fatos narrados na inicial, entende que se trata de permissão de aquisição de serviço por preço superior ao de mercado, e não de facilitação. A defesa do réu estará claramente prejudicada pela mudança na tipificação do ato de improbidade.

Por isso, o art. 17, § 10-C deve ser interpretado conforme à Constituição,[30] a fim de, nos casos em que a precisão da tipificação pelo juiz puder influenciar na qualidade da contestação oferecida pelo réu, possibilitar-lhe a complementação da sua defesa, antes de proceder à especificação de provas, sob pena de violação aos princípios constitucionais do contraditório e da ampla defesa.

Ademais, é vedado enquadrar o mesmo ato de improbidade em mais de uma tipificação (§ 10-D). Contudo, se o réu praticou mais de um ato de improbidade, a cada um poderá ser indicada uma tipificação distinta.

13. ESPECIFICAÇÃO DE PROVAS (§ 10-E)

Após a decisão que indica a tipificação do ato de improbidade imputável ao réu (§ 10-C), as partes serão intimadas para especificar as provas que pretendem produzir. As espécies de prova admitidas e sua produção seguirão

---

[30] Sobre o instituto da interpretação conforme a Constituição, entende Gilmar Mendes que ele deve ser aplicado quando há mais de uma interpretação possível de uma lei, mas apenas uma delas for compatível com a constitucional (MENDES, Gilmar Ferreira; BRANCO, Paulo Gustavo Gonet. **Curso de direito constitucional**. 15. ed. rev. e atual. São Paulo: Saraiva, 2020. p. 1.497).

as normas do CPC, do art. 369 ao 484. Quanto a esse ponto, merece atenção apenas que a prova testemunhal, após a reforma da Lei de Improbidade, passa a ser regida pelo CPC, e não mais pelo CPP.

14. NULIDADE DA DECISÃO (§ 10-F)

Será nula a decisão de mérito (total ou parcial) que condenar o réu por tipo diverso do que lhe foi imputado pelo autor na petição inicial (inciso I). Ou seja, se, ao final do processo, o juiz entender que foi praticado ato de improbidade, mas que ele não se enquadra na tipificação indicada pelo autor na petição inicial e precisada na decisão a que se refere o § 10-C, deverá julgar improcedente a demanda, sob pena de nulidade da sentença.

Também será a nula decisão que condenar o réu sem a produção das provas que requereu tempestivamente (inciso II). A redação desse inciso diz mais do que deveria. Ela parece dar ao réu o direito potestativo de produzir qualquer prova, desde que o tenha requerido tempestivamente. Essa interpretação é absurda, afinal, ela dá ao réu a possibilidade de abusar do direito de ampla defesa e plantar nulidades propositalmente. Na verdade, requerer a produção de provas inúteis e protelatórias é vedada pelo CPC, que se aplica subsidiariamente ao procedimento da ação por improbidade.

Será nula a decisão de mérito total ou parcial da ação de improbidade administrativa, portanto, que condenar o requerido sem a produção das provas por ele requeridas tempestivamente, excetuadas as provas inúteis, protelatórias ou ilícitas.

15. INEXISTÊNCIA DO ATO DE IMPROBIDADE (§ 11)

A Lei trata da inexistência do ato de improbidade em três oportunidades. A primeira, no § 6º-B, como hipótese de rejeição liminar da petição inicial. A segunda, no § 10-B, inciso I, como hipótese de julgamento conforme o estado do processo. Por fim, o § 11 estabelece que, em qualquer momento do processo, o juiz julgará improcedente a demanda se entender inexistente o ato de improbidade.

16. INTIMAÇÃO DA PESSOA JURÍDICA INTERESSADA (§ 14)

A pessoa jurídica interessada deverá ser intimada para intervir no processo, desde que não seja autora. O dispositivo foi redigido num cenário em que somente o Ministério Público teria legitimidade para figurar no polo ativo da demanda. Daí por que a pessoa jurídica, se quisesse ingressar no feito, deveria fazê-lo como terceiro interveniente.

Agora, não há óbice legal para que a pessoa jurídica interessada ingresse no polo ativo da ação de improbidade administrativa, em litisconsórcio ativo facultativo com o Ministério Público, por se tratar de legitimidade concorrente e disjuntiva. Caberá à pessoa jurídica interessada optar entre participar do processo como autora, mesmo no caso de ajuizamento da ação exclusivamente pelo órgão ministerial, ou ingressar como terceiro interveniente.

Outro reflexo interessante das ADIs 7.042 e 7.043 é no caso de o autor da ação ser a própria pessoa jurídica interessada. Nesse cenário, entendemos ser necessária a intimação do Ministério Público para, querendo, figurar no polo ativo do processo – em razão da legitimidade concorrente –, ou, obrigatoriamente, atuar como fiscal da lei, em atenção ao art. 178, I, do CPC. Afinal, o intuito original da Lei era atribuir legitimidade exclusiva para ajuizamento da ação improbidade ao MP. Embora a legitimidade não seja exclusiva, a presença do MP no processo nos parece obrigatória, mesmo que como *custos legis*.

17. DESCONSIDERAÇÃO DA PERSONALIDADE JURÍDICA

A desconsideração da personalidade jurídica em caso de ato de improbidade seguirá as regras estabelecidas no CPC. Significa que, exceto quando o pedido de desconsideração da personalidade jurídica for formulado já na petição inicial, será instaurado incidente.

Sob a vigência da antiga lei, era comum o ajuizamento de ações de improbidade diretamente contra os sócios da pessoa jurídica à qual foi imputado o ato ímprobo, ainda que não existissem provas capazes de afirmar, com razoável grau de probabilidade, que eles concorreram para a prática do ato. O Superior Tribunal de Justiça, inclusive, endossou essa possibilidade ao afirmar que o recebimento da inicial de improbidade é orientado pelo princípio *in dubio pro societate*, sendo possível a inserção dos sócios no polo passivo da ação para fins de eventual "[...] apuração de eventual responsabilidade por ato de improbidade administrativa".[31]

Com o objetivo de pôr um fim a essa prática, e buscando garantir maior segurança jurídica aos acusados, o legislador estabeleceu requisitos que devem ser cumpridos para fins de responsabilização de terceiros nos termos da Lei de Improbidade. O *caput* do art. 3º, por exemplo, estabelece que somente é permitida a condenação de terceiro quando comprovado que ele induziu ou concorreu dolosamente para a prática do ato tido como ímprobo.

---

[31]   REsp n. 1.789.492/PR, julgado pela Segunda Turma da Corte.

O § 1º desse mesmo art. 3º, por sua vez, diz respeito a hipótese específica de inserção dos sócios ou dirigentes da pessoa jurídica polo passivo da ação, somente a autorizando quando o proponente da ação comprovar que houve participação e benefícios diretos. Nesse mesmo sentido, prevê o inciso VI do art. 17-C que para a condenação de terceiros é exigida a demonstração de conduta específica, que reflita, inclusive, o elemento subjetivo do dolo.

Seguindo essa mesma lógica, o § 7º do art. 16 condiciona a decretação da indisponibilidade de bens de réu pessoa física à demonstração de que ele concorreu dolosamente para a prática do ato. Já em se tratando de pessoa jurídica, a norma estabelece o que é necessária, além da demonstração de que os sócios concorreram para a prática do ato (§ 1º do art. 3º), a prévia instauração de incidente de desconsideração da personalidade jurídica, a ser processado de acordo com as disposições do Código de Processo Civil (arts. 133 a 137).

A pessoa jurídica é sujeito autônomo de direitos e obrigações, de forma que não é lícito imputar à pessoa física de seus administradores as obrigações da sociedade, ao menos não de forma automática. Menos ainda, diga-se, quando esses não são sequer seus sócios – como acontece no caso de diretores e gestores. Caso seja decretado qualquer ato constritivo sobre patrimônio dos sócios ou administradores sem a prévia instauração do incidente de desconsideração de personalidade jurídica, as pessoas atingidas pela medida constritiva poderão fazer uso dos embargos de terceiro (art. 674 e seguintes do CPC).

Partindo-se da premissa de que a pessoa jurídica constitui-se em centro autônomo de interesses jurídicos, a sua consequência principal é a separação patrimonial. A desconsideração da personalidade jurídica é hipótese excepcional, que só pode ser declarada pelo Poder Judiciário e caso satisfeitas as condições previstas em lei, isto é, quando configurado abuso de direito e/ou ocultação de patrimônio, confusão patrimonial, em prejuízo ao erário, terceiros ou à sociedade. Conforme a lição de Rubens Requião,

> O que se pretende com a doutrina do *disregard* não é a anulação da personalidade jurídica em toda a sua extensão, mas apenas a declaração de sua ineficácia para determinado efeito, em caso concreto, em virtude de o uso legítimo da personalidade ter sido desviado de sua legítima finalidade (abuso de direito) ou para prejudicar terceiros ou violar a lei (fraude).
>
> [...]
>
> Ora, diante do abuso de direito e da fraude no uso da personalidade jurídica, o juiz brasileiro tem o direito de indagar, em seu livre

convencimento, se há de consagrar a fraude ou abuso de direito, ou se deve desprezar a personalidade jurídica, para, penetrando em seu âmago, alcançar as pessoas e bens que dentro dela se escondem para fins ilícitos ou abusivos.[32]

Em sendo o caso de desconsideração da personalidade jurídica, é necessária a satisfação dos requisitos autorizadores da medida previstos no art. 50 do Código Civil, quais sejam, o abuso da personalidade jurídica em razão de *(i)* desvio de finalidade ou *(ii)* confusão patrimonial. Na primeira hipótese, cabe ao autor da ação demonstrar que a pessoa jurídica foi constituída para fins espúrios e não possui atividade regular, isto é, que houve uma desvirtuação do objetivo social da empresa e o seu sócio passou a envolvê-la em negócios estranhos aos seus fins sociais ou proibidos em lei. A segunda hipótese, por sua vez, se configura quando não existe uma separação expressa entre o patrimônio da empresa e o patrimônio dos sócios. Nas palavras de Carlos Roberto Gonçalves:

> Configura-se a confusão patrimonial quando a sociedade paga as dívidas do sócio, ou este recebe créditos dela, ou o inverso, não havendo suficiente distinção, no plano patrimonial, entre pessoas [...]. Igualmente constitui confusão, a ensejar a desconsideração da personalidade jurídica da sociedade, a existência de bens de sócio registrados em nome da sociedade, e vice-versa.[33]

Nos termos da norma, portanto, a desconsideração da personalidade jurídica é medida que permite romper com a autonomia patrimonial da pessoa jurídica para envolver o patrimônio particular dos sócios para responder pelas obrigações da sociedade. Torna os sócios e/ou gestores responsáveis, de forma solidária e ilimitadamente, desde que estes tenham praticado atos lícitos, fraudes, abuso de direito, em detrimento aos direitos de terceiros e usando a pessoa jurídica como escudo à sua responsabilização.

É importante atentar para a aplicação à ação de improbidade do art. 134, § 3º, do CPC, que prevê a suspensão do processo em razão da instauração do incidente. Essa norma é plenamente aplicável ao processo por improbidade.

---

[32]   REQUIÃO, Rubens. Abuso de direito e fraude através da personalidade jurídica. **Revista dos Tribunais**, São Paulo, v. 91, n. 803, p. 751-764, set. 2002.

[33]   GONÇALVES, Carlos Roberto. **Direito civil brasileiro**: parte geral. 13. ed. São Paulo: Saraiva, 2015. v. 1, p. 256.

Não é possível que o processo tramite sem que antes se resolva se a pessoa jurídica será ou não trazida aos autos como litisconsorte passivo.

A suspensão, contudo, exigirá atenção do autor e do juízo na condução do processo e na gestão dos prazos. Isso porque a pretensão sancionadora está sujeita a prazos prescricionais bastante enxutos, inclusive de modo inter-corrente (art. 23 da LIA). A depender da complexidade do feito, a suspensão da ação de improbidade enquanto tramita o incidente pode inviabilizar a conclusão do processo principal dentro do prazo de prescrição intercorrente.

No atual cenário legislativo, não há solução que não a boa gestão judi-ciária, com priorização do incidente de desconsideração de personalidade jurídica. Mas uma boa solução de *lege ferenda* seria a previsão de suspensão do prazo prescricional enquanto durar a suspensão do processo principal, pelo prazo de até 180 dias. Norma semelhante já está prevista no art. 23, § 1º, mas se aplica exclusivamente à instauração de inquérito civil ou processo administrativo para apuração do ato de improbidade. A extensão dessa regra à suspensão decorrente do incidente resolveria a incerteza, mas depende de previsão legislativa.

18. CONVERSÃO DA AÇÃO DE IMPROBIDADE ADMINISTRATIVA EM AÇÃO CIVIL PÚBLICA (§ 16)

O § 16 do art. 17 prevê a possibilidade de conversão da ação de impro-bidade administrativa em ação civil pública. A norma deixa claro, mais uma vez, que a ação de improbidade possui caráter sancionatório. Se não estiverem presentes todos os requisitos para a imposição de sanções por improbidade aos agentes incluídos no polo passivo, a ação poderá ser convertida em ação civil pública. O objeto da demanda deixará de ser a imposição de sanções e passará a ser o controle de ilegalidades em políticas públicas, a correção de irregularidades administrativas e a proteção do patrimônio público e social, do meio ambiente e de outros direitos de grupo.

O dispositivo prevê quase uma fungibilidade de via única entre a ação de improbidade administrativa e a ação civil pública, até porque a conversão pode ser determinada a qualquer momento. Diz-se de via única porque a ação de improbidade pode ser convertida em ação civil pública, mas não o oposto. Isso porque a ação de improbidade, por ter natureza sancionadora, é necessariamente mais solene e deve preservar maiores garantias aos réus. Por isso, não há qualquer invalidade em convertê-la num procedimento menos gravoso.

Uma hipótese fácil de imaginar a conversão da ação de improbidade em ação civil pública é quando o juiz recebe a inicial e percebe, desde logo, que a conduta não é ímproba, embora possa ser considerada ilegal ou irregular. É cabível, neste caso, a conversão de que trata o § 16.

Outra hipótese de fácil compreensão é quando, após a instrução, não houver comprovação do dolo do agente. Imagine que o autor impute ao réu uma conduta tipificada no art. 9º da Lei de Improbidade; a prática da conduta e o dano causado são demonstrados; não há, contudo, qualquer comprovação de dolo por parte do agente. Neste caso, haverá ilegalidade, mas não ato de improbidade, por ausência de dolo específico. Caberá ao juiz, então, converter a ação de improbidade em ação civil pública para perseguir a reparação do dano decorrente do ato ilícito – mas não ímprobo – praticado pelo réu.

A possibilidade de conversão de um procedimento em outro é inteligente, pois percebe que há coincidência parcial entre os legitimados e os objetos da ação de improbidade e para ajuizamento de ação civil pública.

Quanto ao objeto, tanto a ação civil pública quanto a ação de improbidade podem buscar o ressarcimento do dano ao erário e a reversão de bens e valores ilicitamente adquiridos em favor da administração pública. O que não se pode fazer pela via da ação civil pública é aplicar sanção de caráter pessoal. A hipótese, portanto, é de continência parcial entre a ação de improbidade e a ação civil pública.

A conversão é possível mesmo quando a ação de improbidade tiver por objeto conduta que não gera enriquecimento ilícito nem lesão ao erário. As condutas que violam os princípios da administração pública (art. 11 da LIA) podem ser nulas ou anuláveis. Sua invalidação pode ser feita por via de ação civil pública.

É o caso, por exemplo, do agente que inadvertidamente pratica nepotismo (art. 11, XI) porque desconhece o parentesco do nomeado com servidor da mesma pessoa jurídica investido em cargo de direção. Embora a conduta seja típica, falta-lhe o dolo específico exigido pelo art. 11, § 5º. Mesmo que a conduta não gere lesão ao erário, a nomeação deve ser invalidada. O ato pode ser desfeito pela via da ação civil pública.

Alguém poderia questionar a utilidade, nesses casos, de se converter a ação de improbidade em ação civil pública. Por que não apenas prosseguir com a ação de improbidade, julgando improcedente o pedido sancionatório, mas julgando procedentes os pedidos de desconstituição do ato inválido ou de reparação do dano? Daniel Neves e Rafael Oliveira seguem exatamente essa linha. Segundo os autores, caso o magistrado se convença da prática do ato e de que este ato não seja tipificado como ato de improbidade, deverá prosseguir com a ação de improbidade, julgando procedente o pedido reparatório e improcedente o sancionatório.[34]

Discordamos dessa orientação. É preciso lembrar que a ação de improbidade possui caráter sancionatório, o que a distingue de uma simples ação de reparação de danos. A mera pendência de ação de improbidade já gera um estigma capaz de embaraçar o regular exercício da vida civil. A conversão da ação de improbidade em ação civil pública é importante, no mínimo, para evitar que o réu seja barrado injustamente em verificações de antecedentes (*background check*) em processos de contratação. A existência de uma condenação em ação de improbidade é, com frequência, justificativa suficiente para que a entrada de uma pessoa numa corporação – seja como sócio, empregado, administrador ou prestador de serviço – seja vetada.

É importante, por isso, evitar que uma pessoa seja condenada em ação de improbidade por ato que não configura improbidade. Se a condenação é baseada na simples ilicitude, e não na improbidade, há que se converter a ação de improbidade em ação civil pública, mesmo que não haja diferenças procedimentais significativas daquele momento em diante. Isso significa que, caso a desclassificação de improbidade para mera ilegalidade seja feita em recurso, os procedimentos deverão ser convertidos mesmo em sede recursal – o que implicará reautuação.

Nem sempre a conversão da ação de improbidade em ação civil pública, contudo, será possível. São imprescritíveis as ações de ressarcimento ao erário fundadas na prática de ato doloso tipificado na Lei de Improbidade Administrativa.[35] Já as ações de ressarcimento ao erário decorrentes de ilícito civil são, sim, prescritíveis.[36] Se, no curso da ação, se reconhece a inexistência de improbidade, a ação de ressarcimento ao erário deverá ser proposta dentro do prazo prescricional. Nesse caso, a conversão da ação de improbidade em ação civil pública dependerá de a pretensão ressarcitória não estar prescrita. Caso reconhecida a prescrição, a ação deverá ser extinta com resolução do mérito, sem conversão do procedimento.

Por fim, é conveniente notar as normas aparentemente conflitantes previstas no art. 17, § 16, em comento, e as determinações dos §§ 6º-B, 10-

---

[34] NEVES, Daniel Amorim Assumpção; OLIVEIRA, Rafael Carvalho Rezende. **Comentários à reforma da lei de improbidade administrativa**: Lei 14.230, de 25.10.2021 comentada artigo por artigo. Rio de Janeiro: Forense, 2022. p. 90.

[35] STF, Tema 897.

[36] STF, Tema 666.

B, I, e 11, todos do art. 17 da Lei de Improbidade. A depender do momento do processo, o juiz, ao verificar a inexistência de ato de improbidade, deverá *(i)* rejeitar a inicial, *(ii)* proferir julgamento conforme o estado do processo, ou *(iii)* julgar improcedente a demanda. Em suma, verificada a inexistência de ato de improbidade, o juiz adotará uma das providências conforme o seguinte esquema:

Em que momento se reconheceu a inexistência de improbidade?	Há vício menos grave (ilegalidade ou irregularidade)?	Providência
Na Petição Inicial	Não	Rejeição da Petição Inicial (§ 6º-B)
Na Contestação	Não	Julgamento conforme o estado do processo (§ 10-B)
A partir da fase instrutória	Não	Improcedência da demanda (§ 11)
A qualquer momento	Sim ou Talvez	Conversão em ACP (§ 16)

19. INTERROGATÓRIO (§ 18)

O réu terá o direito de ser interrogado sobre os fatos apurados na ação de improbidade, e a sua recusa ou o seu silêncio não importarão confissão. A norma é inteligente, na medida em que dá ao réu, em ação de improbidade, o direito de exercer autodefesa, independentemente de requerimento da parte adversa.

A possibilidade de o réu requerer seu próprio interrogatório não prejudica que o ato seja requerido pelo autor, na petição inicial ou na especificação de provas, ou determinado pelo juiz, de ofício.

O dispositivo confere três direitos ao réu. O primeiro é ser ouvido em juízo, mesmo sem requerimento da outra parte ou determinação do juiz. O segundo é se recusar a responder perguntas. O terceiro é o de, no interrogatório, responder às perguntas que entender convenientes.

O interrogatório na ação de improbidade não se confunde, portanto, com o depoimento pessoal previsto no CPC, porque jamais implicará em confissão ficta, independentemente de ter sido requerido pelas partes ou determinado pelo juiz. É claro que, se o réu quiser, poderá confessar os fatos. Mas eventual recusa ou silêncio não implicarão confissão ficta.

20. REVELIA (§ 19, I)

A revelia, no CPC, possui dois efeitos diretos: a presunção de veracidade dos fatos alegados pelo autor (art. 344) e a desnecessidade de intimação do réu revel sem advogado constituído nos autos (art. 346). Da presunção de veracidade dos fatos decorre a possibilidade de julgamento antecipado do mérito (art. 355, II).

A Lei de Improbidade, contudo, afasta a presunção de veracidade dos fatos alegados pelo autor mesmo na hipótese de revelia. Assim, por consequência, a lei afasta também a possibilidade de julgamento antecipado do mérito com base no art. 355, II, do CPC. Permanece apenas a desnecessidade de intimação do réu revel acerca dos atos processuais, caso não haja advogado constituído nos autos.

Na prática, essa norma implica uma imposição do ônus da prova sobre o autor da ação de improbidade: mesmo que o réu se mantenha inerte, o autor deverá comprovar os fatos constitutivos de seu direito. Apesar da diferença quanto aos seus efeitos, a configuração da revelia dar-se-á pelo não oferecimento de contestação, assim como ocorre no CPC (art. 344, primeira parte).

21. ÔNUS DA PROVA (§ 19, II)

O art. 373 do CPC estabelece que o autor deverá provar os fatos constitutivos do seu direito; e o réu, a existência de fatos impeditivos, modificativos ou extintivos do direito do autor, eventualmente alegados em contestação. Esse ônus da prova pode ser redistribuído pelo juiz, com base no § 1º do art. 373 do CPC, quando for impossível ou excessivamente difícil o cumprimento do encargo pela parte, ou quando for mais fácil para a outra produzir prova do fato contrário.

Contudo, o art. 17, § 19, II, da Lei de Improbidade, impede a imposição de ônus da prova ao réu por meio da distribuição a que se refere o CPC. Ou seja, ao autor da ação de improbidade competirá sempre a comprovação dos fatos constitutivos de seu direito, mesmo que o réu seja revel (*supra*) e mesmo que o autor seja a Administração Pública. A presunção de veracidade e legitimidade de seus atos é excepcionada na ação de improbidade.

A lei não veda, contudo, a redistribuição convencional do ônus da prova, que se dá nos termos do art. 373, § 3º. Ou seja, o réu pode assumir, mediante negócio jurídico processual, ônus da prova além daquele previsto no art. 373, II. Essa possibilidade abre caminhos interessantes à negociação na ação de improbidade. Não raras vezes, a prova de que um agente não agiu de maneira ímproba (um *e-mail*, uma mensagem ou um áudio, por exemplo) é, ao mesmo tempo, prova "incriminadora" para outro litisconsorte. Um presidente de comissão de licitação, por exemplo, pode demonstrar, com base numa mensagem de voz em seu telefone pessoal, que foi propositalmente levado a erro pelo administrador, para favorecer determinada empresa num certame.

Ao celebrar convenção processual assumindo o ônus de provar a inexistência do fato ímprobo em relação a si, por exemplo, a parte pode obter um acordo de não persecução com o Ministério Público (art. 17-B) – que, por sua vez, obtém uma prova à qual dificilmente teria acesso sem a colaboração de um dos réus. Obviamente, os limites éticos da convenção e do acordo de não persecução devem ser testados na prática. Mas é inegável que essa brecha negocial torna a ação de improbidade um interessante *locus* para análise de risco processual.

22. MULTIPLICIDADE DE AÇÕES (§ 19, III)

O inciso III do § 19 é mais um dispositivo de redação criticável. Ele não dialoga com o *caput* do mesmo § 19: "não se aplicam na ação de improbidade administrativa [...] o ajuizamento de mais de uma ação de improbidade administrativa pelo mesmo fato [...]". A intenção do legislador é claramente proibir que um só fato seja apurado em mais de uma ação. Seria muito mais claro e compreensível se a norma fosse deslocada a um parágrafo próprio dizendo simplesmente que é vedado o ajuizamento de mais de uma ação de improbidade administrativa pelo mesmo fato.

Defeitos de redação à parte, a norma cria uma espécie de litispendência mais restritiva para a ação de improbidade. No CPC, a litispendência exige identidade de três elementos entre duas ações: partes, pedido e causa de pedir. Se a identidade for apenas entre pedido ou causa de pedir, haverá conexão. Se há identidade entre partes e causa de pedir, mas o pedido de uma abrange o da outra, configura-se a continência.

No caso da ação de improbidade, a identidade dos fatos (causa de pedir) é suficiente para obstar o ajuizamento da segunda ação. Ou seja, mesmo que uma mesma conduta seja enquadrada em dois tipos diversos, não poderá haver duas ações de improbidade.

Embora não prevista expressamente, a consequência do ajuizamento de uma ação com base nos mesmos fatos de outra ajuizada anteriormente (mesmo que com capitulações diversas) deve ser a extinção do segundo processo sem resolução do mérito. Ainda, por aplicação subsidiária do art. 485, § 3º, do CPC, o juiz poderá reconhecer de ofício a existência de ação anterior com base nos mesmos fatos.

O dispositivo também atribui ao Conselho Nacional do Ministério Público o dever de resolver conflitos de atribuição entre membros de Ministérios Públicos distintos. Mais uma vez, tem-se um dispositivo que foi pensado e redigido no cenário em que apenas o Ministério Público possuía legitimidade ativa para propor ação de improbidade administrativa. Obviamente, os conflitos cogitados pelo legislador não se confundem com conflito de competência. São conflitos anteriores ao ajuizamento da ação, por ter mais de um legitimado. Após o ajuizamento da ação, o conflito será resolvido pela regra de prevenção.

O conflito de atribuições a que se refere o art. 17, § 19, III, deve ocorrer, na prática, nos casos em que o dano causado pelo ato de improbidade for de extensão regional ou nacional.[37] Havendo mais de um foro competente (em razão da extensão do dano), pode ser que haja mais de um Ministério Público com atribuição para ajuizar a demanda. Em caso de conflito de atribuição entre esses Ministérios Públicos – antes do ajuizamento da ação de improbidade –, caberá ao CNMP decidir qual dos MPs deverá ajuizar a ação. O CNMP estará indiretamente definindo o foro competente para processar o feito. Afinal, a demanda deverá ser proposta no foro em que o MP designado pelo CNMP tenha atribuição para atuar.

Situação interessante e improvável se dará quando o juízo em que for ajuizada a demanda se declarar incompetente. De forma mais concreta: imagine conflito de atribuições entre o Ministério Público do Paraná e o Ministério Público de São Paulo. O CNMP define que o MPPR deve propor a demanda. Proposta, o juízo declara sua incompetência por entender que o foro competente é no estado de São Paulo (o motivo, suponha-se, é que o dano foi preponderante em SP ou que lá estariam os elementos probatórios). Será necessário contrariar a designação do CNMP para que a demanda seja julgada.

Nesse caso, é claro, prevalecerá a decisão judicial, que tem aptidão para a coisa julgada. A decisão do CNMP é vinculante apenas na esfera administrativa dos Ministérios Públicos. Em última análise, compete ao Judiciário decidir sobre sua própria competência.

23. REMESSA NECESSÁRIA (§ 19, IV)

A decisão de improcedência ou de extinção sem resolução do mérito da ação de improbidade administrativa não está obrigatoriamente sujeita ao duplo grau de jurisdição por remessa necessária. A regra parece surpre-

---

[37] Para nossa crítica a essa regra, v. comentário ao art. 17, § 4º-A, *supra*.

endente em razão da tradicional vinculação da ação de improbidade à ação de reparação de danos ao erário. Contudo, é preciso lembrar que a ação de improbidade é, hoje, ação sancionatória, destinada à aplicação de sanções de caráter pessoal.

O duplo grau de jurisdição obrigatório é uma condição de eficácia da decisão que impõe perdas à Fazenda Pública. Ao não condenar alguém por improbidade, a Fazenda não sofre qualquer perda – até porque é possível obter ressarcimento ao erário independentemente da aplicação de sanção por improbidade.

A regra, portanto, está em linha com a lógica que rege a remessa necessária. E está em linha com os princípios constitucionais do direito administrativo sancionador, na medida em que trata o réu como alguém cujas garantias devem ser preservadas.

24. DEFESA JUDICIAL POR ASSESSORIA JURÍDICA (§ 20)

A redação original do § 20 obrigava a assessoria jurídica que emitiu parecer atestando a legalidade prévia dos atos administrativos praticados a defender judicialmente o réu. O STF, no julgamento das ADIs 7.042 e 7.043, declarou parcialmente inconstitucional o dispositivo, com redução de texto, por não existir obrigatoriedade de defesa judicial. Além de afastar a obrigatoriedade da defesa pela assessoria jurídica, o STF a condicionou à autorização por parte de órgãos da Advocacia Pública.

25. DECISÕES RECORRÍVEIS POR AGRAVO DE INSTRUMENTO (§§ 9º-A, 17 E 21)

São recorríveis por agravo de instrumento: *(i)* a decisão que rejeita as questões preliminares suscitadas pelo réu em contestação (§ 9º-A); *(ii)* a decisão que converte a ação de improbidade em ação civil pública (§ 17); *(iii)* as decisões interlocutórias (§ 21).

Art. 17-A. (VETADO):

I – (VETADO);

II – (VETADO);

III – (VETADO).

§ 1º (VETADO).

§ 2º (VETADO).

§ 3º (VETADO).

§ 4º (VETADO).

§ 5º (VETADO).

COMENTÁRIOS

1. RAZÕES DO VETO

O art. 17-A, vetado, previa a possibilidade de o Ministério Público celebrar acordo de não persecução civil, e estabelecia requisitos para tanto. O artigo foi incluído pela Lei 13.964, de 2019.

As razões do veto indicam contrariedade ao interesse público e insegurança jurídica. Isso porque o dispositivo não mencionava a possibilidade de a pessoa jurídica interessada (vítima do ato de improbidade) celebrar o acordo. Assim, o dispositivo criava, à época, incongruência com o próprio art. 17, que dava à pessoa jurídica interessada legitimidade para o ajuizamento da ação.

O tema foi revivido em 2021, quando a Lei 14.230 novamente previu a possibilidade de o Ministério Público celebrar acordo de não persecução civil – desta vez, no art. 17-B. Mais uma vez, instaurou-se polêmica quanto à restrição dessa legitimidade ao Ministério Público, e o Supremo Tribunal Federal teve que se manifestar.

O ponto será aprofundado nos comentários ao art. 17-B, a seguir.

> Art. 17-B. O Ministério Público poderá, conforme as circunstâncias do caso concreto, celebrar acordo de não persecução civil, desde que dele advenham, ao menos, os seguintes resultados:
>
> I – o integral ressarcimento do dano;
>
> II – a reversão à pessoa jurídica lesada da vantagem indevida obtida, ainda que oriunda de agentes privados.
>
> § 1º A celebração do acordo a que se refere o *caput* deste artigo dependerá, cumulativamente:
>
> I – da oitiva do ente federativo lesado, em momento anterior ou posterior à propositura da ação;
>
> II – de aprovação, no prazo de até 60 (sessenta) dias, pelo órgão do Ministério Público competente para apreciar as promoções de arquivamento de inquéritos civis, se anterior ao ajuizamento da ação;
>
> III – de homologação judicial, independentemente de o acordo ocorrer antes ou depois do ajuizamento da ação de improbidade administrativa.
>
> § 2º Em qualquer caso, a celebração do acordo a que se refere o *caput* deste artigo considerará a personalidade do agente, a natureza, as circunstâncias, a gravidade e a repercussão social do ato de impro-

bidade, bem como as vantagens, para o interesse público, da rápida solução do caso.

§ 3º Para fins de apuração do valor do dano a ser ressarcido, deverá ser realizada a oitiva do Tribunal de Contas competente, que se manifestará, com indicação dos parâmetros utilizados, no prazo de 90 (noventa) dias.

§ 4º O acordo a que se refere o *caput* deste artigo poderá ser celebrado no curso da investigação de apuração do ilícito, no curso da ação de improbidade ou no momento da execução da sentença condenatória.

§ 5º As negociações para a celebração do acordo a que se refere o *caput* deste artigo ocorrerão entre o Ministério Público, de um lado, e, de outro, o investigado ou demandado e o seu defensor.

§ 6º O acordo a que se refere o *caput* deste artigo poderá contemplar a adoção de mecanismos e procedimentos internos de integridade, de auditoria e de incentivo à denúncia de irregularidades e a aplicação efetiva de códigos de ética e de conduta no âmbito da pessoa jurídica, se for o caso, bem como de outras medidas em favor do interesse público e de boas práticas administrativas.

§ 7º Em caso de descumprimento do acordo a que se refere o *caput* deste artigo, o investigado ou o demandado ficará impedido de celebrar novo acordo pelo prazo de 5 (cinco) anos, contado do conhecimento pelo Ministério Público do efetivo descumprimento.

 COMENTÁRIOS

1. ACORDO DE NÃO PERSECUÇÃO CIVIL (*CAPUT*)

O art. 17-B da Lei de Improbidade Administrativa, após a reforma operada pela Lei n. 14.230/2021, passou a regulamentar o acordo de não persecução civil.

Este artigo também foi declarado parcialmente inconstitucional pelo STF nas ADIs 7042 e 7043, sem redução de texto. Assim como para o ajuizamento da ação da improbidade administrativa, decidiu-se que não apenas o Ministério Público, mas também a pessoa jurídica interessada tem legitimidade para propor acordo de não persecução civil.

O acordo não precisa ser necessariamente de não persecução. É possível graduar a extensão dos benefícios. Quem pode o mais pode o menos: se é possível não perseguir, é possível negociar apenas um ou outro tratamento menos rigoroso.

É possível, por exemplo, reduzir ou afastar uma ou algumas das penas, como perda da função pública, suspensão de direitos políticos, pagamento de multa e proibição de contratar com o poder público ou de receber benefícios ou incentivos fiscais ou creditícios. Em nenhuma hipótese, contudo, será possível renunciar à reparação integral do dano e de sua reversão à pessoa jurídica prejudicada.

O acordo será mais ou menos benéfico conforme as circunstâncias do caso.

2. TERMOS OBRIGATÓRIOS DO ACORDO DE NÃO PERSECUÇÃO CIVIL (*CAPUT*)

O ressarcimento integral do dano e a reversão à pessoa jurídica interessada da vantagem obtida indevidamente são resultados obrigatórios do acordo de não persecução. São obrigatórios, mas nem sempre estarão presentes.

Se o ato de improbidade não causou dano ao erário, não há por que constar do acordo de não persecução cláusula que preveja o ressarcimento integral do dano. Da mesma forma, não haverá cláusula exigindo a restituição à pessoa jurídica lesada da vantagem indevida se não houve lesão ou enriquecimento ilícito. Os incisos I e II devem ser lidos com a expressão "se houver" implícita ao final dos enunciados.

Exigir que tais cláusulas estivessem sempre presentes inviabilizaria a celebração de acordo de não persecução caso o ato de improbidade apenas viole princípios da administração pública, sem causar dano ao erário nem enriquecimento ilícito.

3. REQUISITOS DA CELEBRAÇÃO DO ACORDO (§ 1º)

A Lei estabelece uma estrutura relativamente simples para a celebração do acordo de não persecução: a oitiva do ente federativo lesado; a aprovação por uma instância de controle interno; e exercício de controle externo pelo Poder Judiciário.

O primeiro requisito imposto pelo § 1º é a oitiva do ente federativo lesado. O ente federativo não corresponde necessariamente à pessoa jurídica interessada. Se a pessoa jurídica interessada integra a Administração indireta federal, por exemplo, será obrigatória a oitiva da União; se integra a Administração indireta estadual, será obrigatória a oitiva do Estado; e assim por diante. Isso porque, independentemente de terem receitas próprias, os entes da administração indireta integram o orçamento do ente federativo respectivo. Em última análise, qualquer ato de improbidade praticado no âmbito da administração indireta repercutirá na administração direta – no ente federativo, portanto.

A Lei é lacônica quanto à finalidade da oitiva do ente federativo. A celebração do acordo de não persecução civil não depende da concordância do ente federativo, apenas de sua oitiva. Aparentemente, o objetivo dessa manifestação é a obtenção de subsídios para o cálculo da extensão do dano; a troca de informações quanto ao esquema descoberto, as pessoas envolvidas e as falhas de governança que possibilitaram a fraude; a obtenção de dados referentes a acordos de leniência já firmados ou em elaboração (art. 16 da Lei n. 12.846/2013).

Embora não seja obrigatório, é importante que seja dada ao ente federativo a oportunidade de se manifestar sobre os termos do acordo. Afinal, o ente federativo está numa posição única: por ser vítima da improbidade, possui interesse jurídico em identificar esquemas de corrupção e evitá-los. Assim, ele poderá avaliar de modo mais preciso a conveniência do acordo e a aderência de seus termos às necessidades do caso concreto.

A discordância da pessoa jurídica e do ente federativo interessados não impede a celebração do acordo pelas partes, nem vincula o juiz na decisão de homologação. Mas certamente as razões da discordância devem ser ponderadas pelo juiz quando da homologação.

Essa norma foi redigida considerando o cenário em que apenas o Ministério Público teria legitimidade para celebrar acordo de não persecução civil. Contudo, nas ADIs 7042 e 7043, como visto, o STF decidiu que a pessoa jurídica interessada também pode celebrar acordo de não persecução civil. Assim, se o acordo for celebrado entre a pessoa jurídica interessada e o agente, entendemos que tanto o ente federativo quanto o Ministério Público deverão ser ouvidos – este, em juízo, na condição de *custos legis*.

O segundo requisito para a celebração do acordo de não persecução é a aprovação do órgão do Ministério Público competente para apreciar as promoções de arquivamento de inquéritos civis, caso o acordo seja celebrado antes do ajuizamento da ação de improbidade administrativa. O prazo para a concessão da aprovação é de 60 (sessenta) dias, contados a partir da data em que for solicitada.

Esse requisito só é exigível nos acordos firmados pelo Ministério Público. Afinal, a norma foi construída num cenário em que apenas ele poderia firmar acordo de não persecução civil. O intuito da norma é permitir controle interno pela instituição: sob a óptica do legislador, tanto o arquivamento de inquérito civil quanto a celebração de acordo sem ajuizamento de ação equivaleriam à não persecução civil. Por isso, exigiriam controle interno de legalidade.

Sob essa lógica, a aprovação do órgão de controle interno será exigível mesmo que não haja inquérito a ser arquivado. Ainda que não tenha sido instaurado formalmente um procedimento de investigação civil, a celebração de acordo, antes de ajuizada a ação de improbidade, equivalerá à não persecução civil.

As partes poderão negociar e finalizar as tratativas do acordo. A aprovação do órgão de controle não é um requisito para que o Ministério Público proponha o acordo ao agente, mas um requisito de validade do acordo para que ele possa ser homologado judicialmente.

Caso o acordo de não persecução seja proposto pela pessoa jurídica interessada, a existência ou não dessa instância de controle interno dependerá de previsão em lei específica. Em geral, a proposta partirá da advocacia pública e dependerá do aval do administrador da pessoa jurídica, ou de uma controladoria. Lei específica disciplinará os requisitos de validade do ato internamente à administração.

Por fim, o terceiro requisito imposto pela Lei é a homologação judicial. O acordo, celebrado antes ou depois do ajuizamento da ação de improbidade, só produzirá efeitos depois de homologado judicialmente.

Tecnicamente, esse não é um requisito para a celebração do acordo, como afirma o texto legal. A homologação é a última instância de verificação de validade do acordo já celebrado. Após a homologação, o acordo ganha eficácia. Se a homologação judicial pressupõe que o acordo tenha sido celebrado validamente, então ela é, na verdade, requisito de eficácia do acordo de não persecução – não um requisito para sua celebração.

Isso significa que é ineficaz qualquer acordo de não persecução celebrado extrajudicialmente. O acordo pode ser existente e suas cláusulas podem ser válidas. Mas, enquanto não passar pelo crivo jurisdicional, o negócio jurídico permanecerá despido de executoriedade.

4. O CONTROLE JURISDICIONAL DO ACORDO DE NÃO PERSECUÇÃO CIVIL

O acordo de não persecução civil celebrado entre o agente e o Ministério Público ou a pessoa jurídica interessada deve ser homologado por decisão judicial. O que deve o magistrado analisar quando da homologação ou não homologação do acordo?

Evidentemente, os requisitos formais do acordo devem ser verificados: previsão das cláusulas obrigatórias (reparação do dano e reversão da vantagem indevida, se houver); cumprimento dos requisitos legais para sua celebração (oitiva do ente federativo e aprovação pela instância de controle interno); capacidade e legitimidade das partes; licitude do objeto; existência de vontade livre e consciente; observância da forma prevista (ou não proibida) em lei.

O conteúdo do acordo também pode e deve ser controlado pelo magistrado. O § 2º do art. 17-B deixa entrever a necessidade de controle. A norma especifica quais elementos devem ser levados em consideração na celebração do acordo de não persecução: a personalidade do agente, a natureza, as circunstâncias, a gravidade e a repercussão social do ato de improbidade. Ou seja, o conteúdo da avença deverá estar de acordo com essas circunstâncias.

Se, por exemplo, o dolo foi de menor gravidade, o dano ao erário foi de pequena extensão, a reparação integral é possível e de fácil cumprimento, não houve consequências trágicas decorrentes da improbidade e não há reincidência, o acordo de não persecução pode ser homologado. Quanto mais grave a conduta, menos benéfico deve ser o acordo. Ao juiz compete avaliar se o conteúdo do acordo está conforme a essas diretrizes.

No julgamento do EAREsp n. 102.585/RS, o Ministro Herman Benjamin, do Superior Tribunal de Justiça, proferiu voto vogal em que teceu considerações acerca do papel do Judiciário na homologação do acordo.[38] Segundo o Ministro, caberia ao julgador analisar, além dos requisitos formais, o conteúdo do acordo, para avaliar se a avença, diante das peculiaridades da causa, atende aos interesses da coletividade e ao interesse público na tutela da probidade administrativa. O Judiciário pode, assim, recusar homologação quando entender que o conteúdo do acordo não preserva o interesse público na tutela da probidade administrativa.

Concordamos com o posicionamento do Ministro. O magistrado não deve se restringir a analisar a regularidade formal do acordo. Ele pode e deve avaliar o seu conteúdo. A oitiva do ente federativo (e do Ministério Público, nos casos em que não for autor) fornecerá elementos valiosos para essa apreciação. Mas ressalvamos que há um componente que não pode ser avaliado pelo Judiciário: a conveniência da celebração do acordo.

Há situações em que a dificuldade probatória tornará o acordo de não persecução um instrumento conveniente para desmascarar esquemas de fraude no âmbito da administração pública. A análise substancial da avença deve ser limitada ao patamar da legalidade. Compete exclusivamente às partes celebrantes avaliar seus próprios riscos e decidir pela conveniência da celebração do acordo. Atendidas as exigências formais do art. 17-B, § 1º, e prevendo o acordo a reparação integral do dano e a restituição da vantagem indevida, o magistrado somente poderá recusar a homologação quando dos seus termos decorrer nulidade ou manifesta ilegalidade.[39]

---

[38]   STJ, EAREsp n. 102.585/RS, Rel. Min. Gurgel de Faria, Voto Vogal do Min. Herman Benjamin, j. 09.03.2022, *DJe* 06.04.2022.

[39]   No mesmo sentido, defende Calil Simão que "o magistrado deverá recusar a homologação do compromisso nos casos de nulidade ou de conteúdo abusivo e manifestamente prejudicial a uma das partes ou ainda para a resolução do conflito [...]"

5. MOMENTO DA CELEBRAÇÃO (§ 4°)

O acordo pode ser celebrado a qualquer momento, desde antes do ajuizamento da ação até o cumprimento da sentença de procedência da ação de improbidade. A mudança é bem-vinda e permite a recuperação de ativos, mesmo que parcialmente, na hipótese de o devedor ser insolvente.

Em tese, não haveria vantagem para a Administração Pública em celebrar acordo já na fase de cumprimento da sentença condenatória. Nessa etapa, o cometimento do ato de improbidade é certo e imutável, exceto por ação rescisória; as sanções já foram aplicadas; o valor do dano ou do enriquecimento ilícito já foi definido e terá de ser ressarcido ou restituído. Na prática, contudo, o efetivo recebimento desses valores pode ser bastante difícil e exigir a mobilização de recursos por décadas, com resultado incerto.

Nessa fase, contudo, a margem negocial é menor. Por expressa disposição de lei, o ressarcimento integral do dano é cláusula obrigatória e inegociável. Após o trânsito em julgado, a declaração de improbidade, o dever de pagar multa, a perda do cargo, a suspensão de direitos políticos e a proibição de contratar ou de receber benefícios fiscais e creditícios também se torna imutável. O que pode ser objeto de acordo, na fase de cumprimento, é o prazo, forma de pagamento e o valor das multas. As demais sanções não se reabrem à negociação, por estarem acobertadas pela coisa julgada.

6. AS CIRCUNSTÂNCIAS DO CASO CONCRETO (§ 2°)

O § 2° do art. 17-B especifica quais circunstâncias devem ser levadas em consideração na celebração do acordo de não persecução: a personalidade do agente, a natureza, as circunstâncias, a gravidade e a repercussão social do ato de improbidade.

Esses elementos não só definirão os termos do acordo, mas também se a sua celebração é viável e se seus termos são adequados para a tutela da probidade administrativa. Quanto mais reprovável a conduta (por exemplo, porque o agente é reincidente na prática de improbidade, ou porque do ato ímprobo decorreu uma tragédia), menos benéficos devem ser os termos do acordo.

As sanções previstas no acordo de não persecução também devem observar o disposto no art. 12, § 5°. Ou seja, no caso de menor ofensividade do ato de improbidade, a única sanção aplicável diversa do ressarcimento do dano e da restituição da vantagem indevida será a de multa civil.

(SIMÃO, Calil. **Improbidade administrativa**: teoria e prática. 6. ed. rev., atual. e ampl. São Paulo: Mizuno, 2022. p. 419).

7. APURAÇÃO DO DANO (§ 3°)

O *caput* do art. 17-B exige, como resultado obrigatório do acordo, a reparação total do dano ao erário e à pessoa jurídica lesada. Para reparar a totalidade do dano, é necessário precisar a sua extensão. É disso que trata o § 3°.

Segundo a Lei, o Tribunal de Contas será ouvido para definir a extensão do dano e esclarecer os parâmetros utilizados para a liquidação dos valores. O prazo para essa manifestação do Tribunal de Contas é de 90 (noventa) dias.

A norma parece condicionar o exercício da atividade-fim do Ministério Público à atuação do Tribunal de Contas. Além disso, não fixa um procedimento para oitiva e tampouco esclarece se as contas apresentadas são vinculantes.

Em razão da potencial afronta à autonomia funcional do Ministério Público e da possível inconstitucionalidade formal decorrente da fixação de prazo para o Tribunal de Contas por meio de lei ordinária de iniciativa parlamentar, a norma encontra-se provisoriamente com sua eficácia suspensa. Em 27.12.2022, o Min. Alexandre de Moraes deferiu parcialmente a liminar pleiteada na ADI n. 7.236, *ad referendum* do plenário do STF, para suspender a eficácia deste dispositivo (art. 17-B, § 3°).

8. PARTES ENVOLVIDAS NA NEGOCIAÇÃO (§ 5°)

O § 5° do art. 17-B também foi declarado parcialmente constitucional, sem redução de texto, para incluir a pessoa jurídica interessada nas negociações. Portanto, num lado da negociação estarão o Ministério Público ou a pessoa jurídica interessada, e no outro o investigado ou réu e o seu defensor.

Inclusive, nada impede a celebração de um acordo multilateral entre Ministério Público, pessoa jurídica interessada e o investigado ou réu. Enquanto o réu deve se comprometer a reparar integralmente o dano, a pessoa jurídica interessada pode se comprometer a adotar mecanismos e procedimentos internos de integridade, de auditoria e de incentivo à denúncia de irregularidades e a aplicação efetiva de códigos de ética e de conduta.[40]

9. SANÇÕES APLICÁVEIS[41]

O ressarcimento integral do dano e a restituição da vantagem indevidas são inegociáveis – desde que, óbvio, tenha ocorrido dano e/ou enriquecimento ilícito. Contudo, o acordo pode prever a aplicação das demais sanções previstas

---

[40] Vide cláusulas opcionais, *infra*.
[41] Vide comentários ao art. 12, *supra*.

na Lei de Improbidade, inclusive cumulativamente, desde que adequadas ao tipo de ato de improbidade praticado, segundo o art. 12, I, II e III.

As sanções previstas no acordo de não persecução também devem observar o disposto no art. 12, § 5º. Ou seja, no caso de menor ofensividade do ato de improbidade, a única sanção aplicável diversa do ressarcimento do dano e da restituição da vantagem indevida será a de multa civil.

10. CLÁUSULAS OPCIONAIS (§ 6º)

O § 6º prevê que o acordo poderá estabelecer a adoção de medidas favoráveis ao interesse público e às boas práticas administrativas e cita como exemplo: a adoção de mecanismos e procedimentos internos de integridade, de auditoria e de incentivo à denúncia de irregularidades e a aplicação efetiva de códigos de ética e de conduta no âmbito da pessoa jurídica.

11. EFEITOS DO ACORDO DE NÃO PERSECUÇÃO

O acordo somente produzirá efeitos se homologado judicialmente. A homologação se dá por decisão que resolve o mérito, por aplicação subsidiária do art. 487, III, *b*, do CPC.

O acordo não implicará necessariamente a extinção do processo, esteja ele em fase de conhecimento ou de cumprimento. O acordo de não persecução pode repercutir em sanções menos severas, de modo que o processo continuará seu *iter*.

O acordo de não persecução produz efeitos assim que homologado, mas não tem o condão de afastar a coisa julgada. Ou seja, uma vez transitada em julgado a condenação por improbidade, será possível apenas negociar tempo, forma de pagamento e valor das multas. As demais sanções estarão fora do âmbito de disponibilidade das partes.

12. DESCUMPRIMENTO DO ACORDO (§ 7º)

O acordo de não persecução civil exige homologação judicial, constituindo, nos termos do art. 515, III, do CPC, título executivo judicial. Portanto, descumprido o acordo, a parte lesada poderá iniciar o cumprimento de sentença conforme arts. 523 e seguintes do CPC.

Além de ensejar o cumprimento de sentença segundo o CPC, o descumprimento do acordo proíbe o agente de celebrar novo acordo de não persecução civil pelo prazo de 5 (cinco) anos, contados do conhecimento, pelo MP ou pela pessoa jurídica interessada, do descumprimento.

Art. 17-C. A sentença proferida nos processos a que se refere esta Lei deverá, além de observar o disposto no art. 489 da Lei n. 13.105, de 16 de março de 2015 (Código de Processo Civil):

I – indicar de modo preciso os fundamentos que demonstram os elementos a que se referem os arts. 9º, 10 e 11 desta Lei, que não podem ser presumidos;

II – considerar as consequências práticas da decisão, sempre que decidir com base em valores jurídicos abstratos;

III – considerar os obstáculos e as dificuldades reais do gestor e as exigências das políticas públicas a seu cargo, sem prejuízo dos direitos dos administrados e das circunstâncias práticas que houverem imposto, limitado ou condicionado a ação do agente;

IV – considerar, para a aplicação das sanções, de forma isolada ou cumulativa;

a) os princípios da proporcionalidade e da razoabilidade;

b) a natureza, a gravidade e o impacto da infração cometida;

c) a extensão do dano causado;

d) o proveito patrimonial obtido pelo agente;

e) as circunstâncias agravantes ou atenuantes;

f) a atuação do agente em minorar os prejuízos e as consequências advindas de sua conduta omissiva ou comissiva;

g) os antecedentes do agente;

V – considerar na aplicação das sanções a dosimetria das sanções relativas ao mesmo fato já aplicadas ao agente;

VI – considerar, na fixação das penas relativamente ao terceiro, quando for o caso, a sua atuação específica, não admitida a sua responsabilização por ações ou omissões para as quais não tiver concorrido ou das quais não tiver obtido vantagens patrimoniais indevidas;

VII – indicar, na apuração da ofensa a princípios, critérios objetivos que justifiquem a imposição da sanção.

§ 1º A ilegalidade sem a presença de dolo que a qualifique não configura ato de improbidade.

§ 2º Na hipótese de litisconsórcio passivo, a condenação ocorrerá no limite da participação e dos benefícios diretos, vedada qualquer solidariedade.

§ 3º Não haverá remessa necessária nas sentenças de que trata esta Lei.

COMENTÁRIOS

1. REQUISITOS DE FUNDAMENTAÇÃO DA SENTENÇA (*CAPUT*)

O art. 17-C da Lei de Improbidade impõe sete requisitos que devem ser observados na sentença da ação de improbidade – além daqueles previstos no art. 489 do CPC –, os quais serão analisados individualmente a seguir.

1.1 Indicação precisa de fundamentos e proibição de presunções (inciso I)

A sentença deve demonstrar, apenas com base nas provas constantes dos autos, que houve ato de improbidade. Mais especificamente, precisa evidenciar que as provas permitem concluir pela presença de todos os elementos caracterizadores da tipificação indicada na inicial e precisada pelo juiz na decisão a que se refere o art. 17, § 10-C.

Não pode haver saltos lógicos entre as provas dos autos e a conclusão a que chegou o juízo sobre a ocorrência de ato de improbidade e sobre a autoria e o dolo do réu. Se a conclusão do magistrado não estiver amparada, com grau suficiente de certeza, pelos elementos probatórios do processo, o julgador terá se valido de presunção para condenar o réu, o que é expressamente vedado pela parte final do inciso I do art. 17-C. A presunção não pode recair nem sobre a ocorrência do ato, nem sobre a sua autoria, e nem sobre o dolo do réu.

Essa vedação da presunção coaduna com a impossibilidade de impor – exceto convencionalmente – ao réu ônus da prova diverso dos referentes aos fatos impeditivos, modificativos ou impeditivos do direito do autor, alegados em contestação (art. 17, § 19, II).

1.2 A aplicação à improbidade da lei de introdução às normas do direito brasileiro (incisos II e III)

O inciso II do art. 17-C da Lei de Improbidade tem conteúdo idêntico ao art. 20, *caput*, da LINDB. Ambos os dispositivos impõem ao julgador o dever de não decidir com base em valores jurídicos abstratos sem considerar as consequências práticas da decisão.

A preocupação do legislador é a de evitar decisões que possam ser consideradas arbitrárias por ausência de motivação concreta. Não pode o juiz se valer de conceitos jurídicos amplos, como o princípio da supremacia do interesse público, para fundamentar uma condenação que, se tivesse de ser analisada exclusivamente diante dos fatos e das provas do caso concreto, não se sustentaria. Daí a necessidade de considerar as consequências concretas de embasar tais decisões nesses valores jurídicos abstratos.

O inciso III, por sua vez, é uma conjugação do *caput* e do § 1º da LINDB, e dispõe que a sentença considerará os obstáculos, as dificuldades reais, as exigências das políticas públicas e as circunstâncias práticas que impuseram, limitaram ou condicionaram a ação do agente. Esse dever é facilmente relacionável com a análise da presença de dolo do réu, condição para a configuração do ato de improbidade. Provada a ocorrência do ato de improbidade e a autoria do réu, ainda será necessário, para condená-lo pela prática do ato ímprobo, a ocorrência de dolo.

O que o inciso III do art. 17-C faz é exigir do juiz que, antes de concluir se o réu agiu com dolo, avalie as circunstâncias concretas que possam, eventualmente, ter influído sobre o seu agir ou viciado a sua intenção ou o seu julgamento. Se, após essa análise, prevalecer a configuração do dolo, nada impede que essas eventuais circunstâncias sejam consideradas quando da aplicação da pena, aliadas aos demais fatores previstos no inciso IV do art. 17-C.

1.3　Parâmetros da dosimetria da sanção (inciso IV)

A dosimetria da sanção, na ação de improbidade, supera a definição de *quanta* pena recairá sobre o agente. Também é necessário definir *qual* ou *quais* sanções previstas no art. 12 serão aplicadas. O juiz deverá aplicar as penas adequadas para o ato de improbidade cometido. Para orientar esse juízo de adequação, a alínea *b* do inciso IV do art. 17-C prevê que serão consideradas a natureza, a gravidade e o impacto da infração.

A análise da adequação dos tipos de sanção aplicáveis deverá ser norteada pelos princípios da proporcionalidade e da razoabilidade (alínea *a*). Às condutas mais graves, aplicam-se as sanções mais rigorosas; às condutas mais leves, as sanções mais brandas.

O valor do acréscimo patrimonial obtido e o valor do dano causado (alínea *d*) são critérios de maior objetividade e devem, além de definir o que deverá ser reparado pelo agente, refletir no valor da multa eventualmente aplicada.

Os parâmetros previstos nas alíneas *e*, *f* e *g* parecem influir no *quanto* de pena será aplicado. Se o agente não possui antecedentes e buscou minorar os prejuízos da sua conduta, a pena deverá ser afastada do máximo legal. Proporcionalmente, é claro, à gravidade da conduta.

1.4　Outras penas já aplicadas (inciso V)

O principal fundamento desse inciso é a vedação do *bis in idem*. O juiz, ao aplicar as sanções previstas no art. 12 da Lei de Improbidade, deve considerar as penas já aplicadas ao agente, em razão do mesmo fato, nas esferas penal, civil ou administrativa. A ação popular e a ação civil pública também podem ser destinadas a proteger ou ressarcir os danos causados ao patrimônio público. Portanto, pode ser que o agente seja condenado, em ação civil pública anterior, a ressarcir o dano causado ao erário pelos mesmos fatos apurados na ação de improbidade administrativa. Nesse caso, eventual condenação na ação de improbidade não poderá englobar o ressarcimento do dano patrimonial já recomposto em sede de ação civil pública.

1.5 A penalização de terceiro (inciso VI)[42]

O inciso VI do art. 17-C estabelece duas hipóteses em que, na sentença da ação de improbidade, poderá ser aplicada penalidade a terceiro: *(i)* quando o terceiro (particular) tiver concorrido para a prática do ato de improbidade; *(ii)* quando o particular tiver induzido a prática do ato.

É importante esclarecer que terceiro, neste contexto, é o agente particular, alheio à administração. Obviamente, não se trata de terceiro ao processo. O particular é parte no processo. Não se pode aplicar sanção a quem não teve a oportunidade de participar, como parte, do contraditório, e exercer a ampla defesa.

O dispositivo deve ser interpretado em conjunto com o art. 3º da Lei, que exige, para a aplicação das suas disposições a terceiro, que este tenha induzido ou concorrido para a prática do ato de improbidade. Não basta ser beneficiário do ato para ser responsabilizado. Portanto, a hipótese de o particular ser penalizado por perceber vantagem indevida em decorrência do ato de improbidade pressupõe que tenha induzido ou concorrido na prática desse ato.

Evidente que também são requisitos para a condenação do particular a individualização da sua conduta omissiva ou comissiva pela qual induziu ou concorreu para a prática do ato ímprobo e a comprovação do dolo.[43]

1.6 A condenação sem dano ao erário ou enriquecimento ilícito (inciso VII)

O legislador sabe que é mais difícil dosar uma violação a um princípio da administração pública do que o dano causado ao erário ou o recebimento de vantagem indevida. Daí por que a norma reforça a importância de, mesmo quando a consequência for difícil de mensurar objetivamente, o juiz deve

---

[42] Remetemos ao leitor aos comentários feitos ao art. 3º para melhor compreensão do tema.

[43] NEVES, Daniel Amorim Assumpção; OLIVEIRA, Rafael Carvalho Rezende. **Improbidade administrativa**: direito material e processual. 9. ed. rev. e atual. Rio de Janeiro: Forense, 2022. p. 100.

fundamentar concretamente a opção pela(s) sanção(ões) aplicadas e a sua dosimetria.

Para esclarecer: quando o ato de improbidade administrativa gera enriquecimento ilícito, o valor desse enriquecimento é nominal, concreto. No caso dos atos de improbidade previstos no art. 11 da Lei de Improbidade, a quantificação da violação é tarefa complexa. Não há como o ato violar muito ou pouco os princípios da Administração Pública. Ainda assim, caberá ao juiz indicar e objetivar os critérios que utilizou na imposição das sanções: reprovabilidade da conduta, efeitos do ato, lesão à imagem e credibilidade da administração, prejuízo a terceiros, dentre outros, são critérios válidos para o arbitramento da sanção.

2. IMPRESCINDIBILIDADE DO DOLO PARA A CONFIGURAÇÃO DO ATO DE IMPROBIDADE (§ 1º)[44]

O § 1º do art. 17-C apenas reitera previsão constante de diversos outros dispositivos da Lei de Improbidade Administrativa, no sentido de que não há ato de improbidade sem dolo do agente, mas pode haver ilegalidade.

3. VEDAÇÃO DA RESPONSABILIDADE SOLIDÁRIA (§ 2º)

Não há responsabilidade solidária entre corréus na ação de improbidade administrativa. Tal disposição, muito bem-vinda, coaduna com a necessidade de individualização da conduta e das penas de cada réu.

Quando tratamos da indisponibilidade de bens em caso de litisconsórcio,[45] defendemos que a medida deveria incidir sobre cada réu na mesma proporção da sua responsabilidade pelos danos causados ou da vantagem indevida recebida. O mesmo raciocínio é transportado para a pena definitiva, em juízo de cognição exauriente.

Se os réus concorreram para a prática do ato de improbidade, deverão ressarcir ao erário apenas o dano por eles individualmente causado e restituir somente a vantagem indevida que individualmente receberam.

4. INEXISTÊNCIA DE REMESSA NECESSÁRIA (§ 3º)

A norma apenas reitera que a sentença da ação de improbidade não está sujeita ao duplo grau de jurisdição obrigatório, disposição já contida no art. 17, § 19, IV.

---

[44]   Remetemos o leitor aos comentários aos arts. 1º, 3º, 9º, 10 e 11.

[45]   Nos comentários ao art. 16, §§ 5º, 6º e 10.

> Art. 17-D. A ação por improbidade administrativa é repressiva, de caráter sancionatório, destinada à aplicação de sanções de caráter pessoal previstas nesta Lei, e não constitui ação civil, vedado seu ajuizamento para o controle de legalidade de políticas públicas e para a proteção do patrimônio público e social, do meio ambiente e de outros interesses difusos, coletivos e individuais homogêneos.
>
> Parágrafo único. Ressalvado o disposto nesta Lei, o controle de legalidade de políticas públicas e a responsabilidade de agentes públicos, inclusive políticos, entes públicos e governamentais, por danos ao meio ambiente, ao consumidor, a bens e direitos de valor artístico, estético, histórico, turístico e paisagístico, a qualquer outro interesse difuso ou coletivo, à ordem econômica, à ordem urbanística, à honra e à dignidade de grupos raciais, étnicos ou religiosos e ao patrimônio público e social submetem-se aos termos da Lei n. 7.347, de 24 de julho de 1985.

 COMENTÁRIOS

1. A NATUREZA DA AÇÃO DE IMPROBIDADE ADMINISTRATIVA (*CAPUT*)

O art. 17-D é mais um dispositivo por meio do qual o legislador altera significativamente o entendimento doutrinário majoritário e o posicionamento do STF, segundo os quais a ação de improbidade administrativa teria natureza puramente civil.[46]

Agora, com previsão expressa em lei, não há como questionar a natureza sancionatória da ação de improbidade, que traz inúmeras consequências do ponto de vista principiológico e das garantias constitucionais. Conforme já defendia Fábio Osório antes da reforma de 2020, defender a submissão da ação de improbidade aos princípios do direito administrativo sancionador

> [...] significa submetê-la explicitamente, por força do devido processo legal, à garantia de interdição à arbitrariedade e da legalidade que embasam o Estado Democrático de Direito, aos direitos e garantias fundamentais assegurados aos acusados em geral e aos princípios e regras do Direito Administrativo Sancionador. Refiro-me, mais concretamente, aos princípios da legalidade, culpabilidade, tipicidade, especialidade, subsidiariedade, alternatividade, consunção, proporcionalidade, isonomia, razoabilidade,

---

[46]   STF, RE 377.114 AgR/SP, Rel. Min. Marco Aurélio, j. 05.08.2014, *DJe* 09.08.2014.

contraditório, ampla defesa, individualização da pena e presunção de inocência, além do devido processo legal.[47]

A rigorosa submissão da ação de improbidade às normas principiológicas e garantidoras do direito administrativo sancionador explica inúmeras mudanças trazidas pela reforma da Lei de Improbidade, tanto materiais quanto procedimentais, como: *(i)* a exclusão da modalidade culposa de ato de improbidade; *(ii)* a exigência de demonstração do risco ao resultado útil do processo e de elementos probatórios mínimos para a decretação da indisponibilidade de bens; *(iii)* a vedação da responsabilidade solidária, na indisponibilidade de bens e na fixação das penas; *(iv)* a necessidade de demonstração da indução ou concorrência dolosas do terceiro para a indisponibilidade de bens e fixação de penas; *(v)* limitação da indisponibilidade de bens ao valor do dano ao erário e do enriquecimento ilícito; *(vi)* a exigência de indicação de tipificação específica pelo autor; *(vii)* a precisão da tipificação pelo juiz; *(viii)* a vedação de indicação de mais de um tipo para cada ato de improbidade; *(ix)* a nulidade da decisão nas hipóteses dos incisos I e II do § 10-F do art. 17; *(x)* a rejeição da inicial, o julgamento conforme o estado do processo e a improcedência da demanda, em caso de manifesta inexistência de ato de improbidade; *(xi)* a vedação da imposição de ônus da prova ao réu por distribuição dinâmica; *(xii)* a inaplicabilidade da presunção da veracidade dos fatos alegados pelo autor em caso de revelia; *(xiii)* a vedação da multiplicidade de ações sobre o mesmo fato, ainda que com partes e pedidos distintos; *(xiv)* a possibilidade de celebração de acordo de não persecução em qualquer fase do processo; *(xv)* a exigência de fundamentação concreta da sentença, a vedação de presunções; *(xvi)* o estabelecimento de critérios para a dosimetria da pena.

Além dessas alterações, relação interessante pode ser construída entre a natureza sancionatória da ação de improbidade e a possibilidade de sua conversão em ação civil pública, que também é inovação da Lei n. 14.230/2021.[48]

Entendemos que a ação de improbidade administrativa pressupõe a presença de pedidos sancionatórios, mas não exige pedidos reparatórios. Em outras palavras, não existe ação de improbidade administrativa sem pedido sancionatório, mas existe ação de improbidade administrativa sem pedido

---

[47] OSÓRIO, Fábio Medina. A inter-relação das decisões proferidas nas esferas administrativa, penal e civil no âmbito da improbidade. In: MARQUES, Mauro Campbell (Coord.); MACHADO, André de Azevedo; TESOLIN, Fabiano da Rosa (colaboradores). **Improbidade administrativa**: temas atuais e controvertidos. Rio de Janeiro: Forense, 2016. p. 93.

[48] Especificamente tratada nos comentários ao art. 17, § 16.

reparatório. E será este o caso sempre que o ato de improbidade não causar dano ao erário ou enriquecimento ilícito.

Isso porque a aplicação de sanção pessoal exige a observância de um procedimento mais garantista. Nada impede que esse processo cumule pedidos de reparação do dano. Mas essa cumulação é apenas permitida. É possível cindir a pretensão de reparação do dano e exercê-la por meio de ação popular, ação civil pública ou mesmo de ação pelo procedimento comum, ajuizada pela própria pessoa jurídica interessada.

Tanto é assim que, percebendo o julgador, a qualquer momento do processo, que não estão presentes os requisitos para a configuração do ato de improbidade, mas que existe – ou provavelmente existe – ilegalidade ou irregularidade administrativa, deve converter a ação de improbidade em ação civil pública.

Mas a via oposta não é uma opção. Em sede de ação civil pública jamais se poderá requerer condenação ou declaração de improbidade. O procedimento da ação civil pública (e das ações coletivas em geral) não está aparelhado para que o acusado de improbidade exerça seu direito de defesa segundo os princípios do direito administrativo sancionador. Também seria um reflexo – e talvez o principal deles – da natureza sancionatória a legitimidade ativa exclusiva do Ministério Público para a propositura da ação de improbidade administrativa. Essa alteração, todavia, foi considerada inconstitucional pelo STF.

2.   CASOS DE AÇÃO CIVIL PÚBLICA (PARÁGRAFO ÚNICO)

A norma confirma nosso posicionamento de que, inexistindo ato de improbidade e, portanto, sanção a ser aplicada, a responsabilização patrimonial do agente público deve se dar por meio de Ação Civil Pública.

> Art. 18. A sentença que julgar procedente a ação fundada nos arts. 9º e 10 desta Lei condenará ao ressarcimento dos danos e à perda ou à reversão dos bens e valores ilicitamente adquiridos, conforme o caso, em favor da pessoa jurídica prejudicada pelo ilícito.
>
> § 1º Se houver necessidade de liquidação do dano, a pessoa jurídica prejudicada procederá a essa determinação e ao ulterior procedimento para cumprimento da sentença referente ao ressarcimento do patrimônio público ou à perda ou à reversão dos bens.
>
> § 2º Caso a pessoa jurídica prejudicada não adote as providências a que se refere o § 1º deste artigo no prazo de 6 (seis) meses, contado do trânsito em julgado da sentença de procedência da ação, caberá

ao Ministério Público proceder à respectiva liquidação do dano e ao cumprimento da sentença referente ao ressarcimento do patrimônio público ou à perda ou à reversão dos bens, sem prejuízo de eventual responsabilização pela omissão verificada.

§ 3º Para fins de apuração do valor do ressarcimento, deverão ser descontados os serviços efetivamente prestados.

§ 4º O juiz poderá autorizar o parcelamento, em até 48 (quarenta e oito) parcelas mensais corrigidas monetariamente, do débito resultante de condenação pela prática de improbidade administrativa se o réu demonstrar incapacidade financeira de saldá-lo de imediato.

 COMENTÁRIOS

1. RESSARCIMENTO DE DANOS E PERDA OU REVERSÃO DE BENS

Havendo dano ao erário, a sentença condenará o réu a ressarci-lo. Havendo enriquecimento ilícito ou percepção de vantagem indevida, serão aplicadas as penalidades de perdimento ou reversão dos bens ou valores adquiridos ilicitamente. A reversão à pessoa jurídica interessada pressupõe que a vantagem recebida pelo réu – bens ou valores – fosse, antes, da pessoa jurídica interessada. Portanto, a pena será de perda quando a vantagem for obtida de particulares.

2. LIQUIDAÇÃO E CUMPRIMENTO DE SENTENÇA (§§ 1º E 2º)

Nos primeiros seis meses após o trânsito em julgado da sentença condenatória da ação de improbidade, caberá à pessoa jurídica interessada liquidar o dano, se ilíquida a sentença, e proceder ao seu cumprimento. Se a pessoa jurídica permanecer inerte nesse período, o dever de liquidação e cumprimento da sentença recairá sobre o Ministério Público, sem prejuízo de eventual responsabilização por omissão.

Esse dispositivo é plenamente compatível com o restabelecimento da legitimidade concorrente e disjuntiva do MP e da pessoa jurídica interessada para a propositura da ação. Não vemos motivo para não se proceder dessa forma mesmo quando a pessoa jurídica for a autora da ação.

É de se questionar, todavia, se a legitimidade da pessoa jurídica interessada para liquidar o dano e requerer o cumprimento da sentença se extingue ao final do prazo legal de 6 meses. Cremos que não. A pessoa jurídica poderá ser responsabilizada, mas não vemos prejuízo em permitir que após esse prazo ela proceda à liquidação e ao cumprimento da sentença.

Observe-se que o dispositivo trata do cumprimento da sentença em relação ao ressarcimento do dano e às sanções de perda ou reversão de bens. Mas como fica a pena de multa civil?

A multa seguirá, via de regra, a mesma lógica: seu cumprimento será ordinariamente requerido pela pessoa jurídica interessada. Em caso de inércia, o Ministério Público poderá executar o valor da multa em favor da pessoa jurídica lesada. Note-se, contudo, que diversamente do ressarcimento ao erário, que deve reverter à pessoa jurídica prejudicada, a multa pode ter destinação diversa, se assim convencionado em acordo de não persecução.

A multa deve ser líquida para ser exigível. Se a sentença for ilíquida em relação ao dano ou ao acréscimo patrimonial, também o será em relação à multa. Afinal, nos casos em que o ato de improbidade causar dano ao erário e/ou gerar enriquecimento ilícito, o valor da multa será equivalente ao dano ou ao acréscimo patrimonial (art. 12, incisos I e II). Enquanto não for exigível, sobre ela não devem incidir juros. Afinal, juros moratórios pressupõem mora. Não está em mora quem não cumpre obrigação ainda ilíquida.

A propósito, o termo inicial dos juros incidentes é tema pendente de definição pelo STJ.[49] Os recursos especiais representativos da controvérsia, n. 1.942.196/PR, 1.953.046/PR e 1.958.567/PR, foram afetados em 23.02.2022, em que se delimitou a seguinte questão:

> Definir o termo inicial dos juros e da correção monetária da multa civil prevista na Lei de Improbidade Administrativa, isto é, se devem ser contados a partir do trânsito em julgado, da data do evento danoso – nos termos das Súmulas 43 e 54/STJ –, ou de outro marco processual.

Adiantamos que tanto o trânsito em julgado quanto a data do evento danoso seriam marcos inadequados, pois inaplicáveis caso a sentença seja ilíquida. O evento danoso, por si só, é um termo inicial incompatível com o conceito de juros moratórios. Afinal, na data do evento danoso não havia multa para ser paga. E, repita-se, a mora pressupõe que a obrigação possa e deva ter sido cumprida.

Portanto, sobre a multa civil deve incidir correção monetária desde a sua liquidação, e juros de mora a partir do momento em que o réu, devendo pagá-la, não o tenha feito.

---

[49]   Tema Repetitivo n. 1.128.

Quanto ao procedimento, o cumprimento de sentença seguirá as normas dos arts. 513 e seguintes do CPC, no que couber. Isso significa que, feito o requerimento do cumprimento de sentença pela pessoa jurídica interessada ou pelo MP, o réu – agora executado – terá 15 (quinze) dias para realizar o pagamento voluntário da dívida. Decorrido o prazo, o executado terá 15 (quinze) dias para impugnar o cumprimento de sentença, no qual poderá alegar quaisquer das matérias previstas no art. 525, § 1º, do CPC.

Merece especial atenção o § 6º do art. 525 do CPC. Eventual efeito suspensivo atribuído à impugnação ao cumprimento de sentença não suspenderá os efeitos das sanções extrapatrimoniais aplicadas ao executado.

3. DESCONTO DOS SERVIÇOS EFETIVAMENTE PRESTADOS (§ 3º)

O § 3º do art. 18 confirma entendimento jurisprudencial já consolidado no STJ, de que exigir a devolução de valores recebidos pelos serviços efetivamente prestados pelo agente configura enriquecimento ilícito da Administração Pública.[50]

4. PARCELAMENTO (§ 4º)

Se o réu não puder pagar imediatamente a dívida decorrente da condenação pela prática do ato de improbidade, o juiz poderá autorizar o seu parcelamento em até 48 parcelas mensais, sobre as quais incidirá correção monetária. O valor da dívida engloba o ressarcimento e a multa.

Se a condição do parcelamento é a impossibilidade de o réu pagar a dívida imediatamente, é certo que ele deverá comprovar que não possui condições financeiras para fazê-lo.

Se o parcelamento pode ser concedido na ação de improbidade administrativa, não há óbice para que conste do acordo de não persecução civil cláusula que preveja o parcelamento dos débitos assumidos pelo agente a título de dano ao erário de enriquecimento ilícito. O requisito que deve ser cumprido é o ressarcimento integral do dano e a reversão à pessoa jurídica

---

[50] "[...] 3. Não cabe exigir a devolução dos valores recebidos pelos serviços efetivamente prestados, ainda que decorrente de contratação ilegal, sob pena de enriquecimento ilícito da Administração Pública, circunstância que não afasta (*ipso facto*) as sanções típicas da suspensão dos direitos políticos e da proibição de contratar com o poder público. [...]" (STJ, AgRg no AgRg no Resp n. 1.288.585/RJ, 1ª Turma, Rel. Min. Olindo Menezes, j. 16.02.2016, *DJe* 09.03.2016).

lesada da vantagem indevida obtida. A forma e o prazo pelos quais se alcançará esse resultado podem ser negociados entre as partes.

> Art. 18-A. A requerimento do réu, na fase de cumprimento da sentença, o juiz unificará eventuais sanções aplicadas com outras já impostas em outros processos, tendo em vista a eventual continuidade de ilícito ou a prática de diversas ilicitudes, observado o seguinte:
>
> I – no caso de continuidade de ilícito, o juiz promoverá a maior sanção aplicada, aumentada de 1/3 (um terço), ou a soma das penas, o que for mais benéfico ao réu;
>
> II – no caso de prática de novos atos ilícitos pelo mesmo sujeito, o juiz somará as sanções.
>
> Parágrafo único. As sanções de suspensão de direitos políticos e de proibição de contratar ou de receber incentivos fiscais ou creditícios do poder público observarão o limite máximo de 20 (vinte) anos.

 COMENTÁRIOS

1. UNIFICAÇÃO DE SANÇÕES

O executado poderá requerer a unificação das sanções que lhe foram impostas com outras já existentes em decorrência de outra(s) ação(ões) de improbidade administrativa.

Segundo a Lei, tratando-se de continuidade do ilícito, aplicar-se-á a maior pena, acrescida de 1/3, ou, se mais benéfico ao executado, à somatória das penas. Se o executado tiver cometido outro ato de improbidade, as penas serão sempre somadas.

O inciso I do art. 18-A é provavelmente um dos artigos mais confusos e de menor aplicabilidade prática na Lei de Improbidade. Ele induz a relacionar o instituto com o crime continuado do Direito Penal. Diversos doutrinadores têm associado a continuidade do ilícito ao crime continuado ou defendido a aplicação analógica desse instituto à ação de improbidade administrativa.[51]

---

[51] GAJARDONI, Fernando da Fonseca, Artigo 18-A. In: GAJARDONI, Fernando da Fonseca; CRUZ, Luana Pedrosa de Figueiredo; GOMES JUNIOR, Luis Manoel; FAVRETO, Rogerio. **Comentários à nova lei de improbidade administrativa**: Lei 8429/1992, com as alterações da Lei 14.230/2021. 5. ed. rev., atual. e ampl. São Paulo:

A associação, porém, deve ser compreendida num contexto muito restrito. Há crime continuado quando o agente praticar vários crimes, e todos os subsequentes ao primeiro forem consequência deste. Nesse caso, todos os crimes serão tratados como um ilícito único, majorando-se a pena mais grave dentre os vários crimes praticados.

A conduta ímproba continuada de que trata o art. 18-A, I, da Lei de Improbidade, deve ser compreendida nesse mesmo contexto: na hipótese em que um ilícito único foi apurado e punido em processos distintos, com aplicação de penas separadas, o ato de improbidade deve ser considerado um só.

É o caso, por exemplo, de quem dispensa indevidamente processo licitatório (art. 10, VIII) para permitir que terceiro enriqueça ilicitamente (art. 10, XII) e, em contrapartida, utiliza em obra particular as máquinas contratadas pelo Poder Público (art. 10, XIII). Casos essas condutas sejam apuradas em processos distintos e sejam punidas como condutas autônomas, elas poderão ser consideradas todas parte de uma única conduta continuada.

Como se vê, a norma tem aplicabilidade num contexto muito específico, em que as condutas continuadas foram artificialmente cindidas e julgadas em processos separados.

Penas de diferentes espécies não podem ser unificadas.

O limite máximo de 20 anos imposto às sanções de suspensão de direitos políticos e proibição de contratar ou de receber incentivos fiscais ou creditícios do Poder Público é aplicado a cada espécie de sanção separadamente. Por exemplo, não há óbice à aplicação de 14 anos de suspensão dos direitos políticos e 14 anos de proibição de contratar com o Poder Público, sejam tais sanções decorrentes de uma ou de várias ações de improbidade administrativa. A obrigatoriedade é de que, somadas e unificadas as penas aplicadas ao réu em todas as ações de improbidade, cada uma delas não ultrapasse o prazo máximo de 20 (vinte) anos.

Em relação à multa,[52] entendemos que caso haja a aplicação de tal sanção em mais de um processo pelo mesmo ato de improbidade, somente se admite eventual unificação nos termos do inciso I do art. 18-A caso a pessoa jurídica lesada seja a mesma. Se o réu praticar atos de improbidade de idêntica tipificação contra duas pessoas jurídicas distintas, não deve a segunda

---

Thomson Reuters, 2021. p. 435-439; COSTA, Rafael de Oliveira; BARBOSA, Renato Kim. **Nova lei de improbidade administrativa**: atualizada de acordo com a Lei n. 14.230/2021. São Paulo: Almedina, 2022. p. 210-211.

[52] Questão analisada com mais profundidade nos comentários ao art. 12 da Lei de Improbidade.

multa ser reduzida em razão da reversão aproveitada pela primeira. Não há conduta ímproba continuada que atinja diferentes pessoas jurídicas. Nesse caso, as sanções deverão ser somadas.

Finalmente, a redação do *caput* do artigo dá a entender que o requerimento será feito ao juízo que tenha proferido a sanção condenatória por último, ao dizer que "o juiz unificará eventuais sanções aplicadas com outras *já impostas em outros processos*". O mais lógico, entretanto, é que o requerimento seja direcionado ao juízo que estiver conduzindo o cumprimento da sentença. No caso de cumprimentos de sentença tramitando em juízos diversos, será necessário requerer sua unificação. A lógica inerente ao art. 18-A, claramente inspirado na Execução Penal, onde um juízo concentra toda a execução, é claramente incompatível com o cumprimento de sentença civil.

Capítulo VI
DAS DISPOSIÇÕES PENAIS

por Caio Augusto Nazario de Souza

Art. 19. Constitui crime a representação por ato de improbidade contra agente público ou terceiro beneficiário, quando o autor da denúncia o sabe inocente.

Pena: detenção de 6 (seis) a 10 (dez) meses e multa.

Parágrafo único. Além da sanção penal, o denunciante está sujeito a indenizar o denunciado pelos danos materiais, morais ou à imagem que houver provocado.

 COMENTÁRIOS

1. REPRESENTAÇÃO CALUNIOSA

O crime a que faz alusão o dispositivo se equipara à denunciação caluniosa, dela se diferenciando por ser punido nos termos da Lei de Improbidade, e não de acordo com o Código Penal. Por isso, uma primeira condição que deve ser preenchida para que haja sua incidência é que o fato imputado falsamente ao agente ou terceiro constitua uma das espécies de atos ímprobos previstos nos arts. 9º a 11 da Lei. Caso contrário, em se tratando de ato configurado como ilícito penal, o crime será o de denunciação caluniosa (art. 339 do CP).

Esse ponto é importante e merece maior detalhamento. A nosso entender, o art. 19 da Lei de Improbidade há de ser aplicado quando o ato caluniosamente apontado configurar uma das infrações administrativas previstas em lei, independentemente se tal conduta qualifica-se também como ilícito penal. Impera, nesse caso, a máxima *lex specialis derogat legi generali*, de modo que embora o Código Penal também preveja a denunciação caluniosa no âmbito do sistema da improbidade, prevalece a redação da Lei de Improbidade em razão de sua especialidade.[1]

A grande diferença material entre ambas as infrações reside no elemento objetivo das condutas tipificadas. No Código Penal se pune dar causa à instauração de *(i)* inquérito policial, *(ii)* procedimento investigatório criminal, *(iii)* processo judicial, *(iv)* processo administrativo disciplinar, *(v)* inquérito civil ou *(vi)* ação de improbidade administrativa (*caput* do art. 339). A Lei de Improbidade, por sua vez, pune a *(vii)* representação por ato de improbidade. Já o elemento subjetivo é o mesmo, consistente no fato de o denunciante ter conhecimento que o denunciado é inocente.

Trata-se, com efeito, de crime complexo, composto por uma conduta ilícita (calúnia) e por uma conduta lícita (representação de ato de improbidade), isso porque a representação por ato de improbidade à autoridade competente, por si só, não é uma infração – inclusive, trata-se de conduta incentivada pelo legislador, vide o art. 14 da Lei. É somente a junção das duas condutas (calúnia + representação à autoridade) que faz nascer o delito.

De igual modo, trata-se de crime que depende de dolo para se configurar, ou seja, é preciso que o denunciante, mesmo possuindo total consciência da inocência do denunciado, comunique o suposto ato de improbidade por ele cometido à autoridade competente. Além disso, ao contrário do que ocorre com a denunciação caluniosa no Código Penal, aqui não se exige que seja instaurado qualquer procedimento investigativo ou judicial em decorrência da representação. A mera falsa denúncia qualificada com dolo é suficiente para a configuração do crime.[2]

Ainda quanto ao dolo, é importante destacar que sua configuração depende da manifesta vontade do representante de prejudicar o denunciado, conforme já decidiu o STJ: *"O crime de denunciação caluniosa previsto no art. 399 do Código Penal exige que o agente tenha conhecimento da inocência e, mesmo assim, movimente, dolosamente, a máquina judiciária com a intenção*

---

[1]   Em sentido contrário, há aqueles que sustentam que a Lei de Improbidade deve ser aplicada quando o ato caluniosamente imputado configurar tão somente uma infração administrativa. Quando o ato se qualificar, ao mesmo tempo, como infração administrativa e ilícito penal, aplica-se o regime do Código Penal. Nesse sentido, ver GAJARDONI, Fernando da Fonseca. Artigo 19. In: GAJARDONI, Fernando da Fonseca; CRUZ, Luana Pedrosa de Figueiredo; JUNIOR, Luiz Manoel Gomes; FAVRETO, Rogério (Coords.). **Comentários à lei de improbidade administrativa**. 5. ed. rev., atual. e ampl. São Paulo: 2021. p. 446-447.

[2]   GARCIA, Emerson; ALVES, Rogério Pacheco. **Improbidade administrativa**. 9. ed. São Paulo: Saraiva, 2017. p. 838.

de prejudicar a vítima".[3] Com efeito, é necessária a soma de dois requisitos: a consciência da inocência do denunciado e a vontade consciente de prejudicá-lo.

No que toca à representação, é preciso que ela se revista de um mínimo de objetividade quanto aos fatos narrados e ao ato ímprobo imputado. É dizer, ela deve cumprir ao menos com os requisitos previstos no § 1º do art. 14 da Lei de Improbidade; caso contrário, não estará configurado um elemento central para a configuração do delito, qual seja, a própria representação caluniosa.

O sujeito ativo do crime pode ser qualquer pessoa. Questão polêmica, nesse âmbito, diz respeito em saber se a própria autoridade responsável pelo ajuizamento da ação de improbidade pode ser o sujeito ativo.[4] A pergunta que se faz é: o membro do Ministério Público que ajuíza ação de improbidade contra agente público que sabe ser inocente deve responder por representação caluniosa? A resposta é negativa, mas em termos. Entendemos que, ante a regra da independência das instâncias de responsabilização, embora o membro do Ministério Público não possa ser sujeito ativo da representação caluniosa, haja vista que o que se pune na Lei de Improbidade é a representação por ato de improbidade, e não o ajuizamento da ação, ele ainda pode incidir no crime de denunciação caluniosa previsto no Código Penal, cuja hipótese de incidência, como foi visto, é muito mais ampla.

Ademais, imperioso observar que o membro do Ministério Público que ajuíza ação de improbidade contra quem sabe ser inocente também pode ser enquadrado no crime previsto no art. 30 da Lei de Abuso de Autoridade, qual seja, "Dar início ou proceder à persecução penal, civil ou administrativa sem justa causa fundamentada ou contra quem sabe inocente", sujeito à pena de detenção, de 1 (um) a 4 (quatro) anos, e multa. Em suma, embora o membro do *parquet* não preencha os requisitos necessários para ser sujeito ativo da infração de representação caluniosa, isso não significa que ele está imune a qualquer espécie de responsabilização quando pratica ato judicial ou extra-judicial voltado a prejudicar aquele que sabe ser inocente.

Os sujeitos passivos do crime são o Estado e o denunciado falsamente. Inclusive, quanto a este último, vale chamar a atenção para uma improprieda-

---

[3] HC n. 510.410/MS. Embora o entendimento tenha sido firmado à luz do art. 339 do Código Penal, sua *ratio decidendi* se aplica ao art. 19 da Lei de Improbidade em razão da similaridade entre os delitos.

[4] Situação diferente é do membro do Ministério Público que instaura procedimento investigativo ou judicial contra determinado agente ou terceiro em razão de representação caluniosa feita por outrem. Neste caso, como o sujeito ativo é o representante, e não o membro do órgão ministerial, que somente agiu com base em representação feita por terceiro, não há o que se falar na incidência do art. 19 da Lei de Improbidade na sua conduta.

de na descrição do tipo delituoso que não foi corrigida pelo legislador com a Reforma na Lei: o *caput* do art. 19 indica somente o agente público e o terceiro beneficiário como passíveis de serem representados caluniosamente, sem fazer menção aos terceiros colaboradores (que induzem ou concorrem para a prática do ato). Portanto, embora abarcados pela Lei em sentido *lato sensu*, os terceiros colaboradores não figuram como sujeitos passivos do delito e, portanto, aquele que os representa falsamente não comete o crime previsto no art. 19.[5]

Por fim, na hipótese de ter sido ajuizada ação de improbidade fundada em representação caluniosa, é necessário aguardar o término do processo para que se configure o crime previsto no dispositivo. Isto porque, em caso de condenação do agente público ou terceiro representado, não há o que se falar em qualquer ilícito cometido pelo denunciante.

2.   PENA E RESPONSABILIDADE CIVIL

A sanção prevista para o delito é a detenção, de 6 (seis) a 10 (dez) meses, e multa. Trata-se, pois, de uma infração muito mais branda que a denunciação caluniosa (que prevê pena de reclusão, de 2 (dois) a 8 (oito) anos, e multa) e qualificada como de menor potencial ofensivo, inserindo-se na competência do Juizado Especial Criminal para processo, julgamento e execução (arts. 60 e 61 da Lei n. 9.099/1995). Além da consequência penal, prevê o parágrafo único do art. 19 a possibilidade de condenação do denunciante a indenizar o denunciado pelos danos morais, materiais ou à sua imagem causados.

Essa reparação deve ser objeto de ação autônoma, a ser ajuizada até 3 (três) anos a partir do conhecimento da acusação falsa (inciso V do § 3º do art. 206 do Código Civil), sob pena de prescrição. Além disso, ao contrário do que acontece com a persecução penal, que depende tão somente da prática da representação caluniosa, entendemos que a busca pela reparação na esfera civil depende necessariamente de ter sofrido o denunciante algum prejuízo em razão da conduta do denunciante.

Nesse sentido, só há espaço para reparação civil se da representação caluniosa se originar a instauração de inquérito civil e/ou o ajuizamento de ação de improbidade contra o denunciado – neste último caso, a responsabilidade é agravada. Caso a representação não tenha prejudicado a imagem da vítima, tendo sido sumariamente arquivada, por exemplo, não há o que se falar em reparação de ordem material ou moral. Claro, essa é a regra. Nada impede que em algum caso particular a mera representação seja suficiente

---

5   PRADO, Francisco Octavio de Almeida. **Improbidade administrativa**. São Paulo: Malheiros, 2001. p. 205.

para gerar prejuízos de ordem extrapatrimonial ao denunciado, hipótese em que a reparação civil dos danos é plenamente aplicável.

Ao expressamente prever este dever de indenização, já garantida de forma geral pela legislação civil, buscou o legislador conferir uma segurança ainda maior àqueles que, mesmo sabidamente inocentes, são denunciados e processados por improbidade administrativa. No meio jurídico, não raras vezes inocentes são arrolados no polo passivo de investigações e ações, permanecendo nesta condição por anos, até décadas, tendo de despender recursos materiais com sua defesa, deslocamento, custas, entre outros, além de suportar os mais graves prejuízos em sua esfera moral e sua imagem, chegando a ser condenados sumariamente aos olhos da mídia e da sociedade, mesmo que ao fim do processo se reconheça sua originária inocência.

Assim, com vistas a evitar que prejuízos como esses continuem sendo gerados e, ainda, produzam seus efeitos, acerta o legislador ao prescrever e manter na redação na Lei n. 14.230/2021 a referida tipificação penal e ao abrir a possibilidade de reparação dos danos.

> Art. 20. A perda da função pública e a suspensão dos direitos políticos só se efetivam com o trânsito em julgado da sentença condenatória.
>
> § 1º A autoridade judicial competente poderá determinar o afastamento do agente público do exercício do cargo, do emprego ou da função, sem prejuízo da remuneração, quando a medida for necessária à instrução processual ou para evitar a iminente prática de novos ilícitos.
>
> § 2º O afastamento previsto no § 1º deste artigo será de até 90 (noventa) dias, prorrogáveis uma única vez por igual prazo, mediante decisão motivada.

 COMENTÁRIOS

1. PERDA E AFASTAMENTO DA FUNÇÃO PÚBLICA

A perda da função pública, como já foi visto, consiste no rompimento definitivo do vínculo que liga o agente público à entidade em que exerce suas atividades. Trata-se, em conjunto com a suspensão dos direitos políticos, da mais grave das sanções previstas na Lei de Improbidade,[6] orientando o STJ temperança e motivação exauriente para a sua aplicação: "[...] *a perda de*

---

[6]   "As sanções de perda do cargo e/ou função pública, assim como a de suspensão dos direitos políticos constituem as mais drásticas das penalidades estabelecidas na Lei

função pública é sanção por demais acentuada, que deve ser reservada a casos graves, nos quais se demonstrar que a conduta é revestida de má-fé e direcionada ao locupletamento ilícito ou malbaratamento da coisa pública [...]".[7]

É exatamente em razão da gravidade de tais sanções que, nos termos do *caput* do art. 20, elas somente podem ser aplicadas após o trânsito em julgado da sentença condenatória.[8] Em sede cautelar, contudo, pode o juiz determinar o afastamento do agente do seu cargo por até 90 dias, prorrogáveis uma vez por igual período, mediante decisão motivada, quando verificar que tal medida for necessária "[...] à instrução processual ou para evitar a iminente prática de novos ilícitos" (§§ 1º e 2º).

Sobre o afastamento cautelar, vale destacar que se trata de medida desprovida de caráter punitivo, destinando-se tão somente a garantir a plena instrução processual – tanto que a remuneração do agente é preservada. Os requisitos autorizadores da aplicação da medida são aqueles genéricos atinentes a qualquer provimento de natureza cautelar previstos no *caput* do art. 300 do Código de Processo Civil. Isto é, a demonstração do *periculum in mora* e do *fumus boni iuris*. Exige-se, pois, a demonstração fundamentada *(i)* da conduta ímproba praticada pelo agente e *(ii)* de que sua permanência no cargo compromete a efetiva instrução processual.

Ainda que inseridos na regra geral do art. 300 do CPC, é necessário destacar que ambos os requisitos devem ser demonstrados de forma robusta e fundamentada frente ao caso concreto, não sendo, portanto, admitida a presunção de seu preenchimento, justamente por se tratar de medida grave que implica restrição de direitos. Nesse sentido, já decidiu o STJ que "[...] *o afastamento cautelar do agente público de sua função, com fundamento no art. 20, par. único da Lei 8.429/1992, é medida excepcional, que somente se justifica quando o comportamento do agente, no exercício de suas funções, possa comprometer a instrução do processo*".[9]

Mas não basta a mera alegação de possibilidade de influência do agente na condução do processo. É necessária a presença de provas incontroversas de ameaça à instrução processual:

> A possibilidade de afastamento *in limine* do agente público do exercício do cargo, emprego ou função, porquanto medida extrema, exige prova

---

     de Improbidade Administrativa, devendo, por isso, serem aplicadas apenas em casos graves, sempre levando em conta a extensão do dano" (AREsp n. 1.013.434/MG).

[7]   REsp n. 1.788.833/MG.

[8]   Embora regra relevante, trata-se de uma mera repetição do já previsto no § 9º do art. 12.

[9]   Resp n. 1.197.807/GO.

incontroversa de que a sua permanência poderá ensejar dano efetivo à instrução processual, máxime porque a hipotética possibilidade de sua ocorrência não legitima medida dessa envergadura.[10]

Assim sendo, a mera invocação da titularidade de poderes e competências pelo agente que lhes permitam, em tese, influenciar a condução do processo, não é suficiente para autorizar a imposição da medida.[11] É dizer, não pode o ocupante de cargo público ser afastado de sua função sem que tenha incorrido em ato ameaçador da higidez instrutória ou, ao menos, sem que haja fundado temor de sua efetiva ocorrência.

Em outras palavras, cabe ao autor demonstrar, com base em provas, de que forma a instrução processual foi ou será prejudicada pela permanência do agente público acusado em seu cargo, emprego ou função. Caso contrário, estar-se-ia banalizando referido instituto cautelar de elevada gravidade, autorizando uma severa restrição de direitos pelo simples fato de o sujeito passivo ocupar cargo público relevante, o que é inconcebível e não se coaduna com os preceitos constitucionais.

Quanto ao prazo de duração do afastamento, é de se notar que a Lei de Improbidade, em sua redação original, não limite a duração da medida. Em sede jurisprudencial, fixou o STJ o prazo de 180 dias, mas com a possibilidade de extensão caso as peculiaridades fáticas do caso concreto assim exijam: "*O STJ considera razoável o prazo de 180 dias para afastamento cautelar do agente público. Todavia, entende que, excepcionalmente, as peculiaridades fáticas do caso concreto podem ensejar a necessidade de alongar o período de afastamento, sendo o juízo natural da causa, em regra, o mais competente para tanto*".[12]

A ver, pois, se esse entendimento será mantido mesmo diante da proibição expressa de extensão do afastamento por período superior a 180 dias, contida no § 2º do art. 20.

Por fim, importante abordar a controvérsia em torno da possibilidade ou não de o afastamento cautelar alcançar os mandatos dos agentes políticos. Na doutrina encontramos a defesa de ambos os posicionamentos;[13]

---

[10]   AgInt no AREsp n. 625.262/MS.

[11]   AgInt no AREsp n. 625.262/MS, AgInt no AREsp n. 1.241.403/RJ, AgRg na MC n. 23.380/MT e AgRg no AREsp n. 472.261/RJ.

[12]   REsp n. 1.930.633/MG e AgInt na SLS n. 2.790/ES.

[13]   Em sentido negativo, ver SIMÃO, Calil. **Improbidade administrativa**: teoria e prática. 2. ed. Leme: Mizuno, 2014. p. 772-773; em sentido positivo, ver GARCIA, Emerson; ALVES, Rogério Pacheco. **Improbidade administrativa**. 9. ed. São Paulo: Saraiva, 2017. p. 678.

a jurisprudência do STJ, por outro lado, é firme no sentido de ser possível o afastamento cautelar de agentes públicos tanto à luz do art. 20 da Lei de Improbidade quanto à luz do art. 319, VI, do Código de Processo Penal.[14]

Aqui, nos filiamos ao entendimento do STJ quanto à possibilidade, respeitados os requisitos que autorizam o deferimento de tão grave medida cautelar, quais sejam, a demonstração do *periculum in mora,* do *fumus boni iuris* e a fundamentada evidenciação, por parte do magistrado, com base em material probatório idôneo, de que forma a instrução processual foi ou poderá ser prejudicada caso o sujeito passivo permaneça em seu cargo, emprego ou função.

Um desdobramento interessante dessa controvérsia diz respeito à necessidade ou não de submissão do afastamento para a deliberação da Casa Legislativa, ante o contido no § 2º do art. 53 da Constituição.[15] Sobre a questão, entendemos que, na esteira do decidido pelo STF nos autos da ADin n. 5.526/DF, a resposta é positiva, haja vista que a medida de afastamento cautelar da função impossibilita o exercício regular do mandato parlamentar. Contudo, no caso dos vereadores, que não são beneficiados pelas garantias previstas no art. 53 da Constituição,[16] já decidiu o STJ ser possível a imposição de "[...] *medidas cautelares de afastamento de suas funções legislativas sem necessidade de remessa à Casa respectiva para deliberação".*[17]

Por fim, vale mencionar que entendemos pela inaplicabilidade de tal dispositivo ao Chefe do Poder Executivo Federal e, por simetria, aos Chefes dos Executivos Estaduais e Municipais. Isso porque a Constituição prevê apenas duas hipóteses de suspensão do presidente de suas funções: a) pela prática de infrações penais comuns, desde que recebida a denúncia ou queixa-crime pelo STF; a) pela prática de crime de responsabilidade, após a instauração do processo pelo Senado. Veja-se, pois, que o afastamento do Chefe do Executivo é matéria reservada à Constituição, não possuindo o legislador ordinário competência para regular o instituto.

> Art. 21. A aplicação das sanções previstas nesta lei independe:
>
> I – da efetiva ocorrência de dano ao patrimônio público, salvo quanto à pena de ressarcimento e às condutas previstas no art. 10 desta Lei;

---

[14] RHC n. 94.002/SP, HC n. 449680/BA, RHC n. 88.804/RN e AgRg na SLS n. 1.957/PB.

[15] "Art. 53 [...] § 2º Desde a expedição do diploma, os membros do Congresso Nacional não poderão ser presos, salvo em flagrante de crime inafiançável. Nesse caso, os autos serão remetidos dentro de vinte e quatro horas à Casa respectiva, para que, pelo voto da maioria de seus membros, resolva sobre a prisão."

[16] ADIn n. 371/SE e HC n. 94.059/RJ.

[17] RHC n. 88.804/RN.

II – da aprovação ou rejeição das contas pelo órgão de controle interno ou pelo Tribunal ou Conselho de Contas.

§ 1º Os atos do órgão de controle interno ou externo serão considerados pelo juiz quando tiverem servido de fundamento para a conduta do agente público.

§ 2º As provas produzidas perante os órgãos de controle e as correspondentes decisões deverão ser consideradas na formação da convicção do juiz, sem prejuízo da análise acerca do dolo na conduta do agente.

§ 3º As sentenças civis e penais produzirão efeitos em relação à ação de improbidade quando concluírem pela inexistência da conduta ou pela negativa da autoria.

§ 4º A absolvição criminal em ação que discuta os mesmos fatos, confirmada por decisão colegiada, impede o trâmite da ação da qual trata esta Lei, havendo comunicação com todos os fundamentos de absolvição previstos no art. 386 do Decreto-Lei n. 3.689, de 3 de outubro de 1941 (Código de Processo Penal).

§ 5º Sanções eventualmente aplicadas em outras esferas deverão ser compensadas com as sanções aplicadas nos termos desta Lei.

 COMENTÁRIOS

1. A OCORRÊNCIA DE DANO E A ANÁLISE DAS CONTAS PELO TRIBUNAL DE CONTAS (INCISOS I E II)

De acordo com os incisos I e II do art. 21, a aplicação das sanções previstas no art. 12 independe *(i)* da efetiva ocorrência de prejuízo ao erário, exceto quanto à pena de ressarcimento e às condutas previstas no art. 10 desta Lei e *(ii)* da aprovação ou rejeição das contas pelo órgão de controle interno ou pelo Tribunal ou Conselho de Contas.

A razão de ser do inciso I é clara. Primeiro, se não há dano aos cofres públicos, não há o que se falar em imposição da pena de ressarcimento, afinal, não há nada a ser ressarcido, sob pena de enriquecimento ilícito. Segundo, para a prática dos atos de improbidade tutelados pelo art. 10, como já foi visto, é imprescindível a ocorrência de lesão patrimonial ao erário, daí por que essa situação também foi excetuada da regra prevista no *caput*. Já o inciso II está amparado no fato de que é possível a prática de atos de improbidade sem que haja qualquer dano aos cofres públicos – a violação de princípio da Administração Pública, por exemplo. Nesse sentido, a mera aprovação das contas do agente pelo Tribunal ou Conselho de Contas não autoriza a concluir que não houve o cometimento de ato ímprobo.

2. A ATUAÇÃO DOS ÓRGÃOS DE CONTROLE INTERNO E EXTERNO (§§ 1º E 2º)

Os §§ 1º e 2º do artigo tratam da influência das decisões proferidas pelos órgãos de controle no processo de improbidade. De acordo com o § 1º, caso a conduta do agente tida como ímproba esteja fundamentada em atos dos órgãos de controle,[18] estes devem ser considerados pelo juiz durante a instrução processual. Em outras palavras, se a conduta do agente estava de acordo com o entendimento adotado pelos órgãos de controle, presume-se a ausência do elemento subjetivo dolo, a descaracterizar a prática de ato de improbidade.

Isso não significa, é claro, que o juiz está subordinado ao entendimento dos órgãos de controle.[19] Considerar é antônimo de ignorar, mas não é sinônimo de vincular, reproduzir. O que se exige é que as manifestações dos órgãos de controle sirvam de parâmetro na avaliação do ato de improbidade. Trata-se de exigência, inclusive, que encontra respaldo no art. 24 da LINDB, que assim estabelece:

> Art. 24. A revisão, nas esferas administrativa, controladora ou judicial, quanto à validade de ato, contrato, ajuste, processo ou norma administrativa cuja produção já se houver completado levará em conta as orientações gerais da época, sendo vedado que, com base em mudança posterior de orientação geral, se declarem inválidas situações plenamente constituídas.
>
> Parágrafo único. Consideram-se orientações gerais as interpretações e especificações contidas em atos públicos de caráter geral ou em jurisprudência judicial ou administrativa majoritária, e ainda as adotadas por prática administrativa reiterada e de amplo conhecimento público.

Ou seja, não é lícito declarar a invalidade de ato administrativo produzido conforme as orientações gerais da época de sua produção, muito menos considerar ímproba uma conduta praticada nessas mesmas condições. Inclusive, é preciso reconhecer que essa presunção de probidade do ato é ainda mais relevante e robusta quando a decisão do órgão de controle examinou a

---

[18] Sobre a atuação da assessoria jurídica interna do órgão e os efeitos de seus pareceres, remetemos o leitor aos comentários feitos ao § 20 do art. 17.

[19] Nesse sentido, já decidiu o STJ que como o controle exercido pelo Tribunal de Contas não é jurisdicional, inexiste vinculação do juiz à decisão proferida pelo órgão administrativo. Ver REsp n. 757.148/DF e AREsp n. 1.569.969/MS.

materialidade do mesmo ato questionado em sede de ação de improbidade, concluindo pela sua legalidade ou, no mínimo, pela não configuração de improbidade.

Nesse sentido, pontua Marçal Justen Filho que "*É muito problemático afirmar que o Poder Judiciário disporia de condições mais apropriadas para identificar a lesividade de uma conduta de gestor público, quando o Tribunal de Contas tiver qualificado a conduta como regular*".[20] Assim, embora o § 2º do art. 21 não exclua a possibilidade de o juiz analisar a presença de dolo na conduta, eventual condenação do agente em processo judicial por um ato tido como probo pelos órgãos de controle exige um ônus argumentativo e probatório muito mais elevado, inclusive com a demonstração da incorreção da decisão proferida pelo órgão administrativo e/ou a modificação da situação fático-probatória.

Essa mesma lógica vale em favor do acusado. Mesmo que haja parecer ou decisão dos órgãos de controle reprovando as contas do agente, nada impede que o Ministério Público ou a pessoa jurídica interessada deixe de ajuizar a ação de improbidade por entender ausente o elemento subjetivo dolo, indispensável para a configuração dos atos de improbidade. Com efeito, a não subordinação do Judiciário às esferas administrativas é recíproca e autoriza tanto a condenação daquele que foi julgado inocente quanto a não persecução daquele que foi julgado culpado.

3. OS EFEITOS DE SENTENÇAS ABSOLUTÓRIAS EM OUTRAS INSTÂNCIAS PELO MESMO FATO (§§ 3º E 4º)

A independência entre as esferas civil, penal e administrativa cria a possibilidade de que determinada conduta questionada em sede de ação de improbidade seja objeto de processo também nas demais instâncias. E, claro, em se tratando de uma mesma conduta, a absolvição do acusado em outra esfera não pode ser ignorada pelo magistrado no processamento e julgamento da ação de improbidade.

É nesse sentido que, nos termos do § 3º, as sentenças civis e penais que concluírem pela inexistência da conduta ou negativa de autoria devem produzir efeitos na ação de improbidade ajuizada pelo mesmo fato. Embora importante, trata-se essa de uma disposição elementar, afinal, a proteção da

20 JUSTEN FILHO, Marçal. **Reforma da lei de improbidade administrativa comparada e comentada**: Lei 14.230, de 25 de outubro de 2021. Rio de Janeiro: Forense, 2022. p. 237.

coisa julgada é um direito fundamental, garantido pelo inciso XXXVI do art. 5º da Constituição.

Ora, se uma decisão absolutória fundada na ausência de materialidade ou autoria transita em julgado, essa mesma questão não pode ser objeto de nova apreciação pelo Judiciário – salvo, é claro, nas hipóteses legalmente previstas, como é o caso da ação rescisória. Situação diferente se dá quando a absolvição nas outras esferas ocorreu por ausência de provas da existência da materialidade da conduta ou de sua autoria.

Nesse caso, é perfeitamente cabível a rediscussão da matéria em sede de ação por improbidade administrativa. Mas, mesmo aqui há uma presunção de probidade da conduta do agente que não pode ser ignorada pelo magistrado. É preciso, para dizer o mínimo, que sejam apresentadas provas e evidências que não aquelas presentes no primeiro processo, justificando assim eventual entendimento divergente por parte do julgador. É dizer, o ônus argumentativo imposto ao segundo julgador é mais elevado; ele deve justificar de forma exauriente os elementos probatórios novos que o levaram a uma decisão diversa daquela proferida pelo outro magistrado.

Especialmente quanto ao âmbito criminal, o legislador foi ainda mais longe ao prever não somente os efeitos da decisão absolutória proferida em outras instâncias sobre a ação de improbidade, mas que a absolvição criminal referente à mesma conduta, após confirmada por decisão colegiada (Tribunais Estaduais e Tribunais Regionais Federais), impede o próprio trâmite da ação de improbidade (§ 4º do art. 21). A nosso ver, trata-se de disposição muito benéfica para o sistema da improbidade.

Ora, se o Judiciário, na esfera penal, profere decisão de mérito absolvendo o sujeito, por julgar, por exemplo, que não foi ele quem praticou o ilícito (negativa de autoria), não há como se negar os reflexos dessa decisão em outros processos que estejam discutindo a mesma conduta. Claro que, assim como ocorre com a eficácia das decisões dos Tribunais de Contas, trata-se de uma análise a ser feita caso a caso. O fundamento da absolvição é elemento crucial para a definição dos seus efeitos sobre a ação de improbidade. Uma coisa é uma decisão na qual o juiz reconhece, com todas as letras, a negativa de autoria ou materialidade. Outra coisa é uma decisão absolutória fundada na ausência de provas ou na dúvida da autoria.

Vale observar, ainda, que recentemente, no Informativo de Jurisprudência n. 766, o STJ divulgou entendimento no sentido de que "A absolvição na ação de improbidade administrativa em virtude da ausência de dolo e da ausência de obtenção de vantagem indevida esvazia a justa causa para manutenção da ação penal" (RHC n. 173.448/DF). Trata-se de decisão paradigmática, pois excetua um entendimento consolidado do mesmo Tribunal no sentido de que a sentença absolutória em ação de improbidade não vincula a ação penal (por todos, ver REsp 1.847.488/SP). Embora o STJ não tenha superado esse entendimento, fato é que decidiu que existem certos fundamentos (entre eles a ausência de dolo) que, quando levam à absolvição do réu em uma esfera de responsabilização, não podem ser ignorados pelas demais.

Inclusive, um dos fundamentos utilizados na decisão foi o próprio § 4º do art. 21. Segundos os Ministros, embora tal dispositivo esteja com sua eficácia suspensa por força da medida cautelar deferida pelo Min. Alexandre de Moraes nos autos da ADI n. 7.236/DF, sua mera previsão já denota a pretensão do legislador de relativizar, na medida do possível, a independência entre as esferas estatais de sancionamento. De igual modo, já decidiu o próprio STF (Rcl n. 57.215/DF) que a suspensão do art. 21, § 4º não atinge a vedação constitucional do *non bis in idem*. Isto é, embora essa hipótese de interação específica entre os sistemas esteja com sua eficácia suspensa, nada impede que o Judiciário, à luz do princípio da vedação do *non bis in idem*, estabeleça outras situações em que os fundamentos para a absolvição em uma instância valham para a absolvição nas demais.

A nosso ver, correta a decisão. Não é possível que o dolo do agente não esteja demonstrado no juízo cível e se revele no juízo penal, pois se trata do mesmo fato. Se no juízo cível se proferiu decisão fundamentada quanto à ausência de dolo na conduta, não há nada que autorize a punição desse mesmo agente na esfera penal por crime que dependa do elemento dolo para se configurar.

4. A COMPENSAÇÃO DAS SANÇÕES (§ 5º)

Como forma de garantir uma maior equidade no sancionamento, a partir da ideia de proporcionalidade sistêmica, prevê o § 5º a necessidade de compensação de todas as sanções (civis, penais e administrativas) aplicada ao agente ou terceiro pela mesma conduta. Trata-se, todavia, de uma repetição do que já contido nos arts. 17-C, V, e 18-A, ambos da Lei de Improbidade, motivo pelo qual remetemos o leitor também aos comentários realizados a esses dispositivos.

Em poucas palavras, para além da necessária observância aos princípios de equidade, o ajuizamento de demandas em esferas distintas com vistas ao ressarcimento do mesmo bem jurídico baseado numa mesma conduta implica verdadeiro *bis in idem*,[21] prática vedada por violar a própria racionalidade do Estado de Direito.[22] Nesse sentido, afirma Denilson Marcondes Venâncio que

> A independência e autonomia das três áreas de responsabilidade são relativas e, em alguns casos, dependentes. O princípio do *non bis in idem* veda, que no exercício de uma mesma competência, seja instaurado mais de um processo contra o mesmo(s) sujeito(s), pelo mesmo(s) fato(s) e com o(s) mesmo(s) fundamento(s) e impede que, nestas circunstâncias, que nos três processos administrativo, civil e penal, seja(m) aplicada(s) a(s) mesma(s) sanção(ões), pelo(s) mesmo(s) fato(s), ao(s) mesmo(s) sujeito(s), com idêntico(s) fundamento(s). O princípio obsta a soma ou cumulação das mesmas sanções, ainda, que proferida por órgãos diversos, no exercício de competências diferentes, porque o Estado é uno.[23]

Por outro lado, impende observar que tal prática pode gerar o enriquecimento ilícito do Estado e acaba por prejudicar o contraditório e a ampla defesa dos réus, pois dificulta, quando não impossibilita, a real quantificação dos valores que se pretende ressarcir *versus* os valores que já se encontram adimplidos, ainda mais nas situações em que processos diversos encontram-se pendentes de julgamento em mais de uma esfera, gerando certa indefinição

---

[21] "A ideia básica do *non bis in idem* é que ninguém pode ser condenado duas ou mais vezes por um mesmo fato. Já definida essa norma como 'princípio geral de direito', que, como base nos princípios da proporcionalidade e coisa julgada, proíbe a aplicação de dois ou mais procedimentos, seja em uma ou mais ordens sancionadoras, nos quais se dê uma identidade de sujeitos, fatos e fundamentos, e sempre que não existe uma relação de supremacia especial da Administração Pública" (OSÓRIO, Fábio Medina. **Direito administrativo sancionador**. São Paulo: RT, 2000. p. 279-280).

[22] "Não é dado ao Estado exercer a mesma competência punitiva outorgada pela Constituição e disciplinada em lei, em razão dos mesmos fatos ou condutas, mais de uma vez. Não veda o princípio tratado da possibilidade de cumulação de sanções pela prática da mesma conduta ilícita. Proíbe-se, pois, é a utilização sucessiva da mesma competência punitiva contra o infrator, ou seja, a duplicidade na emissão de ato sancionatório em vista de uma mesma situação hipotética, ao nível de um sistema sancionatório. Uma vez regularmente apurada a conduta ilícita e deflagrado processo sancionatório com a produção da sanção estatal devida, esgota-se a competência punitiva nascida dos fatos, e qualquer outra sanção estatal imposta, a idêntico título jurídico, equivale a *bis in idem* inconstitucional. A vedação do *bis in idem*, por conseguinte, opera no nível de determinada esfera ou sistema sancionatório. O *bis in idem* viola a racionalidade normativa do Estado de Direito (art. 1º CF)" (PIMENTA, José Roberto. **Improbidade administrativa e sua autonomia constitucional**. Belo Horizonte: Fórum, 2009. p. 230).

[23] VENÂNCIO, Denilson Marcondes. *Non bis in idem* e as sanções administrativa, improbidade e penal. **Boletim de Direito Administrativo**, v. 30, n. 5, p. 557-574, 2014.

nos limites e alcances de cada ação. Não raras vezes, no curso da ação de improbidade a inicial tem de ser emendada para excluir ou incluir cifras que acabaram por ser ressarcidas em processos que tramitaram em outra esfera, dificultando o pleno exercício do direito de defesa dos réus.

> Art. 22. Para apurar qualquer ilícito previsto nesta Lei, o Ministério Público, de ofício, a requerimento de autoridade administrativa ou mediante representação formulada de acordo com o disposto no art. 14 desta Lei, poderá instaurar inquérito civil ou procedimento investigativo assemelhado e requisitar a instauração de inquérito policial.
>
> Parágrafo único. Na apuração dos ilícitos previstos nesta Lei, será garantido ao investigado a oportunidade de manifestação por escrito e de juntada de documentos que comprovem suas alegações e auxiliem na elucidação dos fatos.

 COMENTÁRIOS

1. O INQUÉRITO CIVIL

A apuração por ato de improbidade pode ocorrer de diferentes formas, sendo as principais delas o procedimento administrativo (regulado pelo art. 14) e o inquérito civil, previsto neste dispositivo.

O inquérito civil é um instrumento investigativo garantido ao Ministério Público no inciso III do art. 129 da Constituição e regulado pelos arts. 8º e 9º da Lei n. 7.347/1985 – Lei da Ação Civil Pública. Trata-se de procedimento, via de regra, inquisitivo, isto é, sem a incidência do direito ao contraditório;[24] seu objetivo é a apuração de fatos e provas e a investigação de supostas irregularidades, destinando-se assim (ao menos em tese) a impedir o ajuizamento de ações temerárias.

Nos termos do inciso II do § 6º do art. 17, a inicial da ação de improbidade deve ser instruída com documentos ou indícios suficientes da veracidade dos fatos e do dolo imputado, ou com razões fundamentadas da impossibilidade de apresentação de qualquer dessas provas.[25] E é aí que entra o inquérito

---

[24]   RE n. 136.239/SP e REsp n. 886.137/MG.

[25]   Para críticas quanto a essa última possibilidade, ver os comentários realizados ao respectivo dispositivo.

civil, que além de dar fundamento ao ajuizamento da ação, destina-se à coleta dos elementos probatórios mínimos de autoria e materialidade.

A instauração do inquérito é uma faculdade concedida ao Ministério Público, não sendo condição de possibilidade para o ajuizamento da futura ação de improbidade. Como visto acima, o que se exige é a instrução da ação com documentos aptos a demonstrar a existência jurídica da pretensão veiculada pelo *parquet*, de modo que se no entendimento do membro do Ministério Público a suficiência de provas justifica a dispensa de inquérito, nada há que se questionar quanto à legalidade do ajuizamento da ação. Em qualquer caso, contudo, a dispensa de instauração do inquérito é decisão que deve ser considerada com cautela, e isso por duas principais razões.

Primeiro, porque a ausência de inquérito prévio pode impedir a obtenção de provas essenciais, ou mesmo complementares, aptas à caracterização do ato imputado ao agente ou terceiro como ímprobo, prejudicando, assim, o processo, as partes envolvidas e a efetividade da tutela jurisdicional. Isso é especialmente relevante na hipótese de requisição de medidas cautelares *inaudita altera parte*, que encontram exatamente nos documentos colhidos no inquérito civil a presença ou não dos requisitos autorizadores da medida.

Segundo, porque, nos termos do § 1º do art. 23 da Lei, a instauração de inquérito civil é causa de suspensão do prazo prescricional, sendo, nessa medida, instrumento relevante para reduzir o risco de consumação da prescrição da pretensão executória estatal.

Ademais, embora facultativo e, via de regra, por sua própria natureza, inquisitivo, a instauração de inquérito civil depende de justa causa, ainda que mínima. A justa causa em procedimentos investigativos representa a máxima consagração do respeito e da proteção aos direitos fundamentais dos indivíduos, que não podem ser submetidos a um constrangimento investigatório sem antes ter praticado uma conduta típica, cuja punibilidade não esteja extinta, ou sem que haja um mínimo indício de autoria e de materialidade.[26] Nas palavras de Adilson Abreu Dallari:

> Não é dado à Administração Pública, nem ao Ministério Público, simplesmente molestar gratuita e imotivadamente qualquer cidadão por alguma suposta eventual infração da qual ele talvez tenha participado.

---

[26] Inclusive, importa notar que constitui crime "Requisitar instauração ou instaurar procedimento investigatório de infração penal ou administrativa, em desfavor de alguém, à falta de qualquer indício da prática de crime, de ilícito funcional ou de infração administrativa", conforme estabelece o art. 27 da Lei de Abuso de Autoridade.

Vale também aqui o princípio da proporcionalidade inerente ao poder de polícia, segundo o qual só é legítimo o constrangimento absolutamente necessário e na medida do necessário.[27]

Nesse sentido, já decidiu o STJ que "[...] *em situações excepcionais, quando comprovada, de plano, atipicidade de conduta, causa extintiva da punibilidade ou ausência de indícios de autoria, é possível o trancamento de inquérito civil*".[28] Embora entendamos ser esse um entendimento que prevê hipóteses por demais restritivas, especialmente diante do novo papel assumido pelo inquérito civil no sistema de justiça contemporâneo, que confere ampla capacidade de composição de conflitos ao próprio Ministério Público (a exemplo das figuras do Termo de Ajustamento de Conduta (TAC) e do Acordo de Não Persecução Cível (ANPC)), fato é que a possibilidade de trancamento judicial de inquérito civil não encontra resistência na jurisprudência brasileira.

2.   O VALOR PROBATÓRIO DO INQUÉRITO CIVIL

O entendimento jurisprudencial dominante é no sentido do valor probatório relativo das provas colhidas no decorrer do inquérito civil, porque colhidas sem a observância do contraditório. Tais elementos, portanto, somente podem ser afastados "[...] quando há contraprova de hierarquia superior, ou seja, produzida sob a vigilância do contraditório".[29] Nesse mesmo sentido, afirma Hugo Nigro Mazzilli que

> Ainda que sirva essencialmente o inquérito civil para preparar a propositura da ação civil pública, as informações nele contidas podem concorrer para formar ou reforçar a convicção do juiz, desde que não colidam com as provas de maior hierarquia, como aquelas colhidas sob as garantias do contraditório.[30]

Não comungamos desse entendimento. Partindo do pressuposto que a produção de prova depende da garantia do contraditório, do diálogo entre o acusador e o acusado, entendemos que nem mesmo há como se falar em hierarquia entre os documentos colhidos no inquérito unilateral e as provas produzidas sob a égide do contraditório porque os primeiros sequer podem

---

[27]   DALLARI, Adilson Abreu. **Limitações à atuação do Ministério Público**. São Paulo: Malheiros, 2001. p. 38.

[28]   RMS n. 30510/RJ.

[29]   AgRg no AREsp n. 572.859/RJ.

[30]   MAZZILLI, Hugo Nigro. **O inquérito civil**. São Paulo: Saraiva, 1999. p. 53-54.

ser considerados *provas*. Isto é, quando produzido em inquérito civil unilateral, sem a incidência do contraditório, o material acusatório não carrega o *status* probatório apto a fundamentar uma decisão válida, como impõem o CPC e a Lei de Improbidade.

Dessa forma, ao formar sua convicção cabe ao juiz considerar o material que foi produzido em contraditório, diante do embate argumentativo entre o acusador e o acusado. Não é seu papel buscar no material colhido no momento pré-processual, produzido unilateralmente pelo órgão acusador, os fundamentos para a sua convicção.[31]

Seja como for, parece-nos que o parágrafo único do art. 22 pôs fim à discussão. Ao garantir o direito ao contraditório ao investigado também no bojo do inquérito civil, o legislador promoveu a solução de continuidade com o a tese da hierarquia. Agora, não há mais o que se falar em valor probatório relativo do inquérito civil quando garantido ao investigado a prerrogativa de participar ativamente das investigações, que pode se manifestar por escrito e juntar documentos que comprovem suas alegações e auxiliem na elucidação dos fatos. O cuidado deve residir no procedimento, de modo a verificar se o inquérito de fato assegurou o contraditório e a ampla defesa ao investigado.

O parágrafo único do art. 22 é um instrumento de defesa dos interesses do investigado, que pode discutir desde a existência efetiva dos motivos alegados para a instauração do inquérito até os efeitos decorrentes da opção adotada e as eventuais sanções perseguidas. Deste modo, não há inquérito civil com força probante suficiente quando instaurado por autoridade que já alcançou suas convicções muito antes de se ouvir o que os investigados teriam a dizer. Realizando um paralelo com a regra geral do processo administrativo, cita-se as lições de Marçal Justen Filho no sentido de que:

> [...] é evidente que o direito de ampla defesa importa garantia de ser ouvido antes da definição da decisão administrativa. Lembre-se, uma vez mais, que o devido processo legal destina-se a assegurar que a decisão administrativa seja o resultado de uma atividade dialética e dialógica, em que todos os interessados apresentam suas versões para os fatos e suas pretensões quanto à conclusão. Não se trata de uma formalidade irrelevante. Bem por isso será nulo todo o processo quando a decisão estiver predeterminada. Se a Administração já adotou uma decisão e

---

[31] No mesmo sentido, ver GARCIA, Emerson; ALVES, Rogério Pacheco. **Improbidade administrativa**. 9. ed. São Paulo: Saraiva, 2017. p. 882.

apenas convoca o particular para evitar o argumento da nulidade, não estará sendo respeitada a garantia constitucional.

Não são infrequentes essas hipóteses. Mesmo depois da democratização do Estado brasileiro, continua a ser usual a autoridade pública declarar à imprensa que determinada decisão já foi tomada e acrescentar que será formalizada tão logo decorra o prazo de defesa concedido ao interessado. Esse é um exemplo claro de infração à Constituição, configurando hipótese de impedimento da autoridade pública.[32]

O devido processo legal, por força do parágrafo único do art. 22, é norma que se impõe em inquéritos civis em se tratando da apuração de atos tidos como ímprobos. O dispositivo legal não deixa margem para dúvidas: na apuração dos ilícitos previstos na Lei será garantido ao investigado o devido processo legal, o que possibilita a produção de provas isentas e bilaterais como forma de exercício do contraditório e da ampla defesa.

E quando a lei assegura ao interessado o "contraditório e ampla defesa", pretende garantir que este tenha: *(i)* amplo e pleno acesso a todos os documentos relativos ao tema; *(ii)* oportunidade de se manifestar sobre todas as imputações lançadas e tê-las apreciadas pela autoridade competente e; *(iii) possibilidade de produzir todas as provas necessárias à comprovação de suas alegações, ainda que em sede de inquérito.* Devido processo legal ou existe ou não existe, principalmente em se tratando de inquérito civil que apura a (in)ocorrência de atos de improbidade. Inexiste meio devido processo legal. Subtrair o devido processo legal e o direito à ampla defesa do investigado não só representa uma violação ao direito fundamental do investigado, previsto no art. 5º, XXXIII, LIV e LV, da Constituição, como também impede que os documentos produzidos no inquérito possuam a carga probatória necessária para fundamentar a decisão do juiz (como visto, documentos produzidos de forma unilateral não constituem provas).

---

[32]　JUSTEN FILHO, Marçal. **Comentários à lei de licitações e contratos administrativos**. 14. ed. São Paulo: Malheiros, 2010. p. 753.

Capítulo VII
DA PRESCRIÇÃO

por Caio Augusto Nazario de Souza

Art. 23. A ação para a aplicação das sanções previstas nesta Lei prescreve em 8 (oito) anos, contados a partir da ocorrência do fato ou, no caso de infrações permanentes, do dia em que cessou a permanência.

I – (revogado); (Redação dada pela Lei n. 14.230/2021)

II – (revogado); (Redação dada pela Lei n. 14.230/2021)

III – (revogado). (Redação dada pela Lei n. 14.230/2021)

§ 1º A instauração de inquérito civil ou de processo administrativo para apuração dos ilícitos referidos nesta Lei suspende o curso do prazo prescricional por, no máximo, 180 (cento e oitenta) dias corridos, recomeçando a correr após a sua conclusão ou, caso não concluído o processo, esgotado o prazo de suspensão.

§ 2º O inquérito civil para apuração do ato de improbidade será concluído no prazo de 365 (trezentos e sessenta e cinco) dias corridos, prorrogável uma única vez por igual período, mediante ato fundamentado submetido à revisão da instância competente do órgão ministerial, conforme dispuser a respectiva lei orgânica.

§ 3º Encerrado o prazo previsto no § 2º deste artigo, a ação deverá ser proposta no prazo de 30 (trinta) dias, se não for caso de arquivamento do inquérito civil.

§ 4º O prazo da prescrição referido no *caput* deste artigo interrompe-se:

I – pelo ajuizamento da ação de improbidade administrativa;

II – pela publicação da sentença condenatória;

III – pela publicação de decisão ou acórdão de Tribunal de Justiça ou Tribunal Regional Federal que confirma sentença condenatória ou que reforma sentença de improcedência;

IV – pela publicação de decisão ou acórdão do Superior Tribunal de Justiça que confirma acórdão condenatório ou que reforma acórdão de improcedência;

V – pela publicação de decisão ou acórdão do Supremo Tribunal Federal que confirma acórdão condenatório ou que reforma acórdão de improcedência.

§ 5º Interrompida a prescrição, o prazo recomeça a correr do dia da interrupção, pela metade do prazo previsto no *caput* deste artigo.

§ 6º A suspensão e a interrupção da prescrição produzem efeitos relativamente a todos os que concorreram para a prática do ato de improbidade.

§ 7º Nos atos de improbidade conexos que sejam objeto do mesmo processo, a suspensão e a interrupção relativas a qualquer deles estendem-se aos demais.

§ 8º O juiz ou o tribunal, depois de ouvido o Ministério Público, deverá, de ofício ou a requerimento da parte interessada, reconhecer a prescrição intercorrente da pretensão sancionadora e decretá-la de imediato, caso, entre os marcos interruptivos referidos no § 4º, transcorra o prazo previsto no § 5º deste artigo.

 COMENTÁRIOS

1. CONSIDERAÇÕES GERAIS SOBRE A PRESCRIÇÃO

A prescrição talvez seja um dos maiores exemplos da influência que o tempo exerce sobre as relações jurídicas. Seu objetivo, entre outras coisas, é concretizar os princípios constitucionais da segurança jurídica e da razoável duração do processo (incisos XXXVI e LXXVIII do art. 5º), evitando que "[...] certas situações permaneçam por tempo indeterminado sujeitas a mutações e imponham surpresas inesperadas às pessoas, quando o passar do tempo já tenha sedimentado situações contrárias".[1]

Todavia, a consumação do instituto não depende tão somente do decurso de determinado prazo previsto em lei. É necessário, ainda, que o decurso do tempo esteja conjugado com a inércia do titular do direito em exercê-lo em tempo adequado e razoável, fixado em lei. Tempo e inércia são, pois, os elementos centrais para a configuração da prescrição. Quanto ao seu efeito, a prescrição fará com que "[...] a inércia e o decurso do lapso legal impeçam

---

[1]   CARVALHO FILHO, José dos Santos. **Improbidade administrativa**: prescrição e outros prazos extintivos. São Paulo: Atlas, 2012. p. 03.

que o interessado venha a exercer seu direito, atuando como fator punitivo da negligência e assegurador da estabilidade nas relações sociais".[2]

1.1   A questão da imprescritibilidade

De acordo com o § 5º do art. 37 da Constituição, cumpre à lei estabelecer "[...] os prazos de prescrição para ilícitos praticados por qualquer agente, servidor ou não, que causem prejuízos ao erário, ressalvadas as respectivas ações de ressarcimento." Com base nessa ressalva realizada ao final do dispositivo quanto às ações de ressarcimento, firmou-se o entendimento do caráter imprescritível das pretensões a serem ajuizadas pelo Estado visando o ressarcimento de prejuízos causados ao erário, havendo inclusive decisão do STF firmada em sede de repercussão geral (Tema n. 897) nesse sentido:

> DIREITO CONSTITUCIONAL. DIREITO ADMINISTRATIVO. RESSARCIMENTO AO ERÁRIO. IMPRESCRITIBILIDADE. SENTIDO E ALCANCE DO ART. 37, § 5º, DA CONSTITUIÇÃO. 1. A prescrição é instituto que milita em favor da estabilização das relações sociais. 2. Há, no entanto, uma série de exceções explícitas no texto constitucional, como a prática dos crimes de racismo (art. 5º, XLII, CRFB) e da ação de grupos armados, civis ou militares, contra a ordem constitucional e o Estado Democrático (art. 5º, XLIV, CRFB). **3. O texto constitucional é expresso (art. 37, § 5º, CRFB) ao prever que a lei estabelecerá os prazos de prescrição para ilícitos na esfera cível ou penal, aqui entendidas em sentido amplo, que gerem prejuízo ao erário e sejam praticados por qualquer agente. 4. A Constituição, no mesmo dispositivo (art. 37, § 5º, CRFB) decota de tal comando para o Legislador as ações cíveis de ressarcimento ao erário, tornando-as, assim, imprescritíveis. 5. São, portanto, imprescritíveis as ações de ressarcimento ao erário fundadas na prática de ato doloso tipificado na Lei de Improbidade Administrativa.** 6. Parcial provimento do recurso extraordinário para (i) afastar a prescrição da sanção de ressarcimento e (ii) determinar que o tribunal recorrido, superada a preliminar de mérito pela imprescritibilidade das ações de ressarcimento por improbidade administrativa, aprecie o mérito apenas quanto à pretensão de ressarcimento (g. n.) (RE n. 852.475/SP).

Isto é, entendeu-se que a imprescritibilidade atinge somente as pretensões de reparação de danos decorrentes de ato ímprobo – atos, portanto, praticados com dolo. As demais sanções, por sua vez, sujeitam-se à prescrição

---

2   GARCIA, Emerson; ALVES, Rogério Pacheco. **Improbidade administrativa**. 9. ed. São Paulo: Saraiva, 2017. p. 882.

nos prazos previstos no art. 23. Inclusive, o STJ, em sede de recurso especial repetitivo, firmou a tese de que é possível o prosseguimento de ação de improbidade que objetiva recompor o patrimônio público mesmo quando prescritas as demais sanções previstas no art. 12.[3]

Sobre o assunto, respeitado o entendimento contrário, fica o registro de que em nosso entender esta não é a solução constitucionalmente adequada para o tema. A tese da imprescritibilidade de ações de ressarcimento não é comportada pela redação do § 5º do art. 37, que tão somente determina que cumpre à lei indicar os prazos de prescrição para os ilícitos praticados pelos agentes públicos, excetuando ao final que essa mesma lei não seria aplicável às ações de ressarcimento. Isto é, o que determinou o constituinte é que a prescrição da pretensão ressarcitória não deveria ser regulada pela Lei de Improbidade, mas por outro texto normativo.

Além disso, não se pode ignorar que a imprescritibilidade é exceção à regra. Afinal, ela representa a antítese do que pretende proteger o princípio da segurança jurídica. E, como é exceção, depende de norma expressa. Basta notar, nesse sentido, que quando o legislador constituinte quis tornar determinado crime imprescritível, o fez expressamente – incisos XLII e XLIV do art. 5º. A ausência de previsão expressa da imprescritibilidade somente nos permite concluir que o direito de buscar o ressarcimento do dano prescreve. A isso se soma o fato de que, como lembra Calil Simão, a tese da imprescritibilidade da ação de ressarcimento foi ventilada nos debates constituintes de 1987 por meio de substitutivo apresentado pelo Constituinte Bernardo Cabral,[4] mas foi rejeitada.[5]

Pois bem. Qual seria, então, o prazo prescricional? A nosso ver, seria de 5 (cinco) anos, que é o prazo prescricional para o exercício de qualquer direito contra a Administração Pública, nos termos do art. 1º do Decreto n. 20.910/1932.[6]

---

[3]   REsp n. 1.899.407/DF.

[4]   Substitutivo ao art. 43, § 4º: "A lei estabelecerá os prazos de prescrição para ilícitos praticados por qualquer agente, servidor ou não, que causem prejuízos ao erário, ressalvadas as respetivas ações de ressarcimento, que são imprescritíveis".

[5]   SIMÃO, Calil. **Improbidade administrativa**: teoria e prática. 6. ed. Leme: Mizuno, 2022. p. 883.

[6]   Há aqueles que aplicam por analogia o prazo decenal previsto no art. 205 do Código Civil, a exemplo de Marino Pazzaglini Filho (**Lei de improbidade administrativa comentada**. 7. ed. São Paulo: Atlas, 2018. p. 255). Todavia, entendemos que o emprego à analogia primeiro deve ser resolvido no campo do Direito a que diz respeito a controvérsia, no caso, Direito Público. Somente se insolúvel no Direito Público é que se deveria recorrer às normas de Direito Privado. Por este motivo, adotamos o prazo previsto no Decreto n. 20.910/1932.

A suportar essa interpretação está o entendimento, já exposto acima, de que o legislador constituinte estabeleceu que a prescrição da ação de ressarcimento não deveria ser tratada pela Lei de Improbidade, realizando, assim, uma correta diferenciação entre a pretensão punitiva e a pretensão ressarcitória. Portanto, a prescrição da pretensão punitiva está prevista na Lei de Improbidade, ao passo que a prescrição da pretensão ressarcitória está prevista no Decreto n. 20.910/1932.

1.2 A questão da retroatividade[7]

Como já visto, a promulgação da Lei n. 14.230/2021 veio com calorosos debates quanto à retroatividade ou não das normas mais benéficas aos acusados, com destaque para os novos marcos prescricionais. A discussão chegou ao STF nos autos do ARE n. 843.989/PR, onde, por maioria, foi firmada, dentre outras, a seguinte tese: o novo regime prescricional é irretroativo e os novos marcos interruptivos começam a correr a partir da publicação da lei, garantindo-se a eficácia dos atos praticados validamente antes da alteração legislativa. Isto é, as ações ajuizadas na vigência da lei anterior continuam a respeitar os prazos nela estabelecidos, valendo os novos prazos somente para as ações ajuizada após a promulgação da Lei n. 14.230/2021.

2. O PRAZO GERAL DE 8 (OITO) ANOS (*CAPUT*)

Em sua redação original, a Lei n. 8.429/1992 fixava prazos diferentes para os ilícitos praticados por diferentes espécies de agentes. De um lado, o inciso I do art. 23 previa o prazo de 5 (cinco) anos para a aplicação das sanções de improbidade contra agentes que exercem mandato, ocupam cargos comissionados ou exercem função de confiança, prazo esse contado após o término do exercício do mandato, cargo ou função.

O inciso II, por outro lado, dizia respeito aos agentes ocupantes de cargos ou empregos efetivos e dispunha que o prazo para a aplicação das sanções era aquele previsto em lei específica que regula as faltas disciplinares puníveis com demissão a bem de serviço público. Como exemplo, pode-se citar a hipótese de servidor público federal cujo prazo seria de cinco anos, contados da data de conhecimento do fato, nos termos do art. 142, I e §§ 1º e 3º, da Lei n. 8.112/1990.

Já o inciso III estabelecia o prazo prescricional de cinco anos, contado a partir da apresentação da prestação de contas final à Administração Pública, no que toca a atos de improbidade imputados às entidades que recebem

---

7   Essa decisão já foi objeto de extensos comentários em momento anterior, motivo pelo qual não será aqui detalhada.

subvenção, benefício ou incentivo, fiscal ou creditício, de órgão público, e aquelas para cuja criação ou custeio o erário haja concorrido ou concorra com menos de 50% do patrimônio ou da receita anual.

Com a reforma, por outro lado, houve a unificação do prazo prescricional e de sua aplicabilidade (a todos os agentes e terceiros), bem como a alteração do marco inicial de contagem, passando a ser de oito anos, contados ou a partir da data do fato ou do dia em que cessou a permanência, no caso das infrações permanentes. Com efeito, agora há um prazo geral de prescrição material (oito anos), aplicável a todas as sanções previstas no art. 12 da Lei, independentemente do agente que tenha as cometido, e dois marcos iniciais de contagem: *(i)* data da ocorrência do fato ou *(ii)* dia em que cessou a permanência, no caso de infrações permanentes.

Quanto ao termo inicial da contagem, vale notar que a opção levada a efeito pelo legislador difere da regra encontrada nas leis que integram o sistema do Direito Administrativo Sancionador brasileiro, que é a data da ciência da infração pela Administração Pública. Isso levou alguns doutrinadores a enxergarem no novo marco inicial um favorecimento à impunidade, especialmente no que toca aqueles atos que são, por natureza, clandestinos, como é o caso de pagamento de propina.[8]

É de se notar, todavia, que a dimensão da clandestinidade não pode servir de argumento para justificar a violação da lei ou declaração de sua inconstitucionalidade, muito menos possui o condão de relativizar o princípio da segurança jurídica. É papel do Estado adotar mecanismos de controle efetivos, voltados a identificar e punir atos ilícitos em tempo razoável. O fato de a máquina estatal não atuar diligentemente, buscando fazer cumprir a lei, não pode justificar a submissão dos indivíduos a persecuções intermináveis. Não fosse isso, pouco há de se argumentar no sentido da irrazoabilidade ou desproporcionalidade do prazo de oito anos. Ao realizar a modificação, inclusive, o legislador obedeceu à lógica de adoção de prazos mais longos para marcos temporais objetivos (era de cinco anos quando o marco temporal era subjetivo).

---

[8]   Ver, a título de exemplo, CARVALHO, Matheus. **Lei de improbidade comentada.** São Paulo: JusPodivm, 2022. p. 163. De igual modo, Alexandre Jorge Carneiro da Cunha Filho entende que em certos casos o marco inicial há de ser flexibilizado, sob pena de a Lei de Improbidade não cumprir os fins a que se propõe. Ver CUNHA FILHO, Alexandre Jorge Carneiro da. Prescrição na lei de improbidade administrativa. In: DAL POZZO, Augusto Neves; OLIVEIRA, José Roberto Pimenta (Coords.). **Lei de improbidade administrativa reformada**. São Paulo: Thomson Reuters Brasil, 2022. p. 752-753.

Seja como for, por óbvio a edição do novo marco legal não retira a validade do debate quanto à correção da decisão levada a efeito pelo legislador. Essa discussão, porém, compete à sociedade e ao Poder Legislativo, não estando contida na esfera de atribuição do Poder Judiciário. A este compete, puramente, avaliar a conformidade da legislação com os ditames estabelecidos na Constituição, e não com aquilo que alguns de seus membros acreditam ser o mais correto ou o mais justo. O controle de constitucionalidade não significa a possibilidade de o magistrado, a partir de suas próprias conveniências, tomar uma decisão em nome de toda a sociedade, especialmente porque esta não o avalizou para tanto. Logo, não havendo o que se argumentar pela inconstitucionalidade dos novos prazos e marcos de contagem, a sua aplicação imediata pelo Judiciário é a solução que se impõe.

Fechado esse parêntese, é importante diferenciar as infrações instantâneas das infrações permanentes. A primeira é aquela em que a consumação é imediata, não se prolongando no tempo. Isso não significa que a ação seja rápida, mas que a infração, uma vez consumada, se encerra. Este é o caso, por exemplo, do homicídio, que se consuma com a morte da vítima, independentemente do tempo decorrido entre a ação do agressor e o resultado morte. Já a infração permanente é aquela em que a consumação se prolonga no tempo, como é o caso do sequestro, crime consumado durante todo o tempo em que a vítima fica privada de sua liberdade.[9-10]

Com essa diferenciação, percebe-se então que no caso das infrações instantâneas o marco inicial da contagem do prazo prescricional é a data de ocorrência do fato; no caso das infrações permanentes, é o momento em que cessada a permanência.

Para concluir, e antes de detalhar as hipóteses de suspensão e interrupção do prazo prescricional, é importante destacar a existência de dois períodos prescricionais na Lei de Improbidade: *(i)* um que se inicia com a consumação da infração e vai até o ajuizamento da ação de improbidade; *(ii)* um que se inicia com o ajuizamento da ação e vai até o trânsito em julgado da sentença

---

[9]   MIRABETE, Julio Fabbrini; FABBRINI, Renato N. **Manual de direito penal**: parte geral. 35. ed. São Paulo: Atlas, 2021. p. 114.

[10]   Importante diferenciar crime permanente de crime instantâneo com efeitos permanentes. No primeiro, é a consumação se prolonga no tempo; no segundo, são os efeitos do delito. Um ato de concede benefício ilegal se consuma instantaneamente sendo, portanto, um crime instantâneo. Seus efeitos, contudo, perduram no tempo, daí porque é chamado de crime instantâneo de efeitos permanentes. Ver MIRABETE, Julio Fabbrini; FABBRINI, Renato N. **Manual de direito penal**: parte geral. 35. ed. São Paulo: Atlas, 2021. p. 114.

condenatória. O primeiro período é de oito anos, havendo algumas hipóteses de suspensão e uma hipótese de interrupção; o segundo período é de quatro anos, havendo algumas hipóteses de interrupção.[11] Vamos a elas.

3.   CAUSAS DE SUSPENSÃO DO PRAZO PRESCRICIONAL (§§ 1º, 2º E 3º)

Nos termos do § 1º do art. 23, a instauração de inquérito civil ou procedimento administrativo para fins de apuração dos ilícitos classificados como atos de improbidade administrativa suspende o curso do prazo prescricional por até 180 dias. A suspensão, pois, se inicia com a instauração do procedimento (o que geralmente ocorre via Portaria) e se encerra com a sua conclusão ou após decorridos 180 dias do início das investigações, tornando o prazo a fluir do momento em que foi paralisado. Quanto a esse prazo não há maiores dúvidas.

Diferente situação é a do § 3º do mesmo dispositivo, que estabelece o prazo máximo de trinta dias para o ajuizamento da ação de improbidade, a contar da conclusão do inquérito civil ou do encerramento do seu prazo máximo de duração (730 dias, nos termos do § 2º). Qual seria a natureza desse prazo e, ainda, as consequências de sua não observância? A doutrina tem convergido no sentido da natureza imprópria desse prazo, de modo que sua inobservância não gera a extinção da pretensão punitiva estatal.[12] Há também entendimento no sentido de que embora não tenha natureza prescritiva, sua não observância impõe a desconsideração das provas produzidas no decorrer do inquérito civil, com exceção das provas documentais.[13]

Em nosso entender, esse prazo não pode ser considerado impróprio. Prazo impróprio é aquele cuja perda não gera uma sanção processual. A ausência de sanção pode ser decorrência de uma opção de política legislativa ou de uma impossibilidade lógica. Os sujeitos imparciais, como o juiz, o escrivão e o perito, por exemplo, não estão logicamente sujeitos a sanções

---

[11]   A diferença entre suspensão e interrupção é antiga. Na suspensão, a contagem do prazo é retomada de onde foi paralisada assim que encerrada a causa suspensiva. Na interrupção, a contagem é reiniciada do zero.

[12]   Nesse sentido, ver SIMÃO, Calil. **Improbidade administrativa**: teoria e prática. 6. ed. Leme: Mizuno, 2022. p. 379; JUSTEN FILHO, Marçal. **Reforma da lei de improbidade administrativa comparada e comentada**: Lei 14.230, de 25 de outubro de 2021. Rio de Janeiro: Forense, 2022. p. 254.

[13]   DAL POZZO, Antonio Araldo Ferraz; DORNA, Mário Henrique de Barros. A prescrição na nova lei de improbidade administrativa. In: DAL POZZO, Augusto Neves; OLIVEIRA, José Roberto Pimenta (Coords.). **Lei de improbidade administrativa reformada**. São Paulo: Thomson Reuters Brasil, 2022. p. 736.

processuais. Seus prazos são impróprios, porque a perda do prazo só pode gerar sanção administrativa.

O Ministério Público, na condição de autor da ação de improbidade, está sujeito a sanções processuais. O prazo em questão, por isso, é próprio. E pode ser categorizado, em nossa compreensão, como hipótese de perempção do direito, de modo que em não sendo ajuizada a ação de improbidade no prazo indicado no § 3º, o titular da ação não mais poderá fazê-lo, independentemente do prazo prescricional transcorrido até então.

A perempção é a sanção jurídica que acarreta a perda do direito de prosseguir com a ação por inércia, negligência ou contumácia daquele que originalmente possuía legitimidade ativa. Sobre o tema, ainda sobre o regime do Código de Processo Civil de 73, Egas Dirceu Moniz de Aragão já ensinava que o direito processual conhece três tipos de ocorrência de perempção:

> [...] o primeiro, que fixa prazo de duração máxima para o processo, o qual se extinguirá se, dentre dele, não chegar à sentença final; o segundo, que resulta da inércia das partes durante lapso de tempo prefixado na lei; o terceiro, que é consequência de o autor haver dado motivo, por três vezes consecutivas, à extinção do processo sem sentença.[14]

Embora essas fossem as três hipóteses conhecidas na vigência do CPC de 1973, nada impede que o legislador crie novas hipóteses de perempção. Por sua natureza e efeitos, as hipóteses de perempção decorrem de lei, a exemplo do que dispõe o art. 486, § 3º, do Código de Processo Civil. Nesta esteira, o § 3º do art. 23 inaugura nova hipótese de perempção, *que resulta da inércia da parte durante lapso de tempo prefixado na lei*, e restará consumada em não sendo proposta a ação de improbidade dentro do prazo de 30 (trinta) dias após transcorrido o prazo previsto no § 2º deste mesmo artigo.

Embora haja legitimidade concorrente entre o Ministério Público e a pessoa jurídica interessada para o ajuizamento da ação de improbidade, na linha da decisão proferida pelo STF nos autos das ADIns 7.042 e 7.043, referida hipótese de perempção se aplica exclusivamente ao órgão ministerial, que é o único responsável pela instauração do inquérito. Isto é, não há razões para sujeitar a pessoa jurídica interessada ao cumprimento do prazo de 30 dias se ela não tem qualquer influência na instauração, condução ou finalização

---

[14]   ARAGÃO, Egas Dirceu Moniz de. **Comentários ao Código de Processo Civil** – Lei n. 5.869 de 11 de janeiro de 1973: arts. 154-269. 2. ed. rev. e atual. Rio de Janeiro, Forense, 1976. v. II, p. 496.

do inquérito civil. O material cognitivo produzido pelo Ministério Público no curso do inquérito civil não poderá ser aproveitado pela pessoa jurídica interessada, salvo as provas documentais.

É correto, portanto, afirmar que a perda desse prazo não gera a perda da pretensão estatal punitiva. Afinal, essa pretensão ainda poderá ser exercida pela pessoa jurídica interessada. Mas gera a impossibilidade de o Ministério Público ajuizar a ação de improbidade e de se utilizarem os elementos de cognição produzidos durante a investigação – salvo as provas documentais.

4. CAUSAS DE INTERRUPÇÃO DO PRAZO PRESCRICIONAL (§§ 4° E 5°)

O primeiro prazo interruptivo é o ajuizamento da ação de improbidade[15] (inciso I), e não seu recebimento, de modo que com a mera distribuição da petição inicial já há a interrupção da contagem do prazo.[16] De se notar também que essa é a única hipótese de interrupção do prazo prescricional geral de oito anos que, adicionalmente, está sujeita somente à suspensão nos termos acima delineados. As demais hipóteses previstas no dispositivo dizem respeito à prescrição intercorrente. É nesse sentido que, de acordo com o § 5°, interrompida a prescrição, o prazo volta a correr (do zero) do dia da interrupção, pela metade do prazo – ou seja, quatro anos.

Com efeito, a partir da primeira interrupção, que ocorre com o ajuizamento da ação de improbidade, os demais marcos interruptivos são contados na pendência do julgamento da ação, daí por que se falar em prescrição intercorrente. Da análise dos incisos II, III e IV se constata que os marcos interruptivos dizem respeito ou à publicação da sentença condenatória (inciso II), ou à publicação de decisão ou acórdão proferido pelos Tribunais de Justiça, Tribunais Regionais Federal (inciso III) e pelos Tribunais Superiores (inciso IV) confirmando a sentença condenatória ou reformando a decisão de improcedência. Isso quer dizer que, no sistema da improbidade, apenas

---

[15] Há também entendimentos de que a interrupção da prescrição ocorre com o despacho judicial que ordena a citação e não o simples ajuizamento. Nesse sentido ver AGRA, Walber de Moura. **Comentários sobre a Lei de Improbidade Administrativa**. 3. ed. Belo Horizonte: Fórum, 2022. p. 216. No mesmo sentido, entende Luana Pedrosa de Figueiredo Cruz que a interrupção ocorre com a citação, havendo a retroação dos efeitos à data da propositura da ação. Ver CRUZ, Luana Pedrosa de Figueiredo. Artigo 23. In: GAJARDONI, Fernando da Fonseca; CRUZ, Luana Pedrosa de Figueiredo; JUNIOR, Luiz Manoel Gomes; FAVRETO, Rogerio (Coords.). **Comentários à nova lei de improbidade administrativa**. 5. ed. rev., atual. e ampl. São Paulo: Thomson Reuters, 2021. p. 562-563.

[16] AgInt no REsp n. 1.824.085/RS.

o ajuizamento da ação é uma causa de interrupção do prazo prescricional que não considera a condenação do agente como elemento central para sua consumação.

Em síntese, o instituto da prescrição intercorrente opera na Lei de Improbidade a partir das seguintes premissas: *(i)* o prazo será sempre de 4 (quatro) anos; *(ii)* uma vez interrompida a prescrição, a causa que a interrompeu se torna o marco inicial para a contagem do novo prazo de quatro anos; *(iii)* sentenças e acórdãos absolutórios não interrompem o prazo prescricional. Seguindo esse raciocínio, podemos pontuar sete hipóteses de prescrição intercorrente:

a.   a primeira, entre o ajuizamento da ação e a publicação de sentença condenatória;

b.   a segunda, entre a publicação da sentença condenatória e a publicação de decisão ou acórdão do Tribunal de Justiça ou Tribunal Regional Federal confirmando a sentença condenatória;

c.   a terceira, entre a publicação de decisão ou acórdão pelo Tribunal de Justiça ou Tribunal Regional Federal confirmando a sentença condenatória e a publicação de decisão ou acórdão do Superior Tribunal de Justiça ou Supremo Tribunal Federal confirmando a decisão ou acórdão condenatório do Tribunal de Justiça ou Tribunal Regional Federal;

d.   a quarta, entre o ajuizamento da ação e a publicação de decisão ou acórdão do Tribunal de Justiça ou Tribunal Regional Federal reformando sentença absolutória;

e.   a quinta, entre o ajuizamento da ação e a publicação de decisão ou acórdão do Superior Tribunal de Justiça ou Supremo Tribunal Federal reformando a sentença absolutória;

f.   a sexta, entre a publicação da sentença absolutória e a publicação de decisão ou acórdão do Superior Tribunal de Justiça ou Supremo Tribunal Federal reformando a decisão ou acórdão absolutórios proferidos pelo Tribunal de Justiça ou Tribunal Regional Federal;

g.   a sétima, entre o trânsito em julgado da decisão condenatória e o início do cumprimento da pena ou dos atos de constrição.

As hipóteses "d", "e" e "f" encontram justificativa no fato de que quando há absolvição do réu não há o que se falar em interrupção do prazo prescricional, contando-se tão somente as sentenças, decisões e acórdãos condenatórios ou que confirmar sentença ou decisão condenatória.

5.   EXTENSÃO DOS EFEITOS DA PRESCRIÇÃO (§§ 6º E 7º)

Nos termos dos §§ 6º e 7º, a suspensão e a interrupção da prescrição produzem efeitos com relação a todos os que concorreram para a prática do ato de improbidade e todos os processos que versem sobre os mesmos eventos infracionais. Isso quer dizer que os prazos suspensivos e interruptivos da prescrição valem para todos que tenham sido coautores do ato de improbidade, inclusive para aqueles não mencionados na Portaria de instauração do inquérito civil ou não originalmente especificados como réus na ação de improbidade – e que porventura venham a figurar no polo passivo no caso de superveniente emenda, por exemplo –, de modo que o desconhecimento da autoria não beneficia o coautor tardiamente descoberto. De igual modo, a interrupção do marco prescricional em razão de recurso interposto por um dos corréus aproveita aos demais.

Outrossim, é preciso esclarecer que esses dispositivos dizem respeito à prescrição da pretensão punitiva. Como bem adverte Calil Simão, o regime de prescrição da pretensão executória é diferente. As causas interruptivas da prescrição executória, após trânsito em julgado da sentença condenatória, "[...] são de caráter personalíssimo, de modo que a não execução da pena de um dos condenados não afeta os demais, cujos atos de execução das sanções já tiveram início, pois cada um responde individualmente no limite de sua participação (LIA, art. 17, § 2º)".[17]

Outro esclarecimento necessário diz respeito ao § 7º. Atos de improbidade conexos estão sujeitos ao mesmo regime prescricional caso tenham sido cometidos na mesma época e objeto de um mesmo inquérito civil. De modo que vale dizer que atos conexos cometidos em épocas diferentes ou objeto de inquéritos distintos seguirão caminhos próprios, sujeitos a prazos prescricionais diversos.[18]

6.   RECONHECIMENTO DA PRESCRIÇÃO (§ 8º)

O reconhecimento da prescrição material ou intercorrente acarreta o dever de extinção do processo de ofício ou a requerimento da parte, estabele-

---

[17]   SIMÃO, Calil. **Improbidade administrativa**: teoria e prática. 6. ed. Leme: Mizuno, 2022. p. 880.

[18]   Nesse mesmo sentido, ver DAL POZZO, Antonio Araldo Ferraz; DORNA, Mário Henrique de Barros. A prescrição na nova lei de improbidade administrativa. In: DAL POZZO, Augusto Neves; OLIVEIRA, José Roberto Pimenta (Coords.). **Lei de improbidade administrativa reformada**. São Paulo: Thomson Reuters Brasil, 2022. p. 733.

cendo o § 8º tão somente que, antes de decretá-la, deve o juiz ouvir o Ministério Público. Com efeito, se entre a data do fato ou cessão de sua permanência e o ajuizamento da ação de improbidade decorrerem mais de oito anos, ou se passados mais de quatro anos entre a ocorrência dos marcos interruptivos previstos no § 4º, é dever do juiz, independentemente de requerimento da parte e após oitiva do *parquet*, imediatamente extinguir a ação, reconhecendo e decretando imediatamente a prescrição da pretensão sancionadora.

> Art. 23-A. É dever do poder público oferecer contínua capacitação aos agentes públicos e políticos que atuem com prevenção ou repressão de atos de improbidade administrativa.

1. A CAPACITAÇÃO DOS AGENTES PÚBLICOS E POLÍTICOS

Malgrado seja louvável sua intenção e conteúdo, o art. 23-A apresenta mais um caso de impropriedade técnica do legislador, pois o tema da capacitação dos agentes públicos e políticos responsáveis pela prevenção ou repressão de atos de improbidade acabou por ser incluído no capítulo da lei destinado a regular o instituto da prescrição.

De todo modo, embora fora de contexto, trata-se de regra que vem em boa hora, pois até então referida temática somente havia sido regulamentada no âmbito da Administração Pública Federal (Decreto n. 9.203/2017), da Lei de Licitações e, mesmo que indiretamente, da Lei Anticorrupção e da Lei das Estatais, ao tratar dos programas de *compliance* e integridade.

Já com a Reforma da Lei de Improbidade houve um cuidado não só com as empresas, mas também com os agentes responsáveis pela investigação, prevenção e punição de atos de improbidade. A norma em questão, nesse sentido, impõe ao Estado o dever de melhorar qualitativamente a atuação dos órgãos de controle, o que abrange não somente os membros do Ministério Público, mas também toda a carreira de apoio e, de certo modo, magistrados e gestores públicos que, embora não atuem propriamente no âmbito da prevenção e repressão, têm papel de destaque no sistema brasileiro de combate à improbidade.

É importante que permaneça a vigilância de todos os envolvidos para que referido dispositivo seja observado. Inclusive, para uma melhor efetividade, seria apropriado que o legislador tivesse sido mais ambicioso, prevendo prazos e diretrizes mínimas para a capacitação dos profissionais, mas não há prejuízo caso cada entidade acabe por regulamentar referida temática em seus campos de atuação. De qualquer forma, quando menos, temos no dispositivo um bom conselho legislativo.

> Art. 23-B. Nas ações e nos acordos regidos por esta Lei, não haverá adiantamento de custas, de preparo, de emolumentos, de honorários periciais e de quaisquer outras despesas.
>
> § 1º No caso de procedência da ação, as custas e as demais despesas processuais serão pagas ao final.
>
> § 2º Haverá condenação em honorários sucumbenciais em caso de improcedência da ação de improbidade se comprovada má-fé.

1. AS CUSTAS PROCESSUAIS NA AÇÃO DE IMPROBIDADE

De acordo com o dispositivo, a regra nas ações de improbidade é que tudo aquilo que diz respeito ao custeio do processo será objeto de pagamento somente ao final da demanda, o que vale tanto para o membro do Ministério Público ou para a pessoa jurídica interessada quanto para o demandado. Inclusive, a única hipótese de condenação do réu ao pagamento de quaisquer valores que se fizeram necessários no decorrer do processo é a procedência da ação (§ 1º).

Já em caso de improcedência da ação, embora não haja que se falar em condenação do Ministério Público ao pagamento de custas e despesas processuais, por se tratar de órgão estatal, a pessoa jurídica a que pertence o *parquet* (Município, Estado ou União) poderá ser condenada a pagar aos patronos do réu honorários de sucumbência caso fique comprovada má-fé no ajuizamento da demanda (§ 2º).

Ainda que se possa criticar a opção levada a efeito pelo legislador, que acabou por desprestigiar a atuação dos advogados mesmo quando lograrem êxito na absolvição de seus clientes, fato é que essa foi a solução adotada, de modo que ressalvados os casos de má-fé, em que, por exemplo, ciente o membro do Ministério do Público da inocência do acusado, não são devidos honorários de sucumbência na ação de improbidade administrativa, independentemente do seu resultado.

> Art. 23-C. Atos que ensejem enriquecimento ilícito, perda patrimonial, desvio, apropriação, malbaratamento ou dilapidação de recursos públicos dos partidos políticos, ou de suas fundações, serão responsabilizados nos termos da Lei n. 9.096, de 19 de setembro de 1995.

1. O CASO DOS PARTIDOS POLÍTICOS

Nos termos do dispositivo, às condutas lesivas aos interesses e direitos de partidos políticos, possam elas ser subsumidas aos arts. 9º, 10 e 11 da Lei de

Improbidade ou não, aplicam-se as regras previstas na Lei n. 9.096/1995 (Lei dos Partidos Políticos), e não aquelas previstas na Lei de Improbidade. Em outras palavras, o dispositivo em comento impede os dirigentes dos partidos políticos de serem responsabilizados por atos de improbidade administrativa caso tenham sido cometidos no manejo dos recursos de partido político.

Em nosso entendimento, trata-se de dispositivo inconstitucional. Inexiste qualquer justificativa legítima a autorizar que dirigentes políticos recebam tratamento diferente daquele dispensado a qualquer outro agente público que lide com recursos estatais. Analisando seus dispositivos, denota-se que a Lei de Improbidade, em todo e qualquer caso, independentemente do sujeito que venha a gerir os recursos, veda a utilização e/ou aplicação indevida do patrimônio estatal. A destinação dos valores ou a pessoa jurídica a que eles pertencem não justifica qualquer diferenciação para fins de sancionamento de eventuais delitos.

Embora o legislador tenha ampla liberdade de conformação, muito maior do que aquela disposta pelos membros do Judiciário, essa liberdade não é absoluta. Como bem lembra Lenio Streck, o legislador também está obrigado a justificar constitucionalmente o teor das leis que edita, sendo a falta de prognose legislativa um parâmetro legítimo para a aferição da constitucionalidade de uma lei.[19] E, nesse contexto, ressaltamos: não há qualquer traço de diferença entre o administrador público e os recursos por ele geridos e o dirigente de partido político e os recursos por eles geridos que justifique que um esteja sujeito às sanções previstas na Lei de Improbidade e o outro, não.

Debruçando-se sobre o tema, recentemente, o Eminente Ministro Alexandre de Moraes, no âmbito da ADI n. 7.236/DF, proferiu decisão atribuindo interpretação conforme à Constituição ao art. 23-C, no sentido de que os atos que ensejem enriquecimento ilícito, perda patrimonial, desvio, apropriação, malbaratamento ou dilapidação de recursos públicos dos partidos políticos, ou de suas fundações, poderão ser responsabilizados nos termos da Lei 9.096/1995, sem prejuízo da incidência da Lei de Improbidade Administrativa, de modo que sua (in)aplicabilidade poderá sofrer alterações até o trânsito em julgado da referida ação.

---

[19]   Nas palavras do autor, "[...] todas as leis devem guardar conformidade com a Constituição. Nessa conformidade, sempre há um grau de liberdade de conformação. Entretanto, o legislador deve justificar seus atos [...]. É especialmente nesse espaço de controle que se insere a exigência de prognose". Ver STRECK, Lenio Luiz. **Jurisdição constitucional**. 5. ed. Rio de Janeiro: Forense, 2018. p. 340.

Capítulo VIII
DAS DISPOSIÇÕES FINAIS

por Caio Augusto Nazario de Souza

Art. 24. Esta lei entra em vigor na data de sua publicação.

 COMENTÁRIOS

O artigo em questão apenas trata da aplicabilidade imediata da Lei de Improbidade, não prevendo o legislador qualquer espécie de *vacatio legis*. Impende notar, também, que o dispositivo em questão diz respeito à Lei n. 8.429/1992, e não à Lei n. 14.230/2021, de modo que a expressão "aplicabilidade imediata" faz referência à vigência da Lei de Improbidade no longínquo ano de 1992. Por esses motivos, mais comentários se mostram desnecessários.

Art. 25. Ficam revogadas as Leis n. 3.164, de 1º de junho de 1957, e 3.502, de 21 de dezembro de 1958 e demais disposições em contrário.

 COMENTÁRIOS

Assim como na hipótese do artigo anterior, o presente dispositivo não foi modificado pela Lei n. 14.230/2021. Com a promulgação da Lei de Improbidade, em 1992, foram revogadas as legislações acima especificadas, que tratavam de matérias sancionatórias que, no todo ou em parte, foram incorporadas pela Lei n. 8.429/1992.

Rio de Janeiro, 2 de junho de 1992; 171º da Independência e 104º da República.

FERNANDO COLLOR

Célio Borja

REFERÊNCIAS

AGRA, Walber de Moura. **Comentários sobre a lei de improbidade administrativa**. 3. ed. Belo Horizonte: Fórum, 2022.

ALMEIDA, Pedro Luiz Ferreira. O princípio da insignificância na nova lei de improbidade administrativa. In: DAL POZZO, Augusto Neves; OLIVEIRA, José Roberto Pimenta. **Lei de improbidade administrativa reformada**. São Paulo: Thomson Reuters Brasil, 2022.

ARAGÃO, Egas Dirceu Moniz de. **Comentários ao Código de Processo Civil** – Lei n. 5.869 de 11 de janeiro de 1973: arts. 154-269. 2 ed. rev. e atual. Rio de Janeiro: Forense, 1976. v. II.

AVELAR, Michael Procópio. **Manual de direito penal**: volume único. São Paulo: JusPodivm, 2022.

BOBBIO, Norberto. **Teoria do ordenamento jurídico**. Trad. Maria Celeste Cordeiro Leite dos Santos. 10. ed. Brasília: Editora da Universidade de Brasília, 1999.

BUSATO, Paulo César. **Direito penal** – parte especial. São Paulo: Atlas, 2018.

CADEMARTORI, Sérgio. **Estado de direito e legitimidade**: uma abordagem garantista. 2. ed. atual. e ampl. Campinas: Millennium Editora, 2006.

CALLEGARI, André Luís. **Teoria geral do delito e da imputação objetiva**. 3. ed. São Paulo: Atlas, 2014.

CANOTILHO, Joaquim José Gomes. **Constituição dirigente e vinculação do legislador**. Coimbra: Coimbra Editora, 1994.

CARVALHO FILHO, José dos Santos. **Improbidade administrativa**: prescrição e outros prazos extintivos. São Paulo: Atlas, 2012.

CARVALHO, Matheus. **Lei de improbidade comentada**. São Paulo: JusPodivm, 2022.

CAÚLA, César; ARAÚJO, Aldem Johnston Barbosa. A nova redação do art. 11 da Lei n. 8.429/1992 e o fim da configuração de ato de improbidade por mero descumprimento de princípios da administração pública: um avanço necessário. In: MARINHO, Daniel Octávio Silva; PEIXOTO, Marco Aurélio Ventura. **Improbidade administrativa**: aspectos materiais e processuais da Lei n. 14.230, de 25 de outubro de 2021. Curitiba: Thoth, 2023.

COPETTI NETO, Alfredo. **A democracia constitucional sob o olhar do garantismo**. São Paulo: Empório do Direito, 2018.

COPOLA, Gina. **A improbidade administrativa no direito brasileiro**. Belo Horizonte: Fórum, 2011.

COSTA, Rafael de Oliveira; BARBOSA, Renato Kim. **Nova lei de improbidade administrativa**: atualizada de acordo com a Lei n. 14.230/2021. São Paulo: Almedina, 2022.

CRUZ, Luana Pedrosa de Figueiredo. Artigo 13. In: GAJARDONI, Fernando da Fonseca; CRUZ, Luana Pedrosa de Figueiredo; GOMES JUNIOR, Luiz Manoel; FAVRETO, Rogerio. **Comentários à nova lei de improbidade administrativa**: Lei 8.429/1992, com as alterações da Lei 14.230/2021. 5. ed. rev., atual. e ampl. São Paulo: Thomson Reuters, 2021.

CRUZ, Luana Pedrosa de Figueiredo. Artigo 23. In: GAJARDONI, Fernando da Fonseca; CRUZ, Luana Pedrosa de Figueiredo; GOMES JUNIOR, Luiz Manoel; FAVRETO, Rogerio (Coords.). **Comentários à nova lei de improbidade administrativa**. 5. ed. rev., atual. e ampl. São Paulo: Thomson Reuters, 2021.

CUNHA FILHO, Alexandre Jorge Carneiro da. Prescrição na lei de improbidade administrativa. In: DAL POZZO, Augusto Neves; OLIVEIRA, José Roberto Pimenta (Coords.). **Lei de improbidade administrativa reformada**. São Paulo: Thomson Reuters Brasil, 2022.

DAL POZZO, Antonio Araldo Ferraz; DORNA, Mário Henrique de Barros. A prescrição na nova lei de improbidade administrativa. In: DAL POZZO, Augusto Neves; OLIVEIRA, José Roberto Pimenta (Coords.). **Lei de improbidade administrativa reformada**. São Paulo: Thomson Reuters Brasil, 2022.

DAL POZZO, Antonio Araldo Ferraz; DORNA, Mário Henrique de Barros. A indisponibilidade de bens na lei de improbidade administrativa reformada. In: DAL POZZO, Augusto Neves; OLIVEIRA, José Roberto Pimenta (Coords.). **Lei de improbidade administrativa reformada**. São Paulo: Thomson Reuters Brasil, 2022.

DALLARI, Adilson Abreu. **Limitações à atuação do Ministério Público**. São Paulo: Malheiros, 2001.

DIDIER JR., Fredie; CABRAL, Antonio do Passo; CUNHA, Leonardo Carneiro da. **Por uma nova teoria dos procedimentos especiais**: dos procedimentos às técnicas. Salvador: JusPodivm, 2018.

DIDIER JR., Fredie; ZANETI JR., Hermes. **Curso de direito processual civil**: processo coletivo. Salvador: JusPodivm, 2017. v. 4.

DWORKIN, Ronald. **Domínio da vida**: aborto, eutanásia e liberdades individuais – eutanásia e liberdades individuais. São Paulo: Martins Fontes, 2003.

FAORO, Raymundo. **Os donos do poder**. 3. ed. São Paulo: Globo, 2001.

FAVRETO, Rogério; JUNIOR, Luiz Manoel Gomes. Artigo 11. In: GAJARDONI, Fernando da Fonseca; CRUZ, Luana Pedrosa de Figueiredo; GOMES JUNIOR, Luiz Manoel; FAVRETO, Rogério (Coords.). **Comentários à lei de improbidade administrativa**. 5. ed. rev., atual. e ampl. São Paulo: Thomson Reuters Brasil, 2021.

FAZZIO JÚNIOR, Waldo. **Improbidade administrativa e crimes perfeitos**. São Paulo: Atlas, 2001.

FERRAJOLI, Luigi. **Direito e razão**: teoria do garantismo penal. Trad. Ana Paula Zomer Sica, Fauzi Hassan Choukr, Juarez Tavares e Luiz Flávio Gomes. 3. ed. São Paulo: Revista dos Tribunais, 2002.

FERRARESI, Eurico. **Improbidade administrativa**: Lei 8.429/1992 comentada artigo por artigo. São Paulo: Método, 2011.

FERREIRA, Pinto. Técnica legislativa como a arte de redigir leis. **Revista de Informação Legislativa**, v. 23, n. 89, p. 169-198, jan.-mar. 1986. Disponível em: https://www2.senado.leg.br/bdsf/item/id/181674. Acesso em: 24 jan. 2023.

GAJARDONI, Fernando da Fonseca. Artigo 16. In: GAJARDONI, Fernando da Fonseca; CRUZ, Luana Pedrosa de Figueiredo; GOMES JUNIOR, Luiz Manoel; FAVRETO, Rogerio. **Comentários à nova lei de improbidade administrativa**: Lei 8429/1992, com as alterações da Lei 14.230/2021. 5. ed. rev., atual. e ampl. São Paulo: Thomson Reuters, 2021.

GAJARDONI, Fernando da Fonseca, Artigo 17. In: GAJARDONI, Fernando da Fonseca; CRUZ, Luana Pedrosa de Figueiredo; GOMES JUNIOR, Luiz Manoel; FAVRETO, Rogerio. **Comentários à nova lei de improbidade administrativa**: Lei 8.429/1992, com as alterações da Lei 14.230/2021. 5. ed. rev., atual. e ampl. São Paulo: Thomson Reuters, 2021.

GAJARDONI, Fernando da Fonseca. Artigo 18-A. In: GAJARDONI, Fernando da Fonseca; CRUZ, Luana Pedrosa de Figueiredo; GOMES JUNIOR, Luiz Manoel; FAVRETO, Rogerio. **Comentários à nova lei de improbidade**

administrativa: Lei 8.429/1992, com as alterações da Lei 14.230/2021. 5. ed. rev., atual. e ampl. São Paulo: Thomson Reuters, 2021.

GAJARDONI, Fernando da Fonseca. Artigo 19. In: GAJARDONI, Fernando da Fonseca; CRUZ, Luana Pedrosa de Figueiredo; GOMES JUNIOR, Luiz Manoel; FAVRETO, Rogerio. **Comentários à nova lei de improbidade administrativa**: Lei 8.429/1992, com as alterações da Lei 14.230/2021. 5. ed. rev., atual. e ampl. São Paulo: Thomson Reuters, 2021.

GARCIA, Emerson; ALVES, Rogério Pacheco. **Improbidade administrativa**. 9. ed. São Paulo: Saraiva, 2017.

GOMES JUNIOR, Luiz Manoel; FAVRETO, Rogerio. Artigo 17. In: GAJARDONI, Fernando da Fonseca; CRUZ, Luana Pedrosa de Figueiredo; GOMES JUNIOR, Luiz Manoel; FAVRETO, Rogerio. **Comentários à nova lei de improbidade administrativa** – Lei 8.429/1992, com as alterações da Lei 14.230/2021. 5 ed. rev., atual. e ampl. São Paulo: Thomson Reuters, 2021.

GONÇALVES, Carlos Roberto. **Direito civil brasileiro** – parte geral. 13. ed. São Paulo: Saraiva, 2015. v. 1.

GUIMARÃES, Bernardo Strobel. A exigência de justa causa para o ajuizamento de ações coletivas. In: RIBEIRO, Carlos Vinicius Alves (Org.). **Ministério Público**: reflexões sobre princípios e funções institucionais. São Paulo: Atlas, 2009.

HART, H. L. A. **O conceito de direito**. 6. ed. Trad. A. Ribeiro Mendes e com um *post scriptum* editado por Penelope A. Bulloch e Joseph Raz. Lisboa: Fundação Calouste Gulbenkian, 2011.

HEIDEGGER, Martin. **Nietzsche**. Rio de Janeiro: Forense Universitária, 2010. v. 2.

HOLANDA, Sérgio Buarque de. **Raízes do Brasil**. 26. ed. São Paulo: Companhia das Letras, 1995.

HUNGRIA, Nelson; FRAGOSO, Heleno Cláudio. **Comentários ao Código Penal** – arts. 1º a 10. 5. ed. Rio de Janeiro: Forense, 1976. v. 1.

JUSTEN FILHO, Marçal. **Comentários à lei de licitações e contratos administrativos**. 14. ed. São Paulo: Malheiros, 2010.

JUSTEN FILHO, Marçal. **Reforma da lei de improbidade administrativa comparada e comentada** – Lei 14.230, de 25 de outubro de 2021. Rio de Janeiro: Forense, 2022.

LIMA, Guilherme Corona Rodrigues. As sanções na Lei de Improbidade Administrativa reformada e o princípio da função social da empresa. In: DAL POZZO, Augusto Neves; OLIVEIRA, José Roberto Pimenta (Coords.). **Lei** de improbidade administrativa reformada. São Paulo: Thomson Reuters Brasil, 2022.

MADALENA, Luis Henrique Braga. **Uma teoria da discricionariedade administrativa**. 2. ed. Salvador: JusPodivm, 2020.

MADALENA, Luis Henrique Braga; SOUZA, Caio Augusto Nazario de; MEDEIROS, Lucas Sipioni Furtado de. Sentença judicial e a natureza jurídica da ação de improbidade administrativa: comentários gerais aos artigos 17-C, 17-D, 18 e 18-A. In: MARINHO, Daniel Octávio Silva; PEIXOTO, Marco Aurélio Ventura. **Improbidade administrativa**: aspectos materiais e processuais da Lei n. 14.230, de 25 de outubro de 2021. Londrina: Thoth, 2023.

MARRARA, Thiago. A proibição de contratar com o Poder Público na Lei de Improbidade: o que mudou com a Lei n. 14.230/2021? In: DAL POZZO, Augusto Neves; OLIVEIRA, José Roberto Pimenta (Coords.). **Lei de improbidade administrativa reformada**. São Paulo: Thomson Reuters Brasil, 2022.

MAZZEI, Rodrigo. GONÇALVES, Tiago Figueiredo. Responsabilidade patrimonial do sucessor, do herdeiro e da sociedade sucessória diante de condenação por ato ímprobo. In: MARINHO, Daniel Octávio Silva; PEIXOTO, Marco Aurélio Ventura. **Improbidade administrativa**: aspectos materiais e processuais da Lei n. 14.230, de 25 de outubro de 2021. Curitiba: Thoth, 2023.

MAZZILLI, Hugo Nigro. **O inquérito civil**. São Paulo: Saraiva, 1999.

MEDAUAR, Odete. **Direito administrativo moderno**. 19. ed. São Paulo: Revista dos Tribunais, 2015.

MENDES, Gilmar Ferreira; BRANCO, Paulo Gustavo Gonet. **Curso de direito constitucional**. 15. ed. rev. e atual. São Paulo: Saraiva, 2020.

MIRABETE, Julio Fabbrini; FABBRINI, Renato N. **Manual de direito penal**: parte geral. 35. ed. São Paulo: Atlas, 2021.

MUDROVITSCH, Rodrigo de Bittencourt; NÓBREGA, Guilherme Pupe da. **Comentários à lei de improbidade administrativa e ao projeto de sua reforma**. Rio de Janeiro: Lumen Juris, 2021.

NANNI, Giovanni Ettore. **Enriquecimento sem causa**. São Paulo: Saraiva, 2004.

NEVES, Daniel Amorim Assumpção; OLIVEIRA, Rafael Carvalho Rezende. **Comentários à reforma da lei de improbidade administrativa** – Lei 14.230, de 25.10.2021, comentada artigo por artigo. Rio de Janeiro: Forense, 2022.

NEVES, Daniel Amorim Assumpção; OLIVEIRA, Rafael Carvalho Rezende. **Improbidade administrativa**: direito material e processual. 9. ed. rev., atual. e ampl. Rio de Janeiro: Forense, 2022.

NIETO, Alejandro. **Derecho administrativo sancionador**. 2. ed. Madrid: Tecnos, 1994.

OSÓRIO, Fábio Medina. A inter-relação das decisões proferidas nas esferas administrativa, penal e civil no âmbito da improbidade. In: MARQUES, Mauro Campbell (Coord.); MACHADO, André de Azevedo; TESOLIN, Fabiano da Rosa (colaboradores). **Improbidade administrativa**: temas atuais e controvertidos. Rio de Janeiro: Forense, 2016.

OSÓRIO, Fábio Medina. **Direito administrativo sancionador**. 8 ed. rev. e atual. São Paulo: Thomson Reuters, 2022.

OSÓRIO, Fábio Medina. **Teoria da improbidade administrativa**: má gestão pública, corrupção e ineficiência. 6. ed. rev., atual. e ampl. São Paulo: Thomson Reuters Brasil, 2022.

OSTROM, Vincent; TIEBOUT, Charles; WARREN, Robert. The organization of government in metropolitan areas: a theoretical inquiry. **American Political Science Review**, v. 55, n. 4, p. 831-842, dez. 1961.

PAZZAGLINI FILHO, Marino. **Lei de improbidade administrativa comentada**. 7. ed. São Paulo: Atlas, 2018.

PIMENTA, José Roberto. **Improbidade administrativa e sua autonomia constitucional**. Belo Horizonte: Fórum, 2009.

PRADO, Francisco Octavio de Almeida. **Improbidade administrativa**. São Paulo: Malheiros, 2001.

REQUIÃO, Rubens. Abuso de direito e fraude através da personalidade jurídica. **Revista dos Tribunais**, São Paulo, v. 91, n. 803, p. 751-764, set. 2002.

RIPERT, Georges. **Les forces creatrices du droit**. Paris: LGDJ, 1955.

SARLET, Ingo Wolfgang; GUIMARÃES, Bernardo Strobel; MADALENA, Luis Henrique Braga; MEDEIROS, Lucas Sipioni Furtado. STF decide pela irretroatividade parcial da reforma na Lei de Improbidade. **Revista Consultor Jurídico**, set. 2022. Disponível em: https://www.conjur.com.br/2022-set-05/direitos-fundamentais-stf-irretroatividade-parcial-reforma-lei-improbidade. Acesso em: 15 jan. 2023.

SARMENTO, George. **Improbidade administrativa**. Porto Alegre: Síntese, 2002.

SILVA, Afonso José. **Aplicabilidade das normas constitucionais**. São Paulo: Malheiros, 2007.

SIMÃO, Calil. **Improbidade administrativa**: teoria e prática. 6. ed. rev., atual. e ampl. Leme: Mizuno, 2022.

STRECK, Lenio Luiz. **Hermenêutica jurídica e(m) crise**: uma exploração hermenêutica da construção do direito. Porto Alegre: Livraria do Advogado Editora, 2021. Edição do Kindle.

STRECK, Lenio Luiz. **Jurisdição constitucional**. 5. ed. rev., atual. e ampl. Rio de Janeiro: Forense, 2018.

STRECK, Lenio Luiz; MORAIS, José Luis Bolzan. **Ciência política e teoria do estado**. 5. ed. rev. e atual. Porto Alegre: Livraria do Advogado, 2006.

STRECK, Lenio Luiz; OLIVEIRA, Marcelo Andrade Cattoni de; NUNES, Dierle; SILVA, Diogo Bacha e. Art. 55. In: CANOTILHO, J. J. Gomes; MENDES, Gilmar Ferreira; SARLET, Ingo Wolfgang; STRECK, Lenio Luiz (Coords.). **Comentários à Constituição do Brasil**. 2. ed. São Paulo: Saraiva Educação, 2018.

SUNDFELD, Carlos Ari; KANAYAMA, Ricardo Alberto. A promessa que a lei de improbidade não foi capaz de cumprir. **Publicações da Escola da AGU**, v. 12, n. 2, 10 nov. 2020. Disponível em: https://seer.agu.gov.br/index.php/EAGU/article/view/2789. Acesso em: 15 jan. 2023.

VENÂNCIO, Denilson Marcondes. *Non bis in idem* e as sanções administrativa, improbidade e penal. **Boletim de Direito Administrativo**, v. 30, n. 5, 2014.

WALD, Arnold; MENDES, Gilmar Ferreira. Competência para julgar ação de improbidade administrativa. **Revista de informação legislativa**, v. 35, n. 138, abr.-jun. 1998. Disponível em: https://www2.senado.leg.br/bdsf/item/id/378. Acesso em: 27 dez. 2022.

ZAVASCKI, Teori Albino. Direitos políticos: perda, suspensão e controle jurisdicional. **Revista de Informação Legislativa**, v. 31, n. 123, p. 177-183, jul.-set. 1994. Disponível em: https://www2.senado.leg.br/bdsf/handle/id/176217. Acesso em: 30 dez. 2022.

por Caio Augusto Nazario de Souza

INTRODUÇÃO

Nem todos os dispositivos da Lei n. 14.230/2021 se destinaram a promover alterações diretas no texto da Lei n. 8.429/1992. Em especial, o art. 3º se destinou a criar um período de transição em que cabia ao Ministério Público, nas ações que não foram por ele ajuizadas, se manifestar quanto ao prosseguimento do processo. Nessa linha, o objetivo aqui é tecer breves comentários aos artigos da Lei de Reforma que não foram incorporados à Lei n. 8.429/1992.

> Art. 3º No prazo de 1 (um) ano a partir da data de publicação desta Lei, o Ministério Público competente manifestará interesse no prosseguimento das ações por improbidade administrativa em curso ajuizadas pela Fazenda Pública, inclusive em grau de recurso.
>
> § 1º No prazo previsto no *caput* deste artigo suspende-se o processo, observado o disposto no art. 314 da Lei nº 13.105, de 16 de março de 2015 (Código de Processo Civil).
>
> § 2º Não adotada a providência descrita no *caput* deste artigo, o processo será extinto sem resolução do mérito.

 ## COMENTÁRIOS

Com proposta original de garantia ao Ministério Público da legitimidade exclusiva para o ajuizamento de ações de improbidade, previu o legislador uma solução para aquelas ações que foram ajuizadas pela pessoa jurídica interessada: a partir da publicação da Lei n. 14.230/2021 os processos ajuizados pela Fazenda Pública ficariam suspensos pelo prazo de 1 (um) ano, período em que cabia ao Ministério Público se manifestar quanto ao prosseguimento do processo. Caso não o fizesse, o resultado seria a extinção do processo sem resolução de mérito.

Contudo, embora fizesse sentido quando da promulgação da Lei, com a decisão do STF de garantir a legitimidade também às pessoas jurídicas interessadas (ADIn n. 7.042/DF), o artigo perdeu sua aplicabilidade. Inclusive, com a decisão se resolveu, ainda que de forma indireta, um problema que o dispositivo em questão originava: durante o período de um ano, em que estivesse suspenso o processo no aguardo da manifestação ministerial, correria o prazo prescricional?

Entendemos que não, valendo no caso a regra de suspensão do processo civil. Seja como for, trata-se de questão que ficou no plano hipotético. Não há mais o que se falar nem em suspensão do processo nem em manifestação do Ministério Público. O dispositivo, como dissemos, perdeu por completo sua aplicabilidade.

> Art. 4º Ficam revogados os seguintes dispositivos e seção da Lei n. 8.429, de 2 de junho de 1992:
>
> I – parágrafo único do art. 1º;
>
> II – arts. 4º, 5º e 6º;
>
> III – Seção II-A do Capítulo II;
>
> IV – parágrafo único do art. 7º;
>
> V – inciso XXI do *caput* do art. 10;
>
> VI – incisos I, II, IX e X do *caput* do art. 11;
>
> VII – inciso IV do *caput* e parágrafo único do art. 12;
>
> VIII – §§ 1º e 4º do art. 13;
>
> IX – § 1º do art. 16;
>
> X – §§ 1º, 2º, 3º, 4º, 8º, 9º, 10, 12 e 13 do art. 17; (Vide ADI 7042) (Vide ADI 7043)
>
> XI – incisos I, II e III do *caput* do art. 23.

 COMENTÁRIOS

A Lei n. 14.230/2021, enquanto Lei de Reforma, provocou profundas alterações na Lei n. 8.429/1992. Muitos dos dispositivos, inclusive, foram revogados – alguns deles foram incorporados a outros artigos, alguns deles não estão mais vigentes. Nessa linha, o dispositivo em comento somente especifica quais artigos, parágrafos e incisos da Lei de Improbidade foram revogados de forma expressa.

> Art. 5º Esta Lei entra em vigor na data de sua publicação.

 COMENTÁRIOS

O dispositivo em questão apenas dispõe sobre a vigência imediata da Lei n. 14.230/2021, não prevendo o legislador qualquer *vacatio legis*. A principal controvérsia envolvendo o dispositivo diz respeito à retroatividade ou não das novas normas mais benéficas aos acusados que, como já visto, foi decidida pelo STF nos autos do ARE n. 843.989/PR, decisão essa que foi objeto de extensa análise em capítulo específico, para o qual remetemos o leitor.

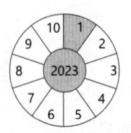